国家社科基金项目研究成果,项目批准号:04BYY042

汉英语时间标记系统语法化对比研究

A Contrastive Study of Chinese and English Time Marking Systems—from the Perspective of Grammaticalization

李志岭 著

北京大学出版社
PEKING UNIVERSITY PRESS

图书在版编目(CIP)数据

汉英语时间标记系统语法化对比研究/李志岭著. —北京:北京大学出版社,2010.11
(语言学论丛)
ISBN 978-7-301-18088-4

Ⅰ.汉… Ⅱ.李… Ⅲ.语法－对比研究－汉语、英语 Ⅳ.①H146②H314

中国版本图书馆 CIP 数据核字(2010)第 225351 号

书　　　　名：汉英语时间标记系统语法化对比研究
著作责任者：李志岭　著
责 任 编 辑：刘　强
标 准 书 号：ISBN 978-7-301-18088-4/H·2693
出 版 发 行：北京大学出版社
地　　　　址：北京市海淀区成府路 205 号　100871
网　　　　址：http://www.pup.cn
电 子 邮 箱：zpup@pup.pku.edu.cn
电　　　　话：邮购部 62752015　发行部 62750672　编辑部 62754142　出版部 62754962
印 刷 者：三河市北燕印装有限公司
经 销 者：新华书店
650 毫米×980 毫米　16 开本　13.25 印张　199 千字
2010 年 11 月第 1 版　2010 年 11 月第 1 次印刷
定　　　　价：34.00 元

未经许可,不得以任何方式复制或抄袭本书之部分或全部内容。
版权所有,侵权必究　举报电话:010－62752024
　　　　　　　　　电子邮箱:fd@pup.pku.edu.cn

内容简介

该研究提出,正像汤廷池曾指出的,主要为分析印欧语言而倡设的传统西方语言学模式有时候并不能完全适合对汉语句子结构的分析或说明(参见曹逢甫1995:1),这也应包括对汉语时间信息标记手段的说明。汉语时制研究的困难和问题,以及对比语言学领域对时制对比的回避和尴尬现状也说明了这一事实。

该研究认为,要在汉语时制研究等相关领域实现新的突破,有必要在以下几方面实现研究指导思想的转向:即篇章语言学转向、系统功能转向、历史和认知转向,并且应提出"时间标记系统"这一概念,由此丰富语言研究的元话语系统,并建立合适的、共同的理论和分析框架。这个框架能够同时适应对英语和汉语时间标记手段的分析,能够把所比项目或系统同时纳入分析、描写和研究的视域,也就是"把所比项目或系统纳入到同一个理论框架内(王菊泉,郑立信 2004:33),"然后进行研究和比较。这样不但能真正得出汉语时间标记手段的全貌,还能全面考察汉英语时间标记方面的相同和差异之处。

在综合各家关于篇章层级系统的论述的基础上,该研究提出,汉英语时制研究也需要确立系统的观点。即:根据语言的层级系统,或不同时间标记所控制的语篇片断的长度,时间标记(markers)也构成层级结构。这个层级结构可以分为从语篇以降直至句子层面的时间标记(假定句子以上的时间标记主要由各种时间话题充当;句子层面的时间标记则包括时间状语和时、体标记)。各层级的时间标记形成一个系统。这个系统由篇章、宏观段、段落、句群的时间性话题加上句子的时间性话题,还有时间副词,向下延伸到表示时和体的语法标记。因此,时和体实际上可以看做时间标记系统的两个层级。在汉英语时制对比研究中,应首先对两种语言各自的时间标记系统进行对比。采用这种系统观的方式全面考察汉英两种语言的各种时间标记方式,去发现两种语言中分别是哪种标记方式用得多,哪种标记方式用得少,从而弄清两种语言的时间标记方式各自所具有的特点,就避免了"戴着有色眼镜"以英语的时制为标准去判断汉语时制的有无。这样设计的一个时间标记系统如下:

篇章层面时间标记(TMD:time marker of discourse)
宏观段时间标记(TMMP:time marker of macro-paragraph)
段落时间标记(TMP:time marker of paragraph)

句群时间标记（TMSS：time marker of sentential sequence）

句子时间标记（TMS：time marker of sentence）

动词时间标记（TAM：tense and aspect marker）

语言的普遍性是语言研究的目标之一。试图阐释语言普遍性的研究一般假设以下三点作为立论的出发点：

所有语言均自一种语言发展而来；

在所有语言社群中，语言行使相同的功能，而这决定了所有语言语法的相似性；

就人类内在的言语能力而言，所有语言都有同样的生理基础。（Bussmann 2000：506）

基于以上三点，该研究假定：不同语言功能的总量相等，即都能反映主客观世界，包括对语句中动词的时间信息进行编码和解码。这就是说，各语言表征时间信息的功能总量相等。语言间的不同只是不同语言表征这种信息的具体方式或形式（formal devices）因语言而异，有的以语法手段为主，有的以词汇手段为主，有的以篇章手段为主，有的是以句子为凸显的基本单位赋予时间信息的。换言之，不同语言虽然表征时间信息功能的总量相同，但该功能在不同语言层面的分配则因语言而异。这种不同层级间功能分配的语际差异可以称之为语言功能表征的语际相对性。在特定的语言中，如果在某一功能方面某一层级有所不足，则这种不足会由其他的某一或某些层级来补偿。（参见洪堡特 1997：9）语言间关于某种特定功能的不同不是有还是没有某功能，而是该功能在相应层级分配的不同。另外，在 Givón & Martinet 以及 Perkins 所作研究的基础上，我们提出这样的假设：汉语时间标记系统在历史发展过程中经历了细化的过程。

在第五章，我们对语法化机制进行了系统探讨。我们区分了两种转喻：一种是以概念为基础的转喻或基于概念（或本体与喻体之间）的相互包容与邻近关系的转喻；另一种是以语言形式或语言片断之间的包容或邻近关系为基础的转喻。这种转喻通常表现为用较短的形式来代表或激活对于较长的语言形式或片断的记忆，进而唤起关于一般由较长的语言形式或片断代表的事物的记忆。

隐喻和转喻都被认为是语法化进程中的重要的认知机制，但一般不区分以概念为基础的转喻和以语言形式为基础的转喻，所以，以语言形式为基础的转喻及其作用大多被完全忽略了。但我们发现，在语法化进程中以语言形式为基础的转喻作为认知机制有其特殊的重要性。

在第六章中，我们对英汉语时间标记系统进行了共时对比。我们还从宏观语法化角度对汉语时间标记系统的历时发展进行了考察。统计结果显示，英语篇章中句子层面时间标记的数量远多于汉语句子层面的时间标记。但汉语篇章中句子层面以上的时间标记数量比英语篇章句子层面以上的时间标记多。基于这一统计结果,我们得出如下结论:汉语的时间标记系统是篇章取向特征凸显的,即更多地倾向于使用篇章中的时间话题。而英语时间标记系统是以句子为取向的,更多地依赖句子层面的时间标记手段。尤其是在时态方面,英语是句子自足型的,一般每个英语句子本身都具有时态标记。然而,汉语的句子通常需要通过句子以上的时间话题来确定句子中动词的具体时间定位。

英汉语时间标记系统的共时研究结果证明了我们的假设,即:就一种具体的功能来说,语言的不同层级之间是互补的。汉语中句子之上的层面所承担的标记时间信息的功能比英语句子以上层面所承担的多。在句子层面则恰恰相反。汉语句子更多地依赖句以上层面来确定句中动词的时间定位,而英语句子在对动词提供时间信息方面很大程度上是自足的。

在汉语时间标记系统的历时研究中,我们分析了不同历史时期汉语语篇中时间标记数量的变化趋势。我们发现,汉语的时间标记系统经历了从篇章取向型时间标记向句子取向型时间标记的转移,汉语句子层面的时间标记变得越来越精细了。另外,由于时间副词和时体标记(tense and aspect markers)的增加,越来越多的时间信息朝句子的动词集中,而这正是像英语这样的句子自足型时间标记系统的典型特征。这种向句子取向型时间标记系统的转移证明了我们的另一假设。也就是,在发展过程中汉语的时间标记系统倾向于变得越来越精细。这样一来就增加和改变了汉语句法结构的复杂性。从而也证明,汉语的时间标记系统是在朝句子取向型发展,尽管它还没有走得像英语时间标记系统那样远。

第七章从微观语法化的角度考察了英汉语时体标记语法语素的发展变化。研究结果表明,从语法化的角度来看,英汉语时体标记实际上存在很多相似之处。这种相似之处尤其体现在语法化的来源和语法化机制方面。英汉时体标记语素语法化的差异主要表现在语法化程度上,具体表现在三个方面:语音减损(phonetic reduction),音节熔合(fusion)与相关语言单位自主性的降低(loss of autonomy)。总体来说,汉语时体标记语素语法化的程度比英语相关语素语法化程度低。我们认为,导致汉语时间标记系统语法化程度相对较低的原因是汉语作为孤立语的属性和汉语本身的书写系统,即汉字的属性。

我们的研究结果可归纳如下:

1) 共时地看,英汉语言时间标记系统的不同主要在于,汉语时间标记系统是篇章凸显的,而英语时间标记系统在很大程度上是句子凸显的。

换句话说,汉语的时间标记系统实际上是通过宏观时间标记与微观时间标记的结合对动词时间信息加以标记的。前者指不同篇章层面的时间话题,后者指"将"、"在"、"着"、"了"、"过"等时体标记。而英语的时间标记系统是句子凸显的,即英语句子层面的时间标记在很大程度上是自足的。

要对汉语句子层面的时间信息加以标记,不同篇章层面的时间标记是必不可少的,而要对英语句子层面的时间信息加以标记,不同篇章层面的时间标记是补充性的。这是两种时间标记系统的本质性差异。

2) 在古代,汉语的时间标记系统中只有很少的时体标记。到明、清两代,然后发展到现代,时体标记数量已增加到每一万字中约一百五十个左右。同时,时间副词也增加了许多。

因此,总的来说,汉语时间标记系统的发展呈现这样一种趋势:句子层面的时间标记增加了很多。发展到现代,在汉语不同种类的时间标记中,句子层面的时间标记实际上占了大多数。从汉语时间标记系统的这种变化来看,从历时的角度讲,汉语经历了从篇章取向的时间标记向句子取向的时间标记的转变。这说明,通过汉语时间标记系统的宏观语法化,这两种时间标记系统的差异缩小了。尽管到现在为止,这两种语言的时间标记系统仍然差异很大。

3) 就体范畴而言,英语和汉语的体范畴有很多共同之处。这两种语言的体标记大都有相同的语法化来源和认知机制。从本质上说,英汉两种语言体标记系统的不同只是语法化程度的不同。

4) 我们的研究有助于进一步认识话题这一范畴在汉语中的重要性。我们的研究证明,时间话题,尤其是句群层面的时间话题在汉语时间标记系统中起着非常重要的作用。从这种意义上说,汉语的时间标记系统又是"话题凸显"的。有些学者已经提出,与英语为代表的主语凸显的语言不同,汉语是话题凸显的语言。然而,和其他学者不同,我们不是针对主语来提出并讨论话题的。我们是从语言的时间标记功能这一角度来研究这个范畴的。因此,我们的研究实际上提出了汉语话题研究的一个新视角和新方向。

本研究的意义以及研究方法创新点主要在于:

1) 该研究从语法化的视角看汉语的时制;提出时间标记系统这一概念(即一种语言标记动词时间信息的各种语言形式),而不仅仅戴着印欧语言时制(tense)范畴的有色眼镜看汉语的时制,从而提出一种考察汉语时制的新视角,在某种程度上克服了汉语时制研究迄今为止所面临的困难与尴尬。

2) 本研究把目光转向汉英两种语言的时间标记系统,采用系统观,兼顾基于篇章研究的宏观语法化和基于词汇变化理论的微观语法化。对汉英两种语言的时间标记系统进行语篇层面的共时对比,从而确定了汉英两种语言中时间标记功能在篇章各层面分配的不一致,即汉语采用的是篇章或话语凸显的时间标记方式,而英语采用的是句子凸显的时间标记方式。对汉语时间标记系统进行基于语篇的历时的宏观语法化考察,从而证明汉语时间标记系统经历了由粗疏

(coarse-grained time marking system)而细化(fine-grained time marking system)的演变历程,同时也证明,汉语虽共时地看与英语时间标记方式存在很大差异,而历时地看,又在朝英语式的时间标记方式靠近。汉英语体标记的微观语法化对比则揭示了汉英语时间标记系统在语法化方面的普遍性和各自的特殊性。在以上诸方面,该研究克服了到目前为止汉英语时制对比中存在的局限性,并对汉语时制的本质、汉语时间标记系统的发展,以及汉英两种语言时间标记方式得出一些具有一定创新性的结论。

该研究所取得的研究成果对于如何认识汉语语法的重要方面,即时制,有一定启发意义。时间标记系统这一概念的提出,在一定意义上可以丰富语言研究的元话语系统,从而拓宽了语言研究的视域,包括对汉语语法的研究以及篇章语言学领域的研究。该研究指出,汉语时间标记系统是篇章凸显的,英语时间标记系统是句子凸显的,这对于英汉语言对比、对外汉语教学以及翻译研究和教学都有理论和实践两方面的借鉴意义。研究证明,汉语经历了从篇章凸显的时间标记系统向句子凸显的时间标记系统的转移,从而缩小了英汉语时间标记系统的差异;英汉两种语言的体范畴语法语素在语法化来源与语法化认知机制方面存在很大的相似之处。这一点可以丰富人们对语言普遍性的认识。汉语时间标记系统经历了细化的结论有助于人们更好地认识汉语发展的总趋势以及语言变化与文化发展的关系。

目 录

第一章　绪论 …………………………………………………………… 1
　1.0　引言 ……………………………………………………………… 1
　1.1　汉语时制研究的困难 …………………………………………… 1
　1.2　以往的汉英语时制研究与汉英时制对比 ……………………… 2
　　　1.2.1　迄今为止汉英语时制对比的特点 ……………………… 2
　　　1.2.2　迄今为止汉英语时制对比存在的问题 ………………… 4
　1.3　宏观语言学取向的汉英语时间标记系统对比 ………………… 6
　1.4　话语或语篇的层级系统 vs. 话语时间标记的系统 …………… 8
　1.5　历史和认知取向的汉英语时间标记系统对比研究 …………… 11
　1.6　小结 ……………………………………………………………… 13

第二章　语言中的时间与作为物理范畴的时间 …………………… 14
　2.1　语言中的时与体 ………………………………………………… 14
　2.2　关于语法化研究 ………………………………………………… 15
　2.3　语法化理论视角下的时与体 …………………………………… 16
　2.4　本研究的目的 …………………………………………………… 17
　2.5　本研究的基本理论依据 ………………………………………… 17
　2.6　主要理论假设和研究方法 ……………………………………… 19
　2.7　研究内容的结构与安排 ………………………………………… 21

第三章　作为时间标记系统两个层面的时态和体 ………………… 23
　3.1　国内外关于时体研究的回顾 …………………………………… 23
　　　3.1.1　国内对时与体的研究 …………………………………… 23
　　　3.1.2　国外的英语时体研究 …………………………………… 27
　3.2　作为语法范畴的时与体 ………………………………………… 30
　3.3　存在、时间以及语言中的时间 ………………………………… 31
　3.4　时、体与人在世界中的时间定位 ……………………………… 33

  3.4.1 时态、指示与映射性的位置确定 …………… 34
  3.4.2 体范畴与拓扑性定位的关系 ………………… 36
 3.5 时间标记系统的层级性 …………………………………… 41
  3.5.1 语篇的层级性 ………………………………… 42
  3.5.2 时线与不同时段的层级 ……………………… 43
  3.5.3 事件与从属事件的层级结构 ………………… 43
  3.5.4 不同语篇片断的时间标记所构成的层级结构 …… 45
 3.6 语篇中时间信息标记自上而下的细化 …………………… 50
 3.7 小结 ……………………………………………………… 50

第四章 宏观语法化与微观语法化 …………………………… 52
 4.1 作为历史语言学解释性参数的语法化 …………………… 52
 4.2 作为现代语言学理论的语法化 …………………………… 54
  4.2.1 作为现代语言学理论的语法化的创立及其创立者 …… 54
  4.2.2 语法化作为现代语言学理论的主要研究范式 …… 55
 4.3 宏观语法化与微观语法化 ………………………………… 61
  4.3.1 宏观语法化——从语篇策略到句法结构 …… 65
  4.3.2 微观语法化——语法语素的发展 …………… 74
 4.4 研究方法 ………………………………………………… 80
 4.5 小结 ……………………………………………………… 81

第五章 语法化的动因、路径和认知机制 ………………………… 82
 5.1 语法化动因 ……………………………………………… 82
  5.1.1 语言运用的经济原则 ………………………… 82
  5.1.2 历史和社会变迁 ……………………………… 83
  5.1.3 修辞创新 ……………………………………… 85
  5.1.4 新式表达的类比和传播 ……………………… 87
  5.1.5 语言接触 ……………………………………… 87
  5.1.6 像似性 ………………………………………… 88
 5.2 语法化路径 ……………………………………………… 89
  5.2.1 对特定语法功能的候选载体(语法化候选对象)的选择 …………………………………… 90

	5.2.2 竞争和专门化 ··· 91
	5.2.3 语义消退(bleaching)或泛化 ······································ 92
	5.2.4 形态化 ··· 93
	5.2.5 词缀化 ··· 95
5.3	具体语法语素的语法化机制 ··· 96
	5.3.1 语法化中的隐喻 ·· 96
	5.3.2 语法化中的转喻 ·· 98
	5.3.3 语法化中的类比 ·· 104
	5.3.4 从其他语言的借用 ··· 105
5.4	小结 ··· 106

第六章 汉语时间标记系统的宏观语法化 ······································· 107
6.1	英汉语时间标记系统的共时对比 ··· 108
	6.1.1 研究方法 ·· 110
	6.1.2 对比研究使用的语料 ··· 111
	6.1.3 统计研究结果 ·· 111
	6.1.4 对统计结果的讨论 ··· 112
6.2	汉语时间标记系统演进的历时研究 ······································ 115
	6.2.1 研究方法 ·· 116
	6.2.2 对比研究使用的语料 ··· 116
	6.2.3 统计研究结果 ·· 117
	6.2.4 对统计结果的讨论 ··· 117
6.3	汉英语时间标记系统的对比研究——从翻译的角度 ·············· 122
	6.3.1 研究方法 ·· 122
	6.3.2 对比研究使用的材料 ··· 123
	6.3.3 统计研究结果 ·· 123
	6.3.4 对统计结果讨论 ·· 124
6.4	小结 ··· 127

第七章 英汉语时间标记系统的微观语法化
　　——英汉时、体语法语素的语法化 ······································ 129
7.1	英语中时、体标记的语法化 ·· 131

- 7.1.1 英语中过去时标记的语法化 ……………………… 131
- 7.1.2 英语完成体标记的语法化 ……………………… 131
  - 7.1.2.1 英语完成体的核心意义 ……………… 131
  - 7.1.2.2 英语完成体(先前体)的语法化 …… 132
- 7.1.3 英语进行体标记的语法化 ……………………… 137
  - 7.1.3.1 英语进行体的核心意义 ……………… 137
  - 7.1.3.2 英语进行体的语法化 ………………… 137
- 7.1.4 英语将来时间标记的语法化 …………………… 141
  - 7.1.4.1 英语将来时间标记的典型意义 ……… 142
  - 7.1.4.2 英语将来时间标记的语法化 ………… 142

7.2 汉语时/体标记的语法化 …………………………………… 149
- 7.2.1 汉语体标记"着"和"在"的语法化 ……………… 149
  - 7.2.1.1 "着"和"在"作为体标记的核心意义 … 149
  - 7.2.1.2 "着"和"在"作为体标记的语法化 …… 150
- 7.2.2 "过"(guo)作为体标记的语法化 ……………… 160
  - 7.2.2.1 经历体标记"过"(guo)的核心意义 … 160
  - 7.2.2.2 "过"(guo)作为经历体标记的语法化 … 160
- 7.2.3 汉语中已然体标记"了"的语法化 ……………… 165
  - 7.2.3.1 已然体标记(perfective aspect marker)
    "了"的中心含义 ……………………… 166
  - 7.2.3.2 已然体标记"了"(le)的语法化 ……… 166
- 7.2.4 汉语将来时间标记"将"(jiāng)的语法化 …… 171
  - 7.2.4.1 将来时间标记"将"(jiāng)的含义 … 172
  - 7.2.4.2 将来时间标记"将"(jiāng)的语法化 … 172

7.3 英汉时、体语素语法化的异同 ……………………………… 176
7.4 小结 …………………………………………………………… 179

第八章 结论 ………………………………………………… 180

8.1 主要研究结果 ……………………………………………… 181
- 8.1.1 句子取向的时间标记系统 vs.篇章取向的
  时间标记系统 ……………………………………… 181

  8.1.2 汉语从篇章取向的时间标记系统向句子取向的

    时间标记系统的转移 ………………………………… 181

  8.1.3 英汉两种语言中时、体标记语法语素语法化的异同 …… 182

  8.1.4 英汉两种语言中时体语素语法化程度不同的成因 …… 182

  8.1.5 转喻在语法化中的作用 ………………………………… 182

 8.2 英汉语言时间标记系统的异同 ………………………………… 183

 8.3 本研究所存在的局限与对未来研究的思考 …………………… 184

参考书目 ……………………………………………………………………… 186

后　记 ……………………………………………………………………… 194

第一章 绪论

1.0 引言

人类运用语言表征世界、建构语篇时,空间和时间的表征是非常重要的方面,这不但因为时间和空间是事物存在和指称事物、为事物定位必然涉及的两个维度,也因为这两个方面的再现常构成语篇的主要框架(参看 Dijk 1997:72;廖秋忠 1992:3,30,133,163,209)。所以,可以说表征动词时间信息的功能是任何自然语言必须具备的功能。语法中的时(tense)范畴是语言表征时间信息的重要手段,但对汉语中有无时范畴这个问题长期存在争议。同时,若汉语没有英语那样的时范畴,汉语是怎样赋予动词和事件时间信息的呢?这个问题似乎还没有得到认真研究,更没有得到较为明确的答案。而这对于认识和描写汉语本质应是一个关键问题。而且,汉英/英汉对比研究领域对这方面的对比似乎也还远没有真正展开,相应地外语教学和翻译教学中涉及汉语表征时间信息手段时也大多面临一种尴尬:说汉语用"着""了""过"表时间吧,这三个词又是体标记,而根据 Cruse(Cruse 2000:275)的观点,体(aspect)根本不涉及事件发生时间方面的信息(除非通过暗示的方式);说汉语是用时间状语表示时间吧,又并不是每个句子都包含时间状语。这些都说明,汉语时间标记手段应是汉语研究和英汉/汉英语对比研究领域无法回避、而且必须认真研究的问题。

1.1 汉语时制研究的困难

表现之一:关于汉语时制的有无争论由来已久。

关于汉语中有无"时"范畴的问题,众说不一。大部分学者认为汉语没有"时"这一语法范畴。例如高名凯(1986:189),龚千言(1991:252;2000:36),戴耀晶(1997:6),喻云根(1994:137)等。但吕叔湘在《中国文法要略》下卷《表达论:范畴》中专列了"时间"一章。在这一部分中,吕叔湘专门讨论有关时间表达的一些问题,并讨论了过去、现在、将来的"三时",并建议将"三时"说改造为"基点时"、"基点前时"、"基点后时"。吕叔湘关于时制的思想后来在李临定那里得到了继承和发展。李临定非常明确地指出:"汉语也有自己的'时'范畴。(李临定1990:12)"龙果夫和亚洪托夫都认为王力所说的"着"、"了"、"过"等情貌记号(王力2000:151)不仅表情貌,而且表时间(龙果夫1958;亚洪托夫1959)。

这种争论说明两个问题,其一:汉语"时"范畴在汉语语法研究中是一个非常重要的问题,是绕不过去的;其二:争议的焦点是如何看待汉语的时范畴或如何界定汉语中的时范畴。

而且,应当说这种争议本身引起了另外两个问题:什么是语言的时范畴?一种语言能否没有时范畴?

表现之二:迄今为止所进行的相关研究实际上都还没有切入最关键的问题,即汉语究竟怎样编码动词的时间信息、或赋予动词时间上的定位(严格地讲,时相(见龚千言2000:4)、时间词的研究都不是汉语时间表达方式的研究,这一点只要随便选取一段汉语叙述语篇就显而易见(并非每个句子、更不是每个动词都带有时间词)。所选语篇产生年代越早,这一事实就越明显)。

1.2 以往的汉英语时制研究与汉英时制对比

1.2.1 迄今为止汉英语时制对比的特点

要总结、概括汉英语时制的对比研究,有必要先回顾一下这一阶段汉语时制研究的特点,因为,汉英语时制对比研究在很大程度上受汉语时制研究的影响和制约。

首先,迄今为止的汉语时制研究主要表现出以下特点:

一是从方法论上看,这一时期的研究主要遵循 James(2005:94)所说的语码语言学(code linguistics)的或微观语言学(microlinguistics)的语言观或研究范式。在汉语时制研究和汉英语时间系统的对比中,一般不涉及句子以上的单位。这一点正像 James 曾指出的那样(2005:32):像在传统语言学中一样,在传统的对比分析中,研究者一般既不分析,也不对照比句子更大的单位。

这种研究方法特别不适合像汉语这样的语言,因为汉语是语段取向(discourse-oriented)的语言(曹逢甫1995;李讷和唐姗迪1976)。这种语言的句子常常是不自足(self contained)的。换言之,要充分理解这类语言的本质属性,尤其需要把句子以上的单位纳入观察视域。

潘文国先生曾指出有一种"不仅英汉对比研究严重地依赖于英语,连汉语自身的研究也严重地依赖于英语"(潘文国1997)的现象,我们认为,汉语时制研究和汉英语时间表达系统对比研究中所存在的这种方法论问题就属于潘先生所指出的现象。

其二,从研究内容上看,汉语时制研究的主要工作集中在对"时相"和"着""了""过"等时间词的研究上。从某种意义上讲,这一类研究还没有突破语码语言学(code linguistics)的或微观语言学(microlinguistics)语言观或研究范式(James 2005:94)的限制,所以虽取得一定成果,也仍然面临难以突破的局限。这种研究的局限在于:首先,考察范围仍限于句子内部;其次,时间词或表示体貌意义的词并不能全面地反映汉语标记动词时间信息的手段,更不要说对时制的系统考察;第三,对时相(phase)的研究虽有助于对时制(tense)的研究,但时相是由动词的词汇意义所体现的事件本身的特征(如持续性、瞬间性等)(邹崇理2001:ii),或人类如何认知事件在时间中展开的问题,所以与汉语这种语言如何对动词的时间信息进行标记从根本上讲是两回事。况且,正如周礼全所指出的:

当今国内外学术界,从逻辑角度研究自然语言时间系统通常面临以下问题:

(I) 时态(aspect 如进行态与完成态等)与时制(tense 如过去时、现在时及将来时)缺乏严格的区分;

(II) 时态与时相(phase 涉及动词词汇意义的状态、活动、成就和终结等特征)在概念上也不清楚。邓守信、陈平、龚千炎及杨素英等海内外学者对汉语的时间系统作了卓有成效的研究,但上述问题也没完全解决;

(III) van Eynde 等人在《计算语言学和形式语义学》论文集中的文章虽然比较正确地从区间语义学角度区分了时态与时制的概念,但缺乏严格的模型论定义及与之配套的自然语言语句系统;……总之,这些都表明国内外学术界对时态还缺乏准确的理解。

所以,邹崇理先生针对上述围绕时相展开的汉语时间系统(我们从此将称之为汉语时间标记系统)提出:

汉语的本质特征是具有远比印欧语言丰富得多的时态(aspect)结构;时态(aspect)是讲话者关于事件时间过程的长短始末的概念,它体现于参照时间与事件时间之间的包含、交叉、等同等关系,这不同于由说话时间与事件时间的纯粹先后关系所确定的时制(tense)概念……

周礼全先生认为邹崇理提出的时态概念能明确地区分于时相概念。时相是由动词的词汇意义所体现的事件本身的特征(如持续性、瞬间性等),而时态(aspect)则是说话者从不同角度参照比较事件时间过程的产物……(邹崇理2001:iii)。在此,我们不讨论邹崇理对相关概念的定义,我们只想指出:

一、应对时态(tense)和体(aspect)概念进一步明确,因为,在某种程度上确如周礼全先生所言,"国内外学术界对时态还缺乏准确的理解"。

二、要研究汉语包括时(tense)和体(aspect)在内的时间标记系统,关键还是要把注意力转回到对语言(严格讲是话语)本身的关注,而不是时相。上述所谓时相(phase)实际上涉及事件在时间维度展开的状况,而这与汉语如何标记动词时间信息并无直接关系。概言之,把时相作为研究时制(tense)或汉语时间标记系统的切入点是不太合适的。而把注意力只集中在"着""了""过"上视域又太窄了,难见汉语时间标记方面的全貌。

第三,从汉语时制研究的最新发展看,一些学者已在尝试用新的理论和研究范式来考察汉语动词标记时间信息的语言学手段,如屈承熹(Chu 1998)用篇章语言学的理论来研究汉语,包括汉语语篇中几个标记动词体意义的语法词的用法和功能;戴浩一用像似性理论揭示了时间顺序作为句子组织原则的作用;Charles Li & Sandra A Thompson(1989)从功能角度研究了包括汉语体在内的语法规律;石毓智(2001;2003)分别用语法化理论分析了汉语体标记"着""了""过"的形成动因和机制。这些研究主要是考察了"着""了""过"这些体标记的意义和语法化历程。对研究汉语时间标记整个系统而言,这些研究的问题在于:一方面仅限于微观研究,即视域太窄。另一方面,正像 D. Allan Cruse 所指出的,体根本不涉及事件发生时间方面的信息(除非是通过暗示的方式),而是要么表示看待事件的特定方式,要么传达关于事件在时间过程中展开方式的信息(Cruse 2000:275),所以,如果把视野主要局限于对体(aspect)系统的考察,也难以得出汉语时间标记系统的全貌。

在这一点上,若想实现突破,就需要不仅进行微观考察,还要换一种眼光,按潘文国先生所所说的,"力求从宏观上把握两种语言(尤其是汉语)的性质。(潘文国 2002)"

1.2.2 迄今为止汉英语时制对比存在的问题

由于汉语研究中对时间标记系统的研究存在上述问题,迄今为止汉英语时制系统(包括 tense 和 aspect)的对比研究面临如下问题:

1) 对汉英语时制对比避而不谈

到目前为止,汉英对比领域(包括汉英/英汉互译研究和教材)大多数情况下对汉英语时制的对比和互译采取一种回避的处理方式。《英汉语对比研究论文集》(李瑞华,杨自俭 1990)42 篇论文中只有一篇是关于汉语"着"与英语进行式的对比。1996 年出版的《英汉语言文化对比研究》(李瑞华)47 篇论文也只有一篇是研究汉英语时间系统的。《英汉语言文化对比研究 1995—2003》(王菊泉,郑立信 2004)中 44 篇论文中研究汉英语时间表达方式的仅有 2 篇,而且都是关于体(aspect)的对比研究的(完成体和进行体)。而体实际上根本不涉及事件发生时间方面的信息(除非是通过暗示的方式)(Cruse 2000:275),所以,严格地讲,自 1990 至 2004 年 14 年间真正研究英汉语时制对比的只有一篇较有影响的文章。这说明大多数研究者一般回避这个问题。英汉语对比研究的专著,如《英汉对比研究》(连淑能 1993)、《英汉对比语言学》(喻云根 1994)、《英汉语言对比研究》(何善芬 2002)、《英汉语比较导论》(魏志成 2003)、还有翻译方面的教材如《英汉比较研究与翻译》(萧立明 2002)、《英汉比较与翻译》(陈定安 1998)、《汉英语言对比与翻译》(王武兴 2003)等都没有涉及汉英语时间系统对比的问题。甚至因为汉语传统上被认为是没有时制系统的,所以英语时制也被基本淡出研究范围了。

2) 在不对等基础上知其不可而为之

在总体上回避的情况下,有些专著在不对等的基础上对汉英语时间表达系统进行了有限的"涉及"。这种"涉及"大多是或详或略地分别描述英语的时制系统和汉语的常用时间副词和体标记"着""了""过"等。这些专著仍不能解释汉语时制的实质,因而也无法展示汉英两种语言时间表达系统之间的异同。《汉英对比语法论集》(赵世开 1999:65)认为汉语没有时间范畴,但同时描述了英语的时间范畴、汉语体的系统和汉语中表示时间意义的词汇手段。这种处理没有找准真正意义上的第三对比相或共同的对比基础系统(tertium comparationis),纳入对比描述的英语的时制或动词时间信息语言表达与汉语的各种时间词语和体是不对等的,所以,可以说,上述对汉英语时间系统的对比实际上可以说是"知其不可而为之"。

3) 观察视野局限于句子范围以内

以往对汉语时间系统的研究和汉英语时间系统对比研究中存在的另一问题是:把视野局限于句子层面,譬如汉语研究中,要考察汉语句子中时间信息的标记,就只在句子范围内考察(如龚千言 1991;李铁根 1999);而汉英语对比中要考察时间信息标记的特征,研究者也把目光集中在句子层面或句子范围内。

4) 混淆时制的形式与功能

在汉英语时制对比研究中,就时制(tense)这一范畴而言,以往的汉语时制研究和汉英语时制对比大都存在以下两个问题:一是混淆了范畴的表现形式和功能;二是没有给英汉两种语言平等的"话语权",而是以英语标记动词时间信息的手段为标准去"按图索骥"于汉语语言系统。

在不同语言的对比中,往往应以功能或范畴的内涵为第三对比相或共同对比基础(tertium comparationis),去分别观察该功能在相关语言中的表现形式或相关语言实现该功能的不同语言手段。但在以往的汉英语时制对比中(甚至也包括汉语时间范畴研究中),研究者同时采用了英语语言时制范畴的形式和功能作为研究的出发点和观察标准,到汉语中寻找既行使同样功能,又采取同样语法形式的时制系统。严格地讲,这不是语言对比,而是看语言在形式方面是否对等。更合理的做法应是以功能为出发点,分别考察英语和汉语是通过何种系统的语言手段实现这种功能的。以功能为依据,而不是以形式为依据。(参见胡壮麟 2000:21)时制实际上涉及两个方面,一个是动词所表征事件的时间信息,二是标记这种信息的语言手段或形式。研究者说汉语没有"时"(tense),但没有明确汉语究竟是没有标记动词时间信息的功能,还是没有英语那样的标记动词时间信息的语法形式手段。所以,在对汉语进行描述或在汉英语对比中走向对比结果时,研究者也混淆了语言范畴的功能和形式。

在混淆语法范畴功能和形式的同时,以功能为考察目标,又以英语时制的语法形式为标准,将汉语中英语时制典型表现形式的缺席混同为汉语时制的缺失,这种话语权的不平等在研究实践上最终导致对汉语真实语言现象的"挂一漏万"——只关注英语式的"时制",而无视或淡化其他形式的动词时间信息语言表达形式。而"现代语言学的终极目标是为语言现象提供科学的解释,并进一步探索人类认知过程的奥秘(刘坚 1998:498)。"所以,必须改变这种对汉语时间信息标记手段考察中"挂一漏万"的现象。

5) 汉英语时制对比仍须"敢问路在何方?"

针对以上情况,我们认为,首先,回避汉语时制问题和汉英语时制对比研究是不合适的,因为时制或一种语言如何标记动词的时间信息是语法的关键问题之一。其次,共同的第三对比相或共同对比基础(tertium comparationis)的缺失阻碍了两种语言时制系统对比向纵深的发展。由于上述两种原因,汉英语时间标记系统的对比研究还需探索和寻求新的理论和研究范式作为支撑。需要"……创建合适的理论和方法对英语和汉语中所比项目或系统进行深入研究,把所比项目或系统纳入到同一个理论框架内,然后才能进行比较。(王菊泉,郑立信 2004:33)"

汉英语时间信息标记方面的对比研究要想取得进一步突破,需要在元话语和研究范式两个方面有所改进:通过对元话语语汇的丰富来拓宽、深化该领域的研究;对语言时间标记方式采取一种系统观;在对比研究的视域上,打破句子的局限,实现朝篇章语言学的转向。不这样,就难以实现汉英语时制对比研究新的突破,也难以对汉语时制问题获得深入、全面的认识。

1.3 宏观语言学取向的汉英语时间标记系统对比

与 James(2005:94)所说的语码语言学(code linguistics)或微观语言学(microlinguistics)形成对照的是宏观语言学(macrolinguistics)。两者间的重要区别之一在于:

微观语言学(microlinguistics)主要关注句子及以下的单位,而且所研究的一般都是规则化(regularized)、标准化(standardized)、非语境化(decontextualized)了的材料(James 2005:95)。

宏观语言学(macrolinguistics)也称作"广义的(broad)"或"人类学的(human)"语言学。按 Yngve(1975)的定义,其目标是"获得对人类交际方式的科学的理解"(见 James 2005:96)。其特点主要表现在以下几方面:

主要关注交际能力,而不是 Chomsky 所说的语言能力;

尝试对语言外环境中的言语事件进行描写;

寻找比单个句子更大的语言组织的单位(James 2005:98)。

综合以上特点可见,宏观语言学同时关注两个方面,一是关注一种语言是如何将句子组织为更大的、句以上(suprasentential)单位的;二是关注语言的功能方面,即:说一种语言的人是如何运用语言的(Coutland 1977,见 James 2005:98)。

潘文国先生指出,对比研究不应以"比出两种语言的特点、异同为满足,而是以此为依据,力求从宏观上把握两种语言的性质。(潘文国 2002)"他还指出,存在"不仅英汉对比研究严重地依赖于英语,连汉语自身的研究也严重地依赖于英语"(潘文国 1997)这种现象。在汉语时制研究和汉英语时间系统的对比中,一般不涉及句子以上的单位。这一事实其实正是潘文国先生所说的上述现象之一。这一点正像 James 曾指出的那样(2005:32):

像在传统语言学中一样,在传统的对比分析中,研究者一般既不分析,也不对照比句子更大的单位。

具体说来汉英时制方面的对比研究应在方法论或研究范式方面进行以下几种转变:

首先应采取系统的观点。要实现该领域新的突破,采用系统观来考察语言的时间表达手段,应提出时间标记系统这一概念。正像石毓智所指出的,语言是一个系统,无论共时的还是历时的研究,都应确立系统的观点(石毓智 2003:8),而不能以英语标记动词时间信息的手段为参照去"按图索骥"于汉语语言系统。采用系统的观点,就有可能建立一个统一的或相互可沟通的学术运作框架,从而对汉英语的时制进行深层的对比研究。

其次,采取系统的观点,就要同时采取篇章语言学或话语分析的方法,拓宽视野,不再把眼光局限在句子范围以内,而改从篇章语言学或话语的角度,考察汉语标记动词时间信息的手段作为整个系统所具有的特点,并与英语的相应系统进行对比。这样,把特定语言标记时间信息的手段放在语言使用的大背景中,把这方面的规则看做语言使用规则系统中的一部分来探讨汉英语时间标记手段的一般规律。这样,一方面可以保证得其全貌,另一方面可以确定对比内容的对等性。已经有学者将这两个领域的相关理论运用到汉语研究中并取得成果,如曹逢甫根据自己的研究发现,汉语是语段取向的语言,英语是句子取向的语言(刘坚 1998:500)。李讷和唐姗迪在《主语与主题:一种新的语言类型学》中提出,人类语言可根据是话题还是主语在其中起主要作用而分为四种类型:一、注重主语的语言,二、注重话题的语言,三、主语和话题都注重的语言,四、主语和话题都不注重的语言,从而建立起以主语—谓语 vs. 主题—评论这两种语法关系为依据的类型学,并得出结论:汉语是注重话题的语言,而英语是注重主语的语言,主语谓语这样的句法关系不一定有普遍性(见刘坚 1998:499)。另外还有相当多的学者在汉语语法研究中采取了篇章转向,如廖秋忠(1992)、屈承熹(1998)、徐烈炯 & 刘丹青(1998)等。其中廖秋忠早在 80 年代就开始从篇章角度分析汉语规律,发表了《现代汉语篇章中空间和时间参考点》等文章。廖氏分析了汉语篇章层面空间和时间信息的编码规律(廖秋忠 1992:3)。但专门从语篇的角度考察汉语时间标记方式的特点和对比汉英语时间标记方式的研究基本上还暂告阙如。

借鉴篇章语言学的视角,汉语研究者已经发现,汉语和英语等印欧语言相比具有语段取向和注重话题等特点。引进篇章语言学的理论和方法,也将有可能在汉语时制研究和汉英语时制对比研究中拓开新的局面。

1.4 话语或语篇的层级系统 vs. 话语时间标记系统

语言中各种有意义的单位,从词、短语、句子直到话语,构成一个分等级的结构(鲍林杰 1993:23)。Givon 也认为语篇(discourse)是一个层级结构:语篇由命题构成。前者与后者的关系是大的信息结构与小的(atomic)信息构块(building block)之间的关系。Givon 进一步指出,语篇不仅是独立命题的连接,而是一般体现为一种更为复杂的层级结构。以叙事语篇为例,整个故事分为章节,章节分为情节(episode),情节分为宏观语段(macro-paragraph),宏观语段又分为更小的主题语段(thematic paragraphs),主题语段则由复合句或多个命题组成(Givon 1984:137)。Van Dijk 则提出宏观命题(macro-proposition)的概念。据 Van Dijk 等人的观点,语篇是由一些命题相互连接形成的连贯的整体(a coherent whole)。这些命题通过共同的所指对象和时间、地点等特征连接、联系起来形成更高层级的语篇话题(discourse theme)或宏观命题(macro-proposition)(Van Dijk 1997:72;Germsbacher 1990;Kintsch 1998;Reinhart 1981)。Russel et al. 提出,语篇既非平面(flat)的,也非线性(linear)的,而是层级结构的。语篇由小句(clause)构成更高层级的结构段落(paragraphs),段落构成情节(episode)或语篇的部分(section)(见 Van Dijk 1997:66)。综合以上各家的论述,结合对篇章时间标记分析的需要,我们认为,可以提出以下的语篇层级结构系统:

语篇(discourse)

宏观段落(macro-paragraph)

段落(paragraph)

话题句群或句串(topic controlled sentential sequence)

句子(sentence)

谓语动词(verb)

语素(morpheme)

对汉英语时制的研究也需要确立系统的观点。即:根据语言的层级系统,或不同时间标记所控制的语篇片断的长度,时间标记(markers)也构成层级结构和系统。这个层级结构可以分为从语篇以降直至句子层面的时间标记(我们认为,可以假定句子以上的时间标记主要由各种时间话题充当;句子层面的时间标记则包括时间状语和时、体标记)。在汉英语时制对比研究中,首先分别界定和描述两种语言的时间标记系统,然后再对两种语言各自的时间标记系统进行对比。采用这种系统观的方式全面考察汉英两种语言的各种时间标记方式,去发现两种语言中分别是哪种标记方式用得多,哪种标记方式用得少,从而弄清两种语言的时间标记方式各自的特点,就避免了"戴着有色眼镜"以英语的时制为标准去判断汉语时制的有无了。这样设计的一个时间标记系统如下:

篇章层面时间标记(TMD:time marker of discourse)

宏观段时间标记(TMMP:time marker of macro-paragraph)

段落时间标记(TMP:time marker of paragraph)

句群时间标记(TMSS:time marker of sentential sequence)

句子时间标记(TMS:time marker of sentence)

动词时间标记(TAM:tense and aspect marker)

语言的普遍性是语言研究的目标之一。试图阐释语言普遍性的研究一般假设以下三种基本理论观点作为立论的出发点:

所有语言均自一种语言发展而来;

在所有语言社群中,语言行使相同的功能,而这决定了所有语言语法的相似性;

就人类内在的言语能力而言,所有语言都有同样的生理基础。(Bussmann 2000:506)

基于以上三点，我们假定：不同语言功能的总量是相等的，即都能反映主客观世界，包括对语句中动词的时间信息进行编码和解码的功能。这就是说，各语言表征时间信息的功能总量相等。功能主义和对比语言学的研究认为，语言的语义功能和关系具有普遍性，语言研究和对比研究应关注不同语言中的变量（variables），而这种变量就是语言所采用的形式手段（formal devices）。与功能，特别是功能的总和不同，语言的形式手段是因语言而不同的。这实际上就是各语言功能总量相等，但相等的功能总量在不同语言各层面的分配因语言而不同。对比研究应以功能和句子间的关系为对比参照基础（tertium comparationis），考察不同语言在表现形式方面的差异（参见 James 2005:100；Halliday 2000：F54）。

同理，在表征动词时间信息的功能方面，各语言功能的总量也应相等，只是不同语言表征这种信息的具体方式或形式（formal devices）因语言而异，即：有的语言以语法手段为主，有的以词汇手段为主，有的以篇章手段为主，有的是以句子为凸显的基本单位赋予时间信息的。换言之，不同语言虽然表征时间信息的功能总量相同，但该功能在不同语言各层面的分配则因语言而异。这种不同层级间功能分配的语际差异可以称之为语言功能表征的语际相对性。

根据以上假设，在标记动词所表示事件或行动的时间信息方面，所有语言也应具有同样的功能，这应是语言普遍性的一个方面。换言之，这也是上述语言普遍性所决定的。

洪堡特认为："即使在纯语法研究的领域里，我们也不能把语言与人、把人与大地隔绝开来。大地、人和语言，是一个不可分离的整体（见朱永生 et al. 2002：58）。"人、语言、世界，这三者如何相互关联、相互作用，这才是语言学真正关心的问题（同上 P65）。基于此，我们认为，在汉英语时间标记方式的对比中，也应把两种语言和说这两种语言的人与他们的世界联系起来考虑：

1）母语为英语和母语为汉语的人都能在语言使用中编码和解码语句中动词的时间信息，这是两种语言使用者心智的共性。

2）两种语言所要反映的客观世界也是一样的。

3）汉英两种语言标记时间信息的功能总量相等，只不过在两种语言不同层面的分配各不相同。

采用这种语言功能观，运用篇章语言学的研究方法，提出和引入篇章层级系统与和时间标记系统的概念，可以保证以下几点：

能实现采用宏观视域的要求，在汉英语对比研究中实现方法论意义的一种突破。

能保证两种语言间的对比在相等的基础上进行，而不是以彼之有比我之无。

能够拓宽视野,弄清汉英两种语言在语言实践中究竟是如何标记动词时间信息的,从而有可能把握汉英两种语言在时间信息标记方面的全貌,以加深对两种语言的理解。

正像有些研究者指出的:汉语是语段突出的语言,英语是句子突出的语言(曹逢甫 1995:41)。我们运用这种研究方法将有可能发现汉英语时间标记系统方面是否表现出同样的类型学差异,即汉语主要采用语段凸显的、篇章手段为主的时间信息标记手段,而英语主要采用句法上自足的时间标记系统。

洪堡特曾指出,语言在它们的优缺点方面是互补的。估计所有的语言都是这种情况。(洪堡特 1997:9)我们这种研究方法将能够证明,若一种语言的某(些)层面不长于承担某功能,则必有另外某(些)层面对此加以弥补,相对较多地承担此功能,从而证明洪堡特的上述论断是否具有普遍的类型学意义。

1.5 历史和认知取向的汉英语时间标记系统对比研究

我们在汉英语时间标记方式的对比研究中采用历史、认知和功能的研究方法,有利于探索两种语言在动词时间信息标记手段方面的类型差异和更深层的跨语际普遍性(universals)。汉语语法研究总的看来偏重结构描写,近来开始注意对语法现象和规则的解释了,但对历时研究似乎仍没有给以足够的重视。语法化理论将历时研究与对语法现象的解释以及对语法意义认知依据的探讨结合在一起,从历时角度对共时差异寻求说明和解释。在汉语时间标记系统研究和汉英语时间标记系统对比中,引入语法化理论作为理论指导可使汉语研究找回汉语自己的特性,并实现研究模式(paradigm)的转变,从注重描写,改为注重历史、比较和对语法标记功能与意义的解释(参看史有为 2001)。

根据沈家煊的研究,语法化研究总的说来有两条路子:

一条路子着重研究实词如何虚化为语法成分,其方法论基础是认知规律,这条路子的代表人物主要有 Anderson, Lyons, Joan Bybee, Revere Perkins & William Pagliuca, Paul J. Hopper & Elizabeth Closs Traugott。

另一条路子着重揭示章法(discourse)演变出句法成分和构词成分的过程和规律,其方法论基础是信息交流和语用规律,其主要代表人物包括 Givon 和 Paul J. Hopper。

国外到目前为止,已有大量从认知角度研究语法(包括时(tense)与体(aspect)标记)的文章和专著问世,这些论著从历时和共时角度可以分为两大类。

兰盖克(Langacker)所创立的认知语法(cognitive grammar)属于共时类语

法认知研究，以 Bernd Heine、Ulrike Claudi & Friedrike Hunnemeyer 的 *Grammaticalization—A Conceptual Framework*，Paul J. Hopper & Elizabeth Closs Traugott 的 *Grammaticalization* 和 Joan Bybee、Revere Perkins & William Pagliuca 的 *The Evolution of Grammar* 为代表的语法化研究属于历时研究。共时的认知语法从人的认知规律出发来解释语法，将语言放在与其他认知系统的联系中考虑。将语言的本质看做是象征的，人们只能借助象征单位来描写语法。词汇、语素和句法一起构成象征的连续体。共时的认知语法对语法范畴的看法是一种典型范畴论的观点，即：所谓语法范畴的"合格和标准"往往是一个程度上的问题，是语义因素和语用因素合力的结果。认知语法认为语言的意义等同于概念形成的过程，应借助于认知过程加以解释，形式逻辑无法准确地描写语义。应把隐喻和语义的引申意义作为词汇和语法研究的核心部分。认知语法认为，完全不带隐喻的句子只占少数。（龚放，2001）

以 Joan Bybee et al. 的 *The Evolution of Grammar* 为代表的语法化研究从历时角度探讨时（tense）、体（aspect）和情态（modality）标记在语言历时演变中形成和发展的普遍规律（universal paths），包括词汇中被选作语法语素候选形式（candidates of grammatical morphemes）的词的一般特点、语法语素与词汇语素的区别标准、词汇语素转变为语法语素的机制、动因、发展路线等具有普遍意义的问题。

汉语语法理论领域已有许多学者运用认知和语法化理论对汉语语法进行研究，如袁毓林（2004）、石毓智（2000，2001，2003）、吴福祥、洪波（2003）、吴福祥（2004）、沈家煊、吴福祥（2005）等。但总的看来，就借鉴语法化理论所开展的汉语时制研究而言，还存在以微观研究为主的局限。这种局限表现在：

首先，在时（tense）与体（aspect）的系统中，还没有展开真正意义上的对汉语时间标记系统的研究，而是集中在对几个主要体（aspect）标记的语法化研究上（如石毓智，2000，2001，2003 等）。而按 Cruse 的观点，体实际上根本不涉及事件发生时间方面的信息（除非是通过暗示的方式）(Cruse 2000:275)，所以，严格地讲，对汉语时间标记手段历时演变的研究还没有真正开始。

其次，从方法论意义上说，还没有借鉴篇章语言学的理论成果展开大跨度的历时的考察，以把握汉语时间标记手段演变的趋势、速度和规律。

第三，还没有展开系统的针对汉英语体标记语法化来源、机制、和历时的对比研究。

采用历史和认知的方法研究、对比汉英语时间标记，必须是在宏观研究的前提下，即在采取篇章视角和系统观（包括话语层级系统观和时间标记系统观）的前提下，在共时和历时两个向度对汉英语时间标记系统展开对比研究。可以分两部分,一部分为宏观研究部分,用统计分析的方法对比汉、英语两种语言篇章的时间标记系统的异同,并论证汉语时间标记系统语法化总的趋势和道路;另一部分为微观研究部分,探讨汉语中表示时间信息的语法功能词"着""了""过""将""在"等的语法化来源、认知机制以及语法化的历程,并与英语相关时间标记的语法化进行对比。

1.6 小结

我们认为,正像汤廷池曾指出的,主要是为了分析印欧语言而倡设的传统西方语言学模式有时候并不能完全适合于对汉语句子结构的分析或说明(参见曹逢甫 1995:1),这也应包括对汉语时间信息标记手段的说明。汉语时制研究的困难和问题,以及对比语言学领域对时制对比的回避和尴尬现状也说明了这一事实。

要在汉语时制研究等相关领域实现新的突破,有必要在以下几方面实现研究指导思想的转向:即篇章语言学转向、系统功能转向、历史和认知转向,并且应该提出"时间标记系统"这一概念,由此丰富语言研究的元话语系统,并建立合适的、共同的理论和分析框架。这个框架能够同时适应英语和汉语中时间标记手段的分析,能够把所比项目或系统同时纳入分析、描写和研究的视域,也就是"把所比项目或系统纳入到同一个理论框架内(王菊泉,郑立信 2004:33)",然后进行研究和比较。这样不但能真正得出汉语时间标记手段的全貌,还能全面考察汉英语时间标记方面的相同和差异之处。

第二章　语言中的时间与作为物理范畴的时间

2.1　语言中的时与体

根据 Saeed 的观点,时制与体的系统的作用是使语言使用者将具体情景与时间联系起来,但是二者与时间发生关系的角度不同。时制是语言使用者根据某一参照时间点确定具体情形在时间上的位置或定位的语法手段,大多情况下这一时间参照点是说话或写作的时间(Saeed 2000:114)。

这就是说,时制(tense)是标记动词时间信息的语法范畴,但对动词时间信息的标记方式因语言而不同。动词的时间信息可以像英语那样标记于动词上,也可以像汉语那样用特定的时间词加以说明(Saeed 2000:106)。

语言的体范畴(aspect)也是与时间有关的语法范畴,借助体态语言使用者可以有选择地描写某一情形的内部时间属性(Saeed 2000:108)。换言之,体态系统是说话者将具体情形与时间建立起联系,对具体情形采取不同的视角,而不是像时制那样为具体情形提供一个与说话时间相关的时间定位。譬如,可以把一个事件看做已经完成,尚未完成,或在一段时间内延续或重复的状态。

Charles Hockett 对体态做了类似的总结。他认为,动词的体态与事件在时间向度的展开、分配或轮廓有关,而不涉及事件在时间中的定位(Hockett 1958:237)。George Yule 也认为动词的时制常常与具体情形在时间上的定位有关,而体态则体现看待和体验具体情形的方式(Yule 2002:54)。英语中的时制主要分为两种:现在时(present tense)与过去时(past tense)。前者使所描写的情形与说话场合发生密切联系;后者则使所描写的场合与说话场合离开的远一些(Yule 2002:58)。语法中动词的体态一般涉及观察事件、情形的两个视角:进行体(progressive aspect)表示从内部观照一个情形或事件,并且所观察的情形或事件就另外某一场合而言正在进行中;已然体(perfective aspect)则表示以另外某一场合为参照,对一个事件和场合持一种由外向内的视角。这是一种典型的回顾的视角。作为参照的场合和事件则依赖于时制对 be 和 have 所赋予的具体的时制形式(Yule 2002:65)。

可见,时制的功能是参照某一时间点在时间线上从事件之外对事件进行定位,其中作为参照的时间大多是说话或写作的时间。体态所观照的是事件的内部,它所要回答的是事件是有界限的,在一段时间上展开的,还是在一定时间内重复的。

2.2 关于语法化研究

一般公认 Antoine Meillet 是现代语法化理论(grammaticalization studies)的奠基人。他的 *L'evolution des formes grammaticals* (1912)标志着一种直到今天还在通行的语法化研究视角的开始(Heine, et al. 1991:8)。他还证明,语法化研究事实上是"语言科学中主要的研究活动之一"(Heine, et al. 1991:9)。在他的研究中,他不是沿着洪堡特(Humboldt)的道路,而是选择了葆朴(Bopp)的道路,所以他也把语法化作为一个重要的解释性变量来说明词由一种词类向另种词类的转变。

Meillet 断言,新语法形式出现的途径只有两个:类比创新或语法化(grammacalization)。前者并不导致整个语言系统的变化,而后者则产生一些原来没有现成语言表达形式的新的范畴,并由此而导致语言系统的变化。通过区分这两种变化形式,Meillet 实际上同当时非常有影响的新语法学派(neogrammarians)划清了界限。在他看来,新语法学派只关注两类问题:语音规律(phonetic laws)和语言的类比创新。这说明 Meillet 对语法化问题本身非常重视。

而且,Meillet 把词汇项目向助词和承担语法功能的其他语素(也叫虚词(empty words))的转变看做一种连续统(cointinuum),尽管他同时认为这一转变的结果是具有离散性质的差异和变化。语法化的这种双重特点后来成为不同的语法化理论都需要考虑的一个问题。Meillet 所发现的语法化的另一个特点是,在经历语法化过程变为语法语素的过程中,语言单位的使用频率与其表意价值成反相关关系(Heine, et al. 1991:9)。

正像沈家煊所指出的,作为一门学科,语法化属于历史语言学的领域。历史语言学流派的重要人物如 Bopp, Schlegel, and Humboldt 都曾涉及与语法化有关的问题。总的看来,语法化研究一般有两条路子。一条路子主要关注实词如何演变为语法词。这条路子的主要代表人物包括 Anderson, Lyons, Joan Bybee, Revere Perkins & William Pagliuca, Paul J. Hopper & Elizabeth Closs Traugott。这种研究方法的方法论基础是认知科学。另一条研究语法化的路子是考察语篇策略导致句法结构和新词出现的过程。Givón 和 Paul J. Hoppe 是这种研究方法的代表人物,其方法论基础是语用原则和人类交际所遵循的一般规律(沈家煊 1994)。

2.3 语法化理论视角下的时与体

语法化理论认为,动词的时制与体态以及其他类似的语法变化均来自话语交际的语用策略,而不是"因为原先就有所以就'部署'在话语或语篇中的现成的手段(Hopper 1979:217;参看 Fleischman 1983:204)。"根据这种观点,时制是时间定位表达式的语法化(Comrie 1985:9)。这就意味着时制是从系统的标志事件在时间上的定位的手段中演变出来的,或者说时制是事件时间定位的各种表达式发展的结果。在一种具体的语言中,各种表达事件或动词时间定位或时间信息的表达式构成一定的系统。在我们的研究中,我们把这一系统看成由以下语言实体组成:

由语篇到句子各不同层面的表示时间信息的话题(temporal topic);
表示时间或时间顺序的状语;
时制/时态标记(tense marker);
体态标记(aspect marker)。
在后面的章节里,我们将详细讨论这种时间标记系统。

语法化研究领域中像 Paul Jean Hopper 这样的研究者认为动词的体这一语法范畴与语篇或话语中标记事件状态的完成/未完成,或标记事件的前景/背景化的需要有关。譬如,他主张完成体(perfective aspect)就是从叙述语篇中表示连续事件的需要中发展出来的。如果这些事件是离散的和有界的,这些事件就唤起一种完成的或完整的解释或阐释。这种解释则能使上述语篇功能演变为时制或体的标记,即语篇中所涉及的相关标记有可能最终变为能够表示完成体、已然体或过去时概念的语法标记(Heine, et al. 1991:240)。

概言之,语法化理论认为时间定位的表达式是时态标记的来源,而暗示事件的完成/未完成、或暗示对事件的前景化/背景化的表达式是体标记的来源。

一种更为极端的观点认为,所谓独立的句法本身并不存在,对语言的彻底描写需借助、参考制约话语结构的交际原则来进行(Heine, et al. 1991:241)。

基于以上诸观点,我们倾向于认为时态与体的标记是从一般的时间标记系统演变而来的。这种时间标记系统包括表示动作或事件的时间定位的表达式、显示事件时间顺序的表达式、显示事件发展或展开状态的表达式。所以,要研究时态和体范畴就必须转向关注作为整体的时间标记系统的发展变化,就需要考察整个时间标记系统在历史过程中是如何发展的。因为,按照语法化理论所提出的观点,时态(tense)与体正是从这一发展过程中产生的。

总之,参照 Hopper 所提出的一种论断,即"今日之句法实为昨日之语用话语(Today's syntax is yesterday's pragmatic discourse(Hopper 1991:13))。"我们认为,可以把时态(tense)与体系看做过去的时间标记系统,而时体系统的发展可以借助对时间标记这一大系统的发展的考察加以详细的描写。

2.4 本研究的目的

开展该研究,我们拟做到以下几点:

首先,我们将对英汉语时间标记系统做一共时对比,以期发现两种语言的时间标记系统有何异同。然后,我们将对汉英语时间标记系统做一历时对比,以考察两种时间标记系统的发展倾向有何异同。希望通过这一历时考察,我们不但能了解汉语时间标记系统的发展变化,而且能证明,经过历时发展,汉英两种语言时间标记系统的差异缩小了。或者换句话说,汉语时间标记系统在朝英语那样的时间标记系统趋近。然后,我们将从翻译角度对英汉两种语言的时间标记系统加以考察,以便更明确地揭示哪些是汉语或英语时间标记系统所独有的特征,哪些不是它们所独有的。这种对比我们称之为关于宏观语法化的对比,这种语法化涉及句法结构的变化与发展。在第四章中,我们将更为详细地对宏观语法化加以说明。

其次,我们将对英汉语时体语法语素的语法化过程加以对比,以便考察是否两种语言的语法语素在语法化过程中涉及同样的语法化机制。同时,我们将对两种语言的时体语法语素的语法化程度加以对比。其中,在考察语法化程度时,我们将采用 Bybee 等人所提出的语法化程度标准。该标准涉及语音减损、独立自主性的丧失和熔合(分别为 phonetic reduction,loss of autonomy,and fusion)。(我们将在第五章更细地讨论这一标准)我们把两种语言语法语素的语法化对比称为微观语法化对比。我们将在第四章专门解释何为微观语法化。我们希望能够证明,在语法化机制方面,两种语言的时体语法语素的语法化在主要方面是相同的。两种语言之间的不同主要在语法化的程度方面。我们希望将能够显示,汉语时体标记语法化程度相对较低的原因主要是汉语的类型学特征和汉语文字系统的特征。

2.5 本研究的基本理论依据

首先,我们在该研究中所依据的基本假设包括 Bolinger 和 Givón 所提出的以下观点:

Dwight Bolinger 断言,任何一种语言都是存在于一种平衡状态之中。因为在任何一种言语行为中都发生一种变化,并因此与以前有所不同。一般大多数类似变化我们都注意不到。但是,有时候人们会注意到这样的变化并会对它们加以重复,因为它们具有特殊的适合性,譬如适合某种文体风格、便于用来指称某些新事物、或者由于它们特别易于或能够特别清楚地表达某一观点。当其他人接受了这样的表达式,这种表达式就被作为该语言的一部分被整合进该语言中。Bolinger 指出,语言中一个新项目(item)的增加如同一个外来者的入侵,但由此而带来的不平衡仅是暂时的,语言能很快就恢复其内部的平衡。他把语言接收新项目的这种过程比作一种投资(investment)。此类投资的无限性既保障了语言的系统性,又保证语言能够适应各种变化。Bolinger 将语言编码的价值(value of linguistic code)比作基因编码的价值(value of genetic code)。他说,甚至基因学家也用句法(syntax)来指称 DNA 的链状结构。根据他的看法,词、短语、句子、语篇这几个语义单位形成一个层级结构。遗传顺序也形成不同的层级,不同层级所携带的信息控制着它们的成长和发展。同理,语言内部所发生的变化与遗传变化起着同样的作用(Bolinger 1993:23)。有趣的是,Givón 对语言和语言变化有着相似的观点。他的观点可以称之为生物学的语言发展观。他本人直接称生物学为他的语言研究的语境(其中包括句法学/语义学/语用学),其他还有哲学与心理学。Givón 声称生物学是从功能的和进化的观点来看待人类机体的,包括人的社会－文化组织及其认知－知识－交际工具。这些功能可以描写为一些策略或次策略。依靠这些策略或次策略,有机体得以应对所觉察到的环境和生存的需要。当进化发展到更高水平,有机体会觉察到生存的任务变得复杂了,相应地,有机体就会在越来越抽象的层面创造出应对的策略。换言之,人类有机体和他们的认知与交际是在一定的社会文化组织中进化发展的,并且需要为了共同的生存而合作。文化模式越复杂的环境所提出的任务也越复杂,而这又相应地需要有更为复杂的交际信码系统(system of communicative codes)。该信码系统循环反作用于更加复杂化了的文化,满足文化发展的需求。总之,有机体的整个发展与进化绝不是盲目地由神经元决定的、或严格地由基因决定的自动过程。相反,适应和生存必然一直是一个明智的选择的过程,这种选择肯定是依据当时有机体所能得到的信息的水平而做出的(Givón 1984:1－2)。

对于语言的功能层面而言,Paul Jean Hopper 声称,当某一功能领域出现新的层面以后,旧的层面并非总是被抛弃掉,而是有可能继续存在,并与新的层面相互作用(Heine 1991:20)。

他指出,语法化过程是一个选择性的过程,在这个过程中,只有很少的词汇项目最后发展为语法语素。然而,旧的词汇或语言形式有可能与新形成的形式共存。因而，专门化的趋势并非总是消除掉其他的可选形式，但这种专门化趋势可以显示为一种话语或语篇中的偏好，这些偏好又是由语义类型、社会语言语境、语篇类型以及其他因素所决定的(Hopper & Traugott 1993:114)。

Hopper 等人所提出的这一观点是我们的第二个主要理论依据和前提。

2.6 主要理论假设和研究方法

首先，依据 Bolinger 和 Givón 关于人类语言功能和有机体凭借适应策略以实现其发展的生物学观点，人类语言系统的功能一直是，并且现在仍然是为了在社会文化环境中维持生存而努力适应环境，不断进化发展的结果。伴随着社会文化模式的复杂化，环境所提出的任务也逐渐复杂化，因而就有了越来越复杂的、越来越细化(elaborated)的交际信码系统(system of communicative codes)。基于 Bolinger 和 Givón 的观点，我们假定汉语时间标记系统也是沿着同样的路线进化发展的。确切地说，我们的假设是，最初汉语的时间标记系统在本质上讲是非常笼统或非常宏观的，但是在后来的发展中这种标记变得越来越细化(elaborated)。所以，就整体而言，随着时间的流逝，汉语时间标记系统表现出一种细化的倾向。这种倾向基本上与 Bolinger 和 Givón 所预言的相同，即：伴随社会文化所提出的任务的复杂化，时间标记系统也变得逐渐细化和复杂化。相应地将会出现一种由宏观性的时间标记向更细化的时间标记的转化。其结果就是，汉语将会由较少附加时间标记的语言(sparsely marked language)变为时间标记日趋密集的语言(densely marked language)。汉语时间标记系统的这种发展趋势可以从自古至今汉语句子层面的时间标记的增加看得出来。句子层面的时间标记包括句子的时间话题，时间状语，以及时、体标记。这样，在句子层面，一方面时间标记细化的趋势在继续着；另一方面，另一种语法化趋势也在发展着。这另一种语法化趋势是不同的时体标记候选项目之间为成为专门的时、体标记而进行的竞争。

第二，上面我们提到，Hopper 等曾指出语法化的层面问题，根据 Hopper 等的理论，我们假定尽管汉语时间标记的细化导致句子层面时间标记的产生和增加，包括句子的时间状语和时、体标记，旧的时间标记手段还将存在并将在时间标记系统中担当重要作用。

第三，可以假定不同语言系统的功能作为整体是基本相同的，因为所有的语言都能起到表征世界的作用，无论是现实的世界还是抽象的世界。同时，从结构的角度讲，语言系统本身是一个层级结构，可以分为不同的层面。这一点也适用于不同的语言，也具有普遍性。但是语言总体功能在语言系统不同层面之间的分配则是因语言而异的。大多数情况下，一个特定层面在 A 语言承担的某功能可能要多于或少于相应层面在 B 语言承担的相同功能。换言之，一种特定的功能在 A 语言可能集中于这样一(些)层面，而在 B 语言则可能集中于另一(些)层面。或者，有可能某一层面在两种语言中都能担当某种功能，但在一种语言中该功能分布得比较集中，即由相对有限的有纵聚合关系的语言项目承担，而在另一语言中该功能的分布却比较分散，即由更多的有纵聚合关系的语言项目承担。但总体而言，语言系统中的不同层面相互配合，共同承担人类交际工具的作用。就现代汉语而言，尽管句子层面的时间标记手段已经形成，旧的时间标记手段仍然存在并发挥作用。旧的时间标记手段与新形成的时间标记手段共同承担整个语言系统为人类活动和世界变化确定时间定位的功能。这一假设如能得到证明，将为汉英语时间标记系统对比研究提供一个新的视角。从这一视角看，在共时意义上说，两种语言时间标记系统的差异主要在于，在汉语中，时间标记的功能分布在语言的不同层面，而在英语中，句子层面的时间标记可以独立地承担为人类活动和世界变化确定时间定位的功能。

第四，我们假定，在汉语中，自古及今，句子层面的时间标记应该会出现增加的趋势，而这可以看做是汉语时间标记系统细化过程的持续。

另外，汉语语法语素的语法化，包括"着"、"了"、"过"、"在"、"将"等的语法化，一般符合世界上其他语言中类似语法语素的语法化的途径、动因与机制，包括英语语法语素的语法化途径、动因与机制。

在我们对汉语时间标记系统语法化的研究中，我们将采用统计分析的方法分析不同历史阶段汉语叙事语篇中时间信息标记方式的变化。我们将统计不同历史阶段的叙事语篇中不同篇章结构层面的时间标记数目与种类。我们所关注的问题是：在汉语时间标记系统中是否能发现不同的时间标记在数量的变化上有什么规律和倾向性，是否时间标记功能的分布在不同语篇层面上自古至今有所转移。当然，在统计研究中，我们集中关注的是句子层面时间信息标记方式的变化。我们将考察句子时间标记的数量是否有所增加，若有增加，则这种变化实际上是时间标记系统细化的结果和证据，并且也是时间信息标记的焦点从语篇凸显的时间标记系统转向句子凸显的时间标记的标志。

对比英汉两种语言语法语素的语法化时，我们将以 Bybee 等的研究为研究模式，集中考察语法化的来源、机制，并判断英语两种语言语法语素语法化的程度。我们将回溯英汉语言时、体标记语素语法化的路程，希望能够证明，汉语时/体标记语素的语法化与英语时体标记语素的语法化在语法化的来源和机制上有很大共同之处。

在一定意义上说，我们所采用的研究方法分别与篇章凸显的语法化研究方法和词汇凸显的研究方法相一致(参见 1.2)。这两种方法不是互不相容的,而是互补的,尽管这两种方法各自关注的焦点不同:前者关注在线的或临时性的篇章策略(ad hoc discourse strategies)是如何变成或发展为句法结构的,而后者研究不同的语法语素是怎样形成的。说到底,语法化其实是编码性、数、格,以及时、体等语法意义的语言单位最终变为典型语法语素(grams)的变化过程。一个具体语法语素的形成一般涉及这样几个不同的变化:相关语言形式意义的泛化、语义内容的减损和相应的语言形式大小的缩减。词汇取向的语法化研究只能覆盖语法化研究中关于词汇项目演变为语法语素的部分。对于尚未形成语法结构的规约化或习语化形式的过程,词汇取向的语法化研究模式就难以奏效了(Hopper 1991:20)。而对于那些跨连在线的或临时性的话语策略与由此而形成的词汇形式之间的过程,包括那些后来经规约化而成为语法结构的表达形式,比较适用的是篇章凸显的语法化研究方法。这一段语法化之路将告诉我们篇章与语法之间是如何相互作用的,并告诉我们这种相互作用最后如何产生新的语法结构,新语法结构最后又如何成为不同的语法词。总结以上所述,以上两种研究方法分别能够揭示语法化之路不同阶段的信息。所以,采用这两种方法,既可以揭示汉语时间标记系统从篇章凸显的时间标记系统向句子凸显的时间标记系统的转化,又能说明时间标记语法语素的形成,以提供关于汉语时间标记系统发展变化的宏观与微观考察。

2.7 研究内容的结构与安排

在第三章,我们将首先简要回顾国内外对语言的时与体的研究。我们进而说明语言时间标记的层级性质,包括语言的时与体作为时间标记的两个层级的属性。第四章回顾语法化研究的历史发展,从作为历史性和解释性参数的语法化,到现代语法化的研究基础和主要研究范式。在本章中,我们还将区分宏观语法化与微观语法化。在第五章,我们将分析语法化的动因、路径,以及语法化的机制。第六章对英汉语时间标记系统进行共时对比,并通过历史比较的方法证明在自古及今的发展中汉语时间标记系统和对时间信息的标记是否呈现细化的倾向。第七章专门从几个方面研究英汉语言的时、体语法语素的语法化。在此基础上,我们将对比英汉两种语言的时、体语法语素语法化的来源、机制,及其语法化的程度。第八章,即本研究的最后一章,对整个研究进行总结。我们将简要归纳该研究对英汉语时间标记系统的对比研究所得出的主要结论,包括我们在第六、第七两章分别进行的汉语时间标记系统的宏观语法化和英汉语时间标记系统的微观语法化对比研究所得出的主要结论。在整个研究所得出的结论的基

础上,我们将对以下几个方面做出一些尝试性的结论:

汉英两种语言时间标记系统的差异何在。

汉语时间标记系统的历时变化发展,或汉语时间标记系统的宏观语法化。

英汉语时间标记系统微观语法化的异同,换言之,即:英汉语时、体语法语素或时、体标记在语法化方面的主要异同。

我们还将简要分析汉英语时、体标记语法化方面所存在的差异的主要原因。

第三章 作为时间标记系统两个层面的时态和体

首先,我们对国内外关于时与体的研究作一简要回顾。然后,我们要对时(tense)、体这两个语法范畴的实质作一分析,并说明二者在语言的时间标记系统中实际上构成两个层面。

3.1 国内外关于时体研究的回顾

首先,对国内关于时体方面的研究作一回顾性梳理。

3.1.1 国内对时与体的研究

英语有时与体的系统,这一点在国内是基本得到公认的。但是,关于汉语有无时与体的范畴,国内有不同的看法。基本上国内对这一问题的态度可以分为三类。

有人说汉语没有时态(tense)这一语法范畴。譬如,高名凯和王力坚持认为汉语没有时态(tense)。受他们的影响,国内许多语法书都认为汉语是没有时态的语言(李铁根 1999:2)。龚千言、戴耀晶、喻云根等学者对汉语的时态问题有相同的看法。龚千言(1991,1994,1995)认为汉语没有专门的语法项目来表示动词的时间定位,汉语没有形成时态这一语法范畴。汉语表示时态(tense)要借助词汇手段,即时间词(李铁根 1999:6)。戴耀晶断言:"一种语言里只有具备了表达时意义和表达体意义的形态,才可以说该语言具备了时范畴和体范畴。范畴是通过形态形式而不仅仅是通过词语形式来表达的。正是在这个意义上,我们认为现代汉语里没有时范畴,但是有体范畴(1997:6)。"喻云根对此问题持相同观点,他说:"虽然每种语言都能表示'过去'、'现在'、'将来'这些时间,但并非每种语言都有'时'(tense)。只有当'时'概念由特定的语法形式来表达时,这种语言才有'时'的范畴。汉语动词没有特定的形态变化(变位 conjugation)来表示时间,所以没有'时'的语法范畴。汉语中常用词汇手段或句法手段来表示'现在'、'过去'、'将来'的时间(喻云根 1994:137)。"一些国外的汉语学者也认为汉语没有时态范畴,如罗杰瑞认为:"汉语跟很多东亚语言一样,有体而没有时,就是说汉语有关于动作完成与否、持续与否的表示,但没有动作时间的表示(罗杰瑞 1995:146)。"

第二种观点体现了一种积极肯定的态度,持这种观点的人试图解决汉语的时态(tense)问题。20世纪50年代,前苏联语言学家龙果夫、亚洪托夫和中国学者张秀对汉语无时态(tense)说提出挑战。龙果夫讨论了汉语的时态(tense)问题。他说,汉语有两种时态,一种时态系统由各种过去时间组成;另外一种时态包括过去、现在、将来时间。他还用方言变化说明了"过"、"了"、"来着"等这类时间标记的变化趋势。亚洪托夫也对汉语的时态(tense)范畴进行了研究。他的观点是,汉语的时态不是一种纯粹的时态,而是一种附属于体(aspect)的时态(tense),这种时态又因为各种非常微妙的情态意义(modal meanings)而变得非常复杂。他对那种认为"着"、"了"、"过"只是纯粹的体标记的观点持批评态度,特别是将"了"与将来时间联系起来的观点。他认为从属句中的"了"表示的也是过去时间,例如:"他明天走了,我再告诉你。"只不过这里的过去时间不是说话时的过去,而是句子所涉及事件之前的时间(见李铁根 1999:3)。张秀研究了汉语的时态问题。在分析时态与体的定义的基础上,张秀提出了自己的时态与体的概念。张秀阐述了绝对时态与相对时态的关系,得出了汉语无绝对时态,而有相对时态的结论(李铁根 1999:4)。

吕叔湘在《文法要略》中专辟一章研究汉语中的时间表达问题。吕叔湘讨论了过去、现在、将来时间,并提出时间的过去、现在、将来三分法应代之以基点时、基点前时、基点后时。吕叔湘指出,应区分两种基点时,绝对基点时与相对基点时。前者包含说话此刻,后者不包括说话此刻(吕叔湘 1990:220)。王松茂在研究汉语时态问题时将汉语的时态分为5种:过去、邻近的过去、现在、邻近的将来与将来。他的分析的问题在于他没有考虑相对时态问题,实际上把时态问题简单化了(见李铁根 1999:4)。

李临定断言汉语有自己的时态(tense)范畴,在汉语中,时态这一语法范畴是通过一些分析性结构和不变的动词词形表示的。前者常是由动词加时间状语以表示时间关系(李临定 1990:10—20)。

陈平强调了研究汉语时态系统的重要意义。他还讨论了区分时态与体的重要性(陈平 1988)。竟成指出,汉语时间系统并不在同一平面,而是一种具有层级性的结构和系统,时相结构属于具有上位性的系统,时态与体的范畴属于下位的系统(参见竟成 1996)。

20世纪末,出版了两部关于汉语时态(tnense)的专著,一本是龚千言的,另一本是李铁根的。龚千言(2000)认为汉语还没有发展出时态(tense)这一语法范畴,因为用以表征动作和事件的时间定位的词汇尚未抽象化(龚千言 2000:

36)。但同时,龚千言又说,汉语的时态系统是由说话时间、参照时间和事件发生时间交织而成的(龚千言 2000:34)。汉语的时态系统加上其他两种系统构成汉语的时间系统。这其他两种系统分别是时相(time phase)和不同的体(aspects)。龚千言的时相指句子的命题意义中所内涵的时间特征,这种命题意义和时间特征主要是由动词决定,但有时也由其他句子成分决定。龚千言认为,不应当把汉语的体标记"着"、"了"、"过"等看做只表示体的意义,而不表示时态意义。在龚千言看来,常常存在一种时态和体的重叠(龚千言 2000:42)。李铁根通过"着"、"了"、"过"表示的时态意义,分析了助动词的用法。他提出了以下的汉语时态特征:

汉语不是通过形态屈折表示时态意义,而是通过一般意义的形态,即宽泛意义的形态表示时态意义。这种宽泛意义的形态也包括助动词和词序。

汉语中的时态既可以用词汇项目,如名词词组、时间状语,也可以用介词短语或体标记"着"、"了"、"过"这样的语法项目表示。有时这两种手段合起来表示句子的时态。

汉语的体标记"着"、"了"、"过"不仅可以表达体的意义,也可以表达时态意义(李铁根 1999:14—15)。

对汉语时态问题的第三种观点是一种比较模糊的看法。这种观点主要见诸几种权威的汉语语法专著。在丁声树(1999)、朱德熙(2000)、黎锦熙(2000)、赵元任(2001)等的汉语专著中,都可见到这一类观点。这种观点显然有意地回避时态和时、体、态系统这样的字眼,取代这些字眼的是所谓"时间词",如"着"、"了"、"过",偶尔再加上一些时间状语。对汉语时态问题的第一、第二种观点的矛盾和第三种观点的模糊说明,对汉语时态问题的认识还很不清楚。这一点也说明这一领域的汉语语法研究仍有大量工作可做。

与对时态问题的态度形成对比的是,一般公认汉语有比较发达的体(aspect)的系统。王力认为体范畴表示时间,王力在 1943 年把"体"称作"情貌",简称为"貌"。他的观点是,大多数民族的语言有自己时间的表现,但各族对时间的看法不同。他把各族对时间的看法分为两类。第一种是重点关注事情是何时发生的,不甚问其所经过时间的远近或长短;第二种是着重在所经过时间的长短、远近,及是否开始或完成,不甚追究其在何时发生。王力指出,前者以罗马语系(法语、意大利语、西班牙语等)为代表,后者可以中国语为代表(见王力 2000:151;参见戴耀晶 1997:1)。但 1944 年在《中国语法理论》一书中,王力又从否定方面将"体(或王力所说的'情貌')"定义为"对于动作的表现,不着重在过去现在或将来,而又和时间性有关系者,叫做情貌(见戴耀晶 1997:1)。"但关于汉语有无时态,王力的态度基本上还是说汉语没有时态,而有体或情貌。他明确地说,古代汉语所表示的时间观念,远不如现代汉语完备。他认为这是中国语法的一大进步。这进步在于,现代汉语有关于事件开始、继续、进行中或完成的表示,又有经过时间极短的表示。王力指明,这些表示虽涉及时间的过去、现在、将来,但不以过去、现在、将来为主,而是表示事情的状态,故称为情貌,简称曰貌。最后,王力将情貌定义为:凡时间的表示,着重在远近、长短及阶段者,叫做情貌(王力 2000:151,159)。王力先生着重谈了情貌(体)的问题,说"涉及时间",但对汉语究竟怎样表示时间的问题,王先生实际上是避实就虚了。这样,在一定程度上可以说汉语的时态问题还是没有得到有针对性的研究。吕叔湘认为汉语有别于印欧语,汉语要么不表示出时间(又分两种情况,一种是动作和时间不生关系,如永恒性或习惯性的动作;一种是说话者感觉不需要表示出时间的);要么采用两种方法表示时间:一种是使用各种时间词,一种是采用"将"、"方"、"已"限制词和"着"、"了"等来表示。这些词表示"动相(即动作过程的各种阶段)",已发展得近于词尾了(吕叔湘 1990:228)。高名凯认为体所表示的是事件的开始、进行中和已经结束的状态(高名凯 1948:88)。邢公畹把汉语动词分为两大类,一类是有完成意义的,可以跟"了",而不可以跟"着",另一类是不具有完成意义的,可以跟"着"(邢公畹 1979:84)。马庆株将汉语动词分为表示持续意义的和不表示持续意义的(马庆株 1981)。所以,可以说,邢、马两位先生都是从一种体的意义出发来研究汉语时间系统这一问题的。陈平指出汉语的时间系统是由时相、时态和体构成的。汉语句子中时态的区分伴随一些语法特征,但这些特征很不明显,所以很难发现(李铁根 1999:5)。

　　然而,正像有些研究者所指出的,甚至在一些权威的专著中,包括在有些语法教材和论著中,汉语的体这个问题也被避而不谈,譬如在黄伯荣、廖旭东主编的《现代汉语中》(增订版,黄伯荣、廖序东 1991)(张志军 2000)。

　　这些都说明,对作为语法范畴的汉语时体系统做进一步研究是非常有必要的。

　　在我们的研究中,我们将不把眼光仅仅局限于句子之内。因为,正像 Givón 所指出的,句法研究,如果将句子孤立地看,而不是将句子与说者、听者和语境联系起来看,并且不结合其他的方法,是注定无法取得理想效果的。所以 Givón 认为,句法层面的描写应在适当的时候结合篇章的研究和篇章中不同的形态－句法结构在功能分布方面的研究。否则,单纯句法层面的描写有可能使我们对句法结构的语义－功能关系形成错觉(Givón 1984:10－11)。所以,在我们的研究中,我们将不把时与体的研究局限于句子之内,而是把时与体看做是时间标记系统的两个层面。我们将对比分析英汉语时间标记系统共时方面有哪些异同,并将考察汉语时间标记系统的历史发展过程。这就是说,我们所选择的是一种篇章取向的研究方法，其结果有可能为汉语时体研究提供一个新的视角，也将有助于理解英汉语时间标记系统的异同。

3.1.2 国外的英语时体研究

在西方语法研究的传统中，对时与体的研究已有很长的历史。早在18世纪（这也是英语语法研究高潮初起的时期），Joseph Priestley 在他的 *Rudiments of English Grammar*，也是18世纪唯一一本有影响的描写主义的语法著作中就讨论了英语中的将来时问题。他认为，英语与拉丁语不同。拉丁语中有特殊的动词屈折变化表示将来时，而英语虽然能够表示将来时间这样的意义，但英语却没有拉丁语那样的动词屈折变化形式。所以，他指出，认为英语中存在将来时是错误的。从 Joseph Priestley 以后，直到20世纪，关于英语有无将来时的争论还在继续(殷钟崃,周光亚 1992:46)。19世纪，由于历史比较语法研究的竞争，英语语法研究进入一个低潮阶段。到了19世纪末20世纪初，不少语言学家的视线从多语言比较转到了单语言的系统研究上来，历史的观点被用到了对现代语言的研究上。英语由于影响巨大成为备受瞩目的对象，英语语法的研究也进入第二个高潮。1877年，W. D. Whitney 的 *Essentials of English Grammar* 问世，该书成为规定主义语法转向描写主义语法的过渡。W. D. Whitney 对英语时态的观点是，英语只有两种有词形变化的时态，即过去时与现在时，这两种时态以动词屈折形式表示。但是，由于受规定语法的影响，W. D. Whitney 仍然认为英语有六种时态，即现在时、过去时、将来时、完成时、过去完成时和将来完成时。W. D. Whitney 的时态体系仍然是拉丁语时态体系的翻版，这说明他还没有彻底走出规定主义语法的影子。另外，由于拉丁语没有进行时，18世纪的语法学家大都把进行时依附于以上6种时态，所以 W. D. Whitney 也沿用这种做法。

关于英语动词时态问题的争论一直没有结束。Henry Sweet 结合了前人的观点，他对英语时态的观点是：有些英语动词的时态是以屈折形式表示的，而另一些动词的时态是以功能词的形式表示的，他把后者称为"迂回形式"(periphrastic forms)。屈折形式和迂回形式一起构成动词形式变化的系统。他还把 to be gonging to 列为一种将来时，称之为"即刻将来时(immediate future tense)"(殷钟崃,周光亚 1992:59)。

在其著作 *Parts of Speech and Accidence*(1935)中，G. O. Curme 对于时态与体提出两个重要观点。其一，时态是表示动作与事件时间的不同的动词形式；其二，他提出了体的概念，并且指出，体是与语态、情态和时态同等的范畴。关于体的概念，他提出，体所关注的是把动作看做一个整体，一个事件，还是看做正在进行或延续。换言之,体是把动作或事件看做是完成了还是没有完成的语法范畴(殷钟崃,周光亚,1992:66)。

体概念的提出使对动词的研究更全面、更准确,有了体的考虑,对动词的研究就不只是关注语气、语态和时间关系,而且还考虑动词所表示动作的状态。G. O. Curme 所提出的体的概念后来为其他语法学家所接受(同上)。

1972 年,Quirk 等出版了 *A Grammar of Contemporary English*。该书提出一种新的句法理论,这一理论包括七种基本的陈述句句型,并且以动词为中心(Qirk et al. 1972:40)。对时态和体问题,该书也提出一些新的观点。他们认为,英语只有两种时态,即过去时和现在时。英语没有将来时,英语将来时是以情态动词和准助动词来表示的,包括 shall, will, be going to, be about to 等。如前所述,20 世纪初期,语言学家就已经提出了体的概念,但此后这个概念大多被当作一种语义概念。然而,在 *A Grammar of Contemporary English* 中,体是被当作一个语法范畴来处理的。该书作者们认为,英语有两种体:进行体和完成体。这两种体可以区分事件或动作的完成或未完成状态。完成与未完成是与体范畴有关的基本区分。

以上回顾说明,时与体是英语语法研究的传统话题。当然,英语的体概念的历史相对来说是短的。这个概念是 20 世纪初期才提出来的,而它作为语法概念的地位是在 20 世纪 70 年代才得以确立的。

就语言研究而言,除语法以外,其他领域也对英语的时与体表现出很大的兴趣,包括语法哲学或语言哲学(如叶斯柏森,1987:359,409),语义学(Saeed 2000:114),还有语法化理论。

叶斯柏森(Jespersen)对时态范畴的研究做出了重要贡献。在《语法哲学》(*Philosophy of Grammar*)一书中,他明确指出,应当区分两个概念,一个是时间(time),一个是时态(tense)。在他看来,这一区分是十分重要的。前者好似一个普遍性的概念,是不依赖语言而独立存在的范畴;而后者是时间关系的语言表达,所以是因语言而异的。同时,在《语法哲学》中,叶斯柏森讨论了不同语言中表达各种时间的各种手段。他还指出了时态的非时间性用法,譬如将来时用来表示意愿的用法和用过去时表示虚拟事实的用法(叶斯柏森 1987:365)。就我们的研究而言,特别值得一提的是,他提出了一些关于时间、时态和体的观点。这些观点与后来出现的语法化理论中非常普遍的观点非常相似,从中可见叶氏非凡的洞察力。这些观点包括:

1)对当前时间的概念化与对空间位置中的"这里"的概念化是相同的。因为,在理论上,它们都是点,但在实际上,它们都有一定的延伸空间,作为"现在"的当前时间是在时间延伸线上的一段,而"这里"是空间中的一个特定的空间(叶斯柏森 1987:365)。这一观点使人想到语法化理论中的一个准则。该准则认为,人们对于空间的认知为对时间的认知提供了一个模板。

2) 一般过去时和完成时可以推进关于事件的叙述,告诉读者或听话者接下来要发生什么事,而未完成体在某种意义上是徘徊于具体情节的细节上,从而引发一种轻松的感觉。与未完成体相反,完成体与过去时由于省去事件的具体细节而压缩了事件与事件之间的抽象关系。"我们也可以用《圣经》的话稍加夸张地说,对于使用未完成时的人来说,一天等于一千年,而对于使用过去时的人来说,一千年则等于一天(叶斯柏森 1987:394)。"这一论述对于理解时与体的本质性差异具有很大的启示意义。因为此论述指向了这样一个事实,即时范畴将时间定位理解为时间线上的一个点,而体将注意力集中于事件内部一个与时间有关的轮廓。

3) 他指出,一般认为雅利安语最初没有时态系统。这种语言的时态是从体范畴发展而来的(叶斯柏森 1987:409)。这一观点对语法化理论也是深有启发意义的。

4) 叶斯柏森详细讨论了进行体,他建议把进行体称为扩展的时态(expanded tense),并认为这一名称足以概括其构成特点(叶斯柏森 1987:396)。叶斯柏森有几个关于进行体的论断后来很有影响。一个是关于进行体的来源的。他认为,进行体来源于 prepsotion+ -ing 形式。另一个是,进行体扩展的不是相关事件发生时的时间,而是与需要用非扩展时态(continuous/progressive aspect)表达的永久状态相对的瞬间状态,并用扩展时态延展这一瞬间状态以构成一个时间框架,由此形成的时间延续也可以为其他行为提供时间框架(叶斯柏森 1978:398)。换言之,现代英语中,用扩展时态延伸某事件所涉及的相对较短的瞬间,使之形成一个时间延续,为另一个行为提供时间框架或限制。叶斯柏森并且说,这种论述特别有用处(同上)。叶氏此论与后来 Frawley 的论点形成呼应,后者于 20 世纪 90 年代提出,使用进行体表达的事件可以为其他同时发生的事件形成一个额外的"事件的空间"(Frawley 1992:314)。

5) 叶斯柏森提出,表示意愿、意图、可能性和表示运动的词语在不同语言中常被用来表示将来时(叶斯柏森 1987:866—70)。这一观点后来被语法化领域所接受和证实。

综上所述,叶斯柏森的《语法哲学》在关于时与体的本质的研究与理解方面贡献很大。

语义学家也非常关注时与体问题,譬如 John I. Saeed。Saeed 研究了时与体范畴与情境类型之间的关系(情境类型包括状态、行动、完成等。这些情境类型是结合语义差异进行分类和定义的,用作语义依据的语义差异包括静态/动态;持续性/瞬间性;目标性/非目标性的等)。Saeed 认为,时与体和情境类型之间结合并相互作用,这才使得说话者能够用两种方式将情境和时间联系起来。这两种方式一是时态;一是体。时态使说话者能够根据说话行为对情境进行定位,而体的作用在于使说话者能够描述情境的内部时间情状。Saeed 还提到,时与体在不同语言中是通过不同语言手段实现的(Saeed 2000:13)。

在叙事学(narratology)这一文学理论中,研究者也对时与体很感兴趣。例如,Fludernik 指出,时态一直是叙事学家很喜欢的话题(Fludernik 1996:222)。在叙事学中,时态(tense)被用来指故事发生的时间与话语的时间之间的关系;而体(aspect)这一概念指叙述者看待故事的方式,即叙述者是如何看待故事的(Genette 1983:30)。尽管叙事学是从语法借来的时态和体这两个概念,叙事学对这两个概念的定义实际上反过来对时与体的本质有所揭示。该领域对这两个概念的研究,即叙事学对时与体的研究也许还有助于对作为语法范畴的时与体的研究。也许正是由于这个原因,那些同时致力于这两个领域之研究的学者既是著名的叙事学家,又是杰出的语法化研究的学者,如 Suzanne Fleischman(Fludernik 1996:222)。

通过对比英汉语时与体的研究,我们发现,从理解的透彻程度,研究该领域所做工作的数量,以及对时体问题产生兴趣的学术领域等方面看,对汉语时与体的系统研究,特别是对汉语时态系统的研究还很不够。

3.2 作为语法范畴的时与体

时与体是两个重要的语法范畴。在我们深入研究时体这两个语法范畴之前,有必要先将语法看做一个整体来对其本质做一番考察。

一种语法观认为,语法是由词序和语法标记组成的,其中的语法标记包括功能词(如 the, a, with 等)与屈折变化词缀(-s, -ing, -ed 等)等等。词序的作用在于保证句子中词语的连贯以及表明句子参与角色的关系。语法标记的作用是多样的,包括:区别词类(例如格标记的作用就是识别名词),明确关系(例如,with 在 A girl with blue eyes 中把 girl 和 eyes 联系起来),暗示特殊的意义(譬如-s 若加在名词之后就表示就表示复数;若加在动词之后就表示主语为第三人称的动词的一般现在时)(Slobin 1979:8)。语法之作用还在于把一连串不相连贯的词转化为一个句子。另一方面,只有一个人"懂得"(在某种潜意识的意义上讲)相关语言的语法时,他才能明白所听到的一串词的意思。这就是说,一种特定语言的语法是语言社群所有成员共有的决定该语言的深层知识体系。而且,在最宽泛的意义上讲,"语法可以概括为理解一个句子的意义时除单个词语的意义之外需要了解的知识。语法对联系句中词语的关系的概念加以编码——例如行事、位置、原因、时间顺序等(Slobin 1979:9)。"而编码这些概念的语法方式使得说话者/写作者可以把信息的许多意义用隐含的方式表达。说者与听者共有一种语法,所以关于基本结构的概念无需直接表达。这些结构性概念属于同一语言社群中所有成员共有的背景知识(Slobin 1979:9)。基于这样一种语法概念,我们将时与体这两个语法范畴看做属于上述对关系性概念进行编码的语法手段,这些关系将句子中的词连接起来。只不过这两类范畴专门对事件的时间定位和时间顺序进行编码。

下面,我们将按照上述关于语法的认识来考察时与体这两个语法范畴。同时,我们将注意上面提到的语法的另一方面,即:语法已经用语法手段将某些关系性的概念编码在语言系统中了,所以语言使用者在交际中可以将"信息中的很多意义用隐含的方式表达"。

3.3 存在、时间以及语言中的时间

存在是事物从产生到消亡的过程,万物存在的方式是运动。运动是动词所反映的事物的属性,而时间是动词所反映的运动的属性。在海德格尔看来,"时间本身就是存在"(见王恒 2006:89),时间是对存在的一切领会及解释的视野(海德格尔 2006:21)。反过来,存在总是在时间中存在,凡存在总具有一定的时间状态(海德格尔 2006:22)。"在'在时间中存在'这种意义上,时间充任着区分存在领域的标准(海德格尔 2006:21)。"所以,存在具有时间性质,而且只有着眼于时间,才能把握存在,并理解存在怎样形成种种不同的样式以及怎样发生种种衍化(参见海德格尔 2006:22)。存在总是以一定的时间状态得到领会(海德格尔 2006:30)。

任何发问都是一种寻求。任何寻求都有从他所寻求的东西方面而来的事先引导(海德格尔 2006:6)。所以,要研究时间以及与之相关的问题,有必要对时间本身加以思考。

首先,有必要区分物理学意义的时间和语言学意义的时间。

语言标记时间信息的手段,是指不同语言为动词所表示动作确定时间定位的方法或系统的语言手段。为弄清这个问题,有必要对时间问题加以思考。具体地说,要研究语言如何为动词提供时间定位,就要面对两种意义上的时间:一个是物理学意义上的或客观的时间,一个是语言世界中的时间。物理学意义上的时间是一个单向的连统体,这种时间可以表征为一个线性的存在,它由两部分组成,即过去和未来,二者被当前分开。当前这一时刻是一个不具有延展空间的

点,这个点由过去向未来匀速移动(见 Declerck 1991:16)。语言学意义上的时间,或语言世界的时间即语言手段为动词提供的时间。

而在语言学意义的时间中,时间的分区或一般意义上的划分并不是客观的,而是因人的认知化和领悟而重新结构化了,即海德格尔所说的因领悟影响而成的"此在"意义的时间。譬如物理学意义上的当前(the present)是一个点,而语言学意义上的当前(the present)可以是时点,还可以是时段,取决于说话者如何看待当前这一时间。根据说话人的理解的变化,物理学时间的当前这一刻可以延伸而成为可长可短的时断。

客观的物理学意义的时间是连续不断、均匀流动的,不会有中断、延迟或加速,它以直线方式从过去经由现在向未来有序地推进。而语言学意义上的时间有时是非常主观的,根据环境的要求可以伸展或收缩,它绝不会连续不断,而是常常间隔、延迟和跳跃(参考巴埃弗特拉 2006:154)。语言世界的时间是"此在"意义上的时间,它是人类对物理意义的时间领悟和认知的结果,又刻上了语言符号系统本身的烙印。

在语言中,人们对时间的切分和表征因人、因文化而异,差别很大。虽然在常人看来,时间是不受人的主观意志左右的现象,譬如一日的某一时刻,有人可能视之为傍晚,有人可能称之为晚上。一年中有的地方分为四季,有的地方可以直接分为干季和湿季。时间尚且如此,何况其他领域。在其他领域中,人们同样常常把自己的认识,特别是语言系统中的概念当作了现实本身。这就是说,概念既具有明示作用,也具有隐蔽作用。用海德格尔的话说就是:概念性表象模式太容易潜入到每一种人类经验方式中盘踞起来(海德格尔 1999:96)。把物理学意义的时间纳入思考范围,我们才能更好地领会语言学时间的"此在(being-there/here)"性,以便虽在语言的牢笼之中,却能尽量看清牢笼之外的世界。艾耶尔曾指出:"作为一个分析学家的哲学家不管新事物的物理属性,而是只关心我们说到事物的方式(艾耶尔 2006:3)。"以上,我们区分了物理学意义的时间与语言学意义的时间,但我们的目标是英汉两种语言标记动词时间信息的方式之异同。

海德格尔的存在论认为,要克服以往本体论的错误,关键就在于从对"存在者"的研究转向对"在"的研究。海德格尔说:"'存在[是]'是自明的概念(海德格尔 2006:5)。"海德格尔进而把对人对"在"的领悟本身或各种特定的对"在"的领悟方式叫做"此在"(中国大百科全书·哲学 I:110)。这说明,对任何存在的把握关键在于将存在"此在"化,即具体化。

提出存在与时间的不可分性,或时间性这一概念,目的在于说明,就像海德格尔所指出的:"任何一种存在之理解都必须以时间为其视野(见王恒 2006:96)。"所以,此在具有时间性。"时间就是此在……此在就是时间,时间是时间性的(见孙周兴 1996:24)。"这就意味着凡是语言,凡是对事物的存在有所言说,就必然涉及存在的时间。这给汉语和英语赋予了同样的地位,即:使二者在标记事物存在的时间信息方面具有了平等对话的权利。因为,只要汉语能成功表征事物,就必然也同时确定了所涉及事物的时间定位。

另一方面,概念虽具有明示作用,即概念使人更容易看到概念所代表的事物;同时概念也具有遮蔽作用,导致非典型的或概念未能概括的事物不易进入人们的视域。譬如,以英语的时态(tense)作为标准来对比英汉两种语言时,有利于寻找明确的对比或研究目标,但也遮蔽了与英语时态不同的时间标记方式。这种切入方式本身就妨碍研究的真正展开。迄今为止对这类问题的研究常常纠缠于汉语有没有时态(tense)就说明了这一点。

所以,我们在考虑了时体范畴的本质之后,选择时间以及与之相关的问题作为起点,来考察英汉两种语言标记动词时间信息方式的异同,以避免先入为主的概念的遮蔽效应。

3.4 时、体与人在世界中的时间定位

如前文所述,时与体同时间紧密相关。要研究时与体,对时间问题先要做一番考察。就时间概念而言,除上述物理学意义的时间和语言学意义的时间之外,还有另外三种时间概念:自然的或客观意义的时间、文化意义的时间和语法意义的时间。自然或客观的时间实际上等同于物理学意义上的时间,它独立于文化和语言,且不因二者而异。这种时间在过去和未来之间展开,是一个单向的延续。过去和未来之间由当前实现连接。文化意义的时间指不同民族和文化中的人在自己世界观的基础上所形成的对时间的不同理解。语法意义的时间是指不同语言表达式所标征的状态存在与行为发生的时间。这种时间一般分为过去、现在和将来。语法意义的时间的典型表征方式是把它表现为动词的一种重要范畴(参见赵世开 1999:67),一般以动词的形态变化加以实现。

语法时间是基于语言学意义的时间之上的。语言意义的时间是一种规约性的时间模式,它决定着一切时态系统的语言表达形式和指示方面的要求。这种时间模式有利于使人对诸事件内部的时间性轮廓与非时间性轮廓(即体)加以对比(Frawley 1992:336)。对于经过心理映射的时间的世界,有两个原则是非常重要的:

1) 时间是线性的。
2) 语言的时间与文化的时间不同。

这样一种时间模式可定义为一个类型化的、理想化的线。这条线是无限的、

单向的,从现在、此刻这一零点位置向两边延伸。这样的一条线实际上是与一个基线(baseline)相关的先行与后继形成的阶列(scale)。采用这样一种时间的线作为语言时间模式自然会引出另外两种观点:首先,作为时间线的语言时间是稳定持恒的,因而可以作为一个稳定的、不会发生波动的事件的背景(backdrop)。其二,语言时间是不精确的。这就是说,这种时间是未经精确分割的,所以构成语言时间之线的这种时间依照专门的标准来看是不准确的。相反,这种线是由前后相继的切分较粗的单位构成的。但是,虽然这种时间划分得较粗,却能捕捉到语言使用者所需要的时间观念。

有了以上相关的概念,下面我们转向时体范畴,这两个范畴是我们这一部分的核心问题。时与体可以理解为对事件和行为的时间信息进行编码的语言手段。考姆理(Comrie)对时态的定义是:时态是语法化了的对时间定位的语言表达式,而且他认为,至少传统上称为时态的大都可以用此定义概括(Comrie 1985:vii)。而根据 Frawley 的观点,时态是将时间赋予事件的机制(Frawley 1992:336)。而体是事件的非时间性的内部轮廓(Frawley 1992:294)。对时态的这种定义涉及到了另一重要概念:事件。Talmy 对事件的定义是,事件是以时间为参考的一种关系。与此概念相关,体被定义为事件在其发生时所在的时间框架中分布的方式(Frawley 1992:294)。所以,时态(tense)涉及参考时间中的一个参照点对事件进行时间定位的问题(Frawley 1992:295)。这说明,就本质而言时态是一种指示(deixis)。时态是语言的一种方法,语言使用者籍这种方法指称事件和谈论事件的语境的属性之间的关系(Frawley 1992:250)。

指示一般有三类,即人称指示、空间指示和时间指示。英语的时态这个语法范畴就属于一种时间指示(何兆熊 1995:48)。人类认知的发展进化证明,在人类的空间指示系统与时间指示系统之间存在着一种映射关系。这就是说,空间知识的图式结构被映射到了时间指示系统。用 Frawley 的话说就是,"从结构上讲,时态是比较简单的,它主要是直接从空间概念和指示概念借用了它的认知机制(Frawley 1992:340)。"事实上,不仅在时间域的范畴化上,而且在其他抽象世界的范畴化上,这种映射都是非常重要的。

时间域的范畴化是基于一个本体隐喻之上的,该隐喻以空间的结构图式为源域,以时间域为目标域。这已是一个众所周知的公理。如前所述,时态是对事件所作的时间定位。下面,结合空间指示,我们将对作为时间指示的时态的本质作一考察。

3.4.1 时态、指示与映射性的位置确定

指示一般都包含几个普遍性的构成成分:参照点,距离,以及方向(Frawley

1992:274)。考虑到时空指示为时间的范畴化提供了认知基础,我们有必要先简要分析一下空间指示和空间定位的实质。这将有利于深入理解时间指示系统的性质。

首先,需要对人类关于空间的概念有一个大致的了解。人类关于空间的概念是一个理想化的、映射的世界。关于空间的这种概念可以用牛顿关于空间的概念加以说明。牛顿认为,空间是一个连续的、稳定的三维的容器,像一个管子一样(Frawley 1992:254)。在一个如此理解的空间中,物体本身也要占用一定的空间。对于这样一个物体,可以确定8个与它相关的位置。这8个位置中有三个属于拓扑性质的位置,包括:内、外与并列这三个位置。即使空间发生变化,这三个拓扑性质的位置保持不变。上述8个位置中的其他5个位置属于映射性位置,即决定于观察者的视角,所以不是永恒不变的。这些位置包括上、下、前、后和侧面。映射性的定位需要一个框架或者一个观察点,根据这框架或观察点来确定需要定位的物体与参照物的关系。有两个作为参考的框架:一个是内在于参照物的;另一个是内在于观察者的。每个参照框架都是外向映射的作用,这种映射是从观察者或参照点的"面部"、正前面或中间部位发出的。同时,所有语言都具备在言语事件中运用说话者的位置作为参照点来确定语境定位的方式。然而,尽管说话者是空间指示的无标记参照点,参照点却并非一定是说话者。有些语言中,有些语言形式把听话者编码为参照点,虽然这样的形式不太普遍。而且,即使在这样的系统中也总是存在以说话者为中心的判断(Frawley 1992:276)。除参照点以外,语言的指示还涉及方向与距离。

时间指示也由三个普遍成分组成:参照点、距离与方向。时间指示的主要参照点是当前时刻,即具体语境中话语发生时的时间。时间指示受距离的影响。譬如,如果所指的事件发生在刚刚过去的时间,我们就有理由用现在时,说成:"He is here right now."但是,如果所说的事件在过去或将来,而且离说话时间有相当一段距离,我们就不能用现在时,而只能说成:"John was/will be here then."方向也能影响指示形式的选择。例如在上述句子中,如果所指的事件发生在参照点后面,句子就要用过去时,反之,则要用将来时。

这些特点都说明,在原则上讲,时间定位与映射性的空间定位非常相似。

总结以上分析,就功能而论,时态是一种指示;就结构而论,时态的特点是它具有指示所具有的三种普遍性的构成成分;从认知方面看,作为一种指示,时态的范畴化是基于一种本体隐喻之上的。这种本体隐喻以空间概念作为喻体,以时间概念为本体,将空间域映射到时间域之上。从图式的角度看,空间指示与时间指示的图式结构非常相似。

3.4.2 体范畴与拓扑性定位的关系

正如上文所说,体范畴所涉及的不是事件的时间性轮廓,而是事件的内部轮廓(Frawley 1992:294)。此处又涉及另一概念,即事件。Givón 对事件的定义是:事件是在时间中发生的变化。如果事件是有界的,这种变化意味着从起始状态到终结状态的变化;如果事件是无界的,则事件指变化发生的过程(Givón 1984:87)。Talmy 把事件定义为以时间为重要参照的一种关系。与此概念相关,他把体定义为事件在它发生时所处的时间框架中的分布方式(见 Frawley 1992:294)。在前一部分,我们已经指出,时态作为一种时间指示与空间的映射性指示关系密切。下面我们将进一步深入分析一下拓扑性定位与体范畴的关系。

拓扑学研究物体的不以其形状和体积变化而变化的几何学属性。换言之,拓扑学属性指物体的无论形状发生什么变化都保持不变的几何属性。考虑到人类对空间的理解跟牛顿的空间概念相似,即空间是一个像管子一样的延续、稳定、三维的容器(Frawley 1992:254)。空间定位中有三个位置具有拓扑学性质,这三个位置分别是:并列位置、内部位置、与外部位置。这三种位置有别于映射性位置,因为无论如何看待空间关系,这三种位置都保持不变。

从本质上讲,体范畴赋予事件这一连统体以有界的属性。例如,有一种体范畴理论将所有不同的体划为三类:开放的体、封闭的体与阶段性的体(Frawley 1992:327)。开放性的体包括未完成体(imperfective)、持续体(durative)、进行体(progressive)、习惯体(habitual)与重复体(iterative)。这些体都表示事件在一个时间框架中的延展。相反,封闭性的体包括完成体(perfective)、瞬间体(punctual)、表示动作含有内在结束点的体(telic),以及只包括一个动作的体(semelfactive)。这些体都将事件限定在一个时间框架之内,甚至一个短暂的瞬间之内。所以,关于体这一语法范畴最重要的一点在于,体不是借助于事件所占据的时间段之外的任何时间参照点,而是借助于事件的时间段或时间框架本身来指明事件的时间特征。正像 Brinton 和 Talimy 所指出的,可以通过事件在时间中的分布方式来加以描写,这种描写关注事件在时间框架内或时间框架外是如何改变状态(由开始至过程中,再到结束)的(Frawley 1992:328)。

基于以上分析,可以说完成体属于封闭的体。其功能是将一个事件限定于一个时间框架内,并把这一事件理解为一个完整的单位,不管这一事件本身是否完成。未完成体要求将一个事件视作一个不具有完整性、非封闭性的单位(non-unitized event)。需要明确的一点是,完成体并不等同于终止;也不意味着缺少终点(Frawley 1992:297)。而是说,如果事件是完成体的,那就意味着事件是有界的;而如果事件是未完成体的,那就意味着事件是无界的。而且,完成体使事件成为一个单独的、不可分的整体。这样,完成体事件是在一个概念性的距离之外加以理解的,或者如考姆理(Comrie)所说,完成体是从事件本身之外加以理解的。未完成体是从事件之内,或者说是在事件的进程中加以理解的。事件的内部属性比事件本身的完整性对未完成体的表达具有更直接的关系(Frawley 1992:298)。

关于进行体,尽管不同的研究者给出了众多不同的定义和术语,最传统的定义仍然把进行体界定为一种表示动作正在过程中(in progress)、处于在线状态(on-line)、正在进行(ongoing)的体。

除上述传统定义外,另一个重要的定义是 Dowty 给出的。该定义认为,如果一事件在该事件的非进行体描述所包含的时间内某一时刻其存在为真,则该事件为进行体的事件(见 Frawley 1992:313)。这一定义把握住了进行体的这样一重意义:进行体的事件是持续性的,它从一个时刻延展到一个时间段。这一定义也说明,进行体事实上将一个事件在时间方面延长了,但这种延长是在一个更大的时段内部延长的,如果事件是处于一个更大的时间段包含之中的话。这就是说,进行体可以在时间内部将事件延展,同时,此论点也进一步意味着,如果某瞬间动作构成系列,且这一系列本身并非进行体,则这一瞬间动作本身可以是进行体。如此一来,进行体的用法可以扩展到包括瞬间性动作。但正如 Frawley 所说,瞬间动作本身在时间上是短暂的,并不具内部结构,所以瞬间动作的延伸只能表示反复之义,即以系列的方式重复该动作(Frawley 1992:313)。

事实上,进行体在英语中是一种万能的"事件扩展工具"。它适用于事件的多种不同的内在轮廓。而在其他语言中,事件的这些不同轮廓常常是分别描写的。在英语中,进行体可以表示持续、非完成,甚至习惯性的意义。所以,英语的进行体起着双重、甚至三重作用(Frawley 1992:314)。

体与事件存在紧密联系,Givón 对两类动词的区分有助于对体范畴本质的理解。Givón 把动词分为两类,一类表示静态的事件;另一类表示动态的事件。他断言,作为概念,行为或时间的世界是借助动词的分类影射到语言中的。有些动词表示的事件是静态的,而不是动态的。这两类事件因其在时间中变化的成分不同而有所区别。静态事件不涉及在时间内发生的变化。它们可以持续或长或短的时间,但是,只要在语言中被编码为状态,它们就被理解为不涉及跨越时间的变化。动态事件涉及经历时间的变化(Givón 1979:334)。而变化本质上是一个动态的过程。所以,既然表示静态的动词意味着没有经历跨越时间的变化,就很容易理解静态动词没有进行体的原因了(章振邦 1997:457)。当有些通常为静态的动词用了进行体时,它们实际上已不是用作表示静态意义了。相反,用作进行体的静态动词表示的是动词所表示的状态的出现或短暂持续(章振邦 1997:470—473)。静态动词表示在一定时间框架内持续的状态,这个时间框架本身可以通过词汇或语法手段给定。考虑到这一点,进行体则是给动词的普通意义附加上一种"暂时或临时"的意义。因为,进行体的意义是表示动作或状态正在过程中(in progress)、处于在线状态(on-line)、正在进行(ongoing)的。试比较下面两个句子:

He is clever.

He is being clever today.

第二个句子一般表示句子所指的人的聪明是临时性的、短暂的。在这一句子中,时间限度则是一天。静态动词的这种用法可以看做是有标记的用法。这种用法表明静态动词所表示的状态的延续不超过时间状语限定的时间范围。这些时间状语通常是伴随持续体或进行体的。在这种意义上,可以说,用进行体表示静态动词所表示的状态在短时内出现或存在的用法是在时态指示的基础上对时间定位的进一步细化。

按类典型理论(prototype theory)的观点,进行体表示事件正在进程中的用法是典型性用法,而进行体用于表示瞬间动作的动词和静态动词的用法是非典型性的用法。

另外还有一种进行体的语法:表示两个事件同时的进行体。例如,在 He came in when I was reading a book. 这个句子中,He came in 这件事和 when I was reading a book 是同时性的,而用作进行体的 read 这个动词起到了为 come 这个动词提供时间定位的作用。这两者间关系的实质是,通过进行体将事件从内部加以延伸,这样创造了一个额外的"事件的空间(event space)",以安置其他同时发生的事件(Frawley 1992:314)。有时进行体的这种用法也被称作是为其他事件提供一个背景(章振邦 1997:465)。叶斯柏森则直接认为,He was raising his hand to strike her, when he stopped short. 这个句子中的进行体表示的不是时间的延展,而是与另一动作所占据的较短时间相比具有延续性的较长的时间(叶斯珀森 1987:397)。这里所暗示的比较或对比是通过两个时间的平行或并列位置实现的。而平行或并置本身表示同时性。严格地说,这里的同时是非进行体事件的时点与进行体事件在时间线上所占据的时点之间的同时性关系。而且,经过对叶斯柏森观点的仔细分析,我们发现,在表示同时性的进行体用法中,进行体提供了一个"时间空间(temporal space)"。叶氏本人用一条线来说明这一空间。这一时间空间包含另一非进行体事件所占据的时点。将这一"时间空间(temporal space)"与 Frawley 所说的"事件的空间(event space)"联系起来,我们发现,二者是重叠的。

总结以上分析可见,进行体各种不同用法的共同之处在于,它们都指向并依赖动词所表示事件的内部。而且,进行体本身间接地赋予所描写的事件一个时间框架。正像 Mufwene (1984) 所指出的,尽管进行体给所有事件一个持续意义——包括瞬间事件和持续性事件——但由于对事件所采取的内在视角的原因和事件的在线展开的属性,这种持续是有限的。简言之,在线的事件可以从内部拉伸,但事件不会长时间保持这种拉伸的状态(见 Frawley 1992:314)。

前面我们曾提到,开放的体与封闭的体都参照事件的时间框架描写事件。前者表示事件在时间框架中的延展,后者表示事件是限于时间框架之内的。完成体作为最典型的封闭的体将事件看做是有界的。换言之,当完成体用于描写一个事件时,事件被看做一个单独的、不可分解的整体。

因此,完成体和进行体都是基于将事件看做有界的物体这样的认知。对此,兰盖克(Langacker)的观点是:尽管边界概念是显然适用于物质性实体的,这个概念的适用性却并不仅限于此。这个概念对若干语言形式和范畴都有影响。当有界/无界概念用于区分事件(事件一般由动词表示)时,就引出事件基本的体意义的区分,即完成体(完整)的事件与非完成体(不完整)的事件。所以,可以说,体范畴就是基于把事件看做有否边界的看法的(见 Frawley 1992:135)。

这就是说,我们的知觉和认知系统对离散的和连续的现象作出基本区分,并将同样的机制用于事件和实体以切分世界(Frawley 1992:331)。体这一语法范畴就是一个很好的例子。

在此有必要回忆一下前此提出的体与事件的定义。体是非时间性的、事件的内部轮廓(Frawley 1992:294)。事件是跨越时间的变化。如果事件是有界的,这变化就是从开始到终点的变化。如果事件是无界的,则事件就是发生过程中的变化(Givón, 1984:87)。Talmy 的对事件的定义是:事件就是以时间为重要参照的一种关系。而体则是事件在属于它的时间框架中分布的方式(Frawley 1992:294)。由此可见,本体隐喻在以上定义中都起了作用:事件被看做了实体,而时间被看做了实实在在的框架。

至此,基于前面的论述,可以得出以下几个观点:

首先,属于或伴随 个事件的时间段被看成一个有界的框架。事件本身的展开被看做是由时间框架的一端向另一端的移动。

其次,与体有关的事件也被看做是有界的,界限之内就是事件的过程。这使人想起 Lakoff 的论断:事件常被看做是物体(Lakoff 1980:30)。事件展开时所在的时间也被看做是一个框架。在此可以看出,事件的概念结构与时间的概念结构惊人地相似。这证明了深层认知机制——本体隐喻——的决定性作用。这种隐喻构成了事件与时间范畴化的基础。另一方面,我们已指出,事件与其所属的时间框架重叠。如果事件的展开过程也可以看做是一条线性的运动,则这两个框架甚至是同一的。这一点实际上也适用于其他体范畴。不同的体实质上指明事件框架有多少已经完成或事件的行为主体的位置所在,这里行为主体的定位是参照整个的时间/事件框架进行确定的。兰盖克在讨论英语体的问题时,也曾指出时间与空间的密切关系。兰盖克用射体运动来说明体的认知本质。他把主语看做是一个射体(trajector)。这样,说 X 穿过某空间就等于说 X 占据一个空间中连续的清晰的点。这个空间与时间是相互联系的。这就意味着,无论在时间维度,还是在非时间的维度,X 都是沿着射线轨道运动的,而射线轨道是一个非零点意义的延伸(见 Hopper, 1982: 267)。深层的事件框架和时间框架的重叠关系实际上使体具有了双重指示的功能:体既具有空间指示的功能,又具有时间指示的功能,即:体既可作空间指示,又可作时间指示。作为空间指示系统,体结合事件的整个框架对行事或主语进行定位。作为时间指示,体可以提供关于事件的时间信息。确切地说,完成体把主语定位为外在于时间框架或处于时间框架之后,而将事件定位在时间框架的边界之前。进行体将主语置于事件框架的中间,而事件被看做是占据时间框架的一个点或在时间框架内延展拉伸。

第三,至少就完成体与进行体而言,体作为一种定位与拓扑定位存在一种对应。从拓扑学的观点看,一个空间的三种位置是不变的,不管这个空间的大小如何。这三个位置分别是并列、内部与外部。与此相似,一个事件,不管它持续的时间长短如何,换言之,不管它的事件框架长度如何,这个框架总会有三个位置:并列(conincidence)、内部(interiority)和外部(exteriority)。Frawley 的观点与此类似。他说,瞬间与持续之分是不受事件本身的长度或任何其他衡量的影响的。这一区分与有界与无界这一区分没有关系。Brinton 讲得很好:"瞬间性与持续性是动词所表示的意义或动词所指出的语境的内在属性。完成与未完成性是用来描写语境的(不论是瞬间性的还是持续性的),而且把语境看做是完整的、进行中的(Frawley 1992:308)。"事件框架中的三个位置被映射到事件的时间框架之上,形成时间框架上的三个拓扑定位,即外在(exteriority),即先于或紧随事件的时间框架之后;内在(interiority),即处在时间框架之中;以及并列(coincidence),即两个事件的时间框架重合、并列。这三种位置相应地就形成三种体的认知语义基础:将来或未然体(prospective/intentive);回顾体或已然体(retrospective or perfective);以及进行体(progressive)。简言之,可以说,以不同的体关注事件框架的不同拓扑空间位置,基于事件框架之上的操作就像数学运算一样,在对事件的基本表达之上附加上通过体所表达的更准确的事件的属性,以获得新的更精确的表达式。例如,在 John was running. 这个句子中,"was running"就是一个语义等式:was running ＝run ＋extension。语言或很多语言就是这样运用一套一般为数不多的区分方法来运算事件的内部轮廓（See Frawley 1992:295）。实际上，用 Langacker 的话来说，运用这样的区分手段，语言也可以确定主语/施事相对于事件/时间框架而言所在的位置（参见 Hopper 1982:267）。

第四，有必要分析一下体与时态的关系。作为概念，体有别于时态。一般认为，时态与体不同，时态是事件的指示性结构（deictic structure），而体是非指示性的结构（non-deictic structure）。时态的指示性用法在于为事件指明一个时间框架。典型的时态用法是在时间中对事件进行定位。但是，既然体的功能是说明事件在它所属的时间框架中的分布方式（见 Frawley 1992:298），也就是根据事件状态的变化描写事件在时间框架内是如何分布的，主要是看事件是处在时间框架的开始、框架之中、还是终结点等哪一个位置（见 Frawley 1992:328），那么体的信息实际上也是与时间有关的。因为，事件的状态是以时间框架为背景加以定义的，所以如此定义的事件状态同时也是与时间有关的状态。在这种意义上说，我们认为，可以说体也可以在时间中定位事件，只不过这种定位是在时间框架之内，而不是在时间框架之外。在时间线上，在事件的时间框架之外对事件定位的任务一般是由时态这一语法范畴来完成的。用 Frawley 的话说就是，如果说体描写事件在时间框架中的模式，而时态则描写事件是如何被指派给一个属于自己的时间框架的（Frawley 1992:336）。也许正是因为这个原因，Givón 把时态与体都称为时间指示（Givón 1979:321）。但是，体似乎不能直接或独立地指明时间，因为它必须依赖于时态所提供的时间框架定位。这就是说，就时间表达而言，从结构上说，体是从属于时态的。从功能看，体寄生于时态所指示的时间框架中。

所以，尽管只涉及两个范畴，它们仍然体现出非常清晰的层级性。其中时态属于上义性层面，体属于下义性层面。前者在时间方面与事件之外的时间有关，后者与时态限定的事件的时间框架有关。

总结这一部分，借助时体系统，语言的语法可以确定事件的时间定位与事件内部的时间方面或非时间方面的轮廓。时与体作为语法对上述时间信息的编码使得交际者可以隐含或暗示这类信息。因为，对于使用同一种语法的说话者而言，时间信息作为语法意义和基本结构意义在时与体范畴中得到编码以后，就不需要直接表达了。这种意义属于同一语言社群成员共享的背景知识。

3.5 时间标记系统的层级性

语言标记时间信息的各种手段构成一个系统。这个标记系统由为不同的语篇层面或片断给定时间信息的语言表达式构成。我们把表示时间信息的这些不同的语言表达式称为时间标记。下面我们将说明，这些时间标记实际上构成一个系统，由上到下分别是：语篇的时间标记，宏观段（一个或几个自然段构成的整体）的时间标记等，直到最低层级的时间标记：体。但是，首先，有必要说明另外几个相关现象的层级性，包括语篇、时间线和事件。它们都可以构成由组成成分构成的层级。这些层级结构都与语言时间标记的层级密切相关。

3.5.1 语篇的层级性

语言的各种有意义的单位，从词、短语、句子直到话语构成一个分等级的结构。而遗传序列也是一层又一层的，它们所带有的遗传信息控制着生长和发展。语言中的变化和遗传中的变化起着相似的作用：应付社会和自然界中的随机变化（参见鲍林杰 1993：23）。

语篇内部也存在一种层级结构。例如，Givón 曾专门论述语篇的层级结构。他认为，语篇是由命题组成的。前者与后者的关系是大的信息单位与其原子构块（atomic building block）之间的关系。Givón 进一步指出，语篇不是简单地将命题前后串联的产物。相反，语篇中的命题常表现为一种复杂的层级性结构。以叙述语篇为例，整个语篇分为章，章分为节，节分为宏观段，宏观段又分为更小的自然段。段又由复杂的句子或命题组成（Givón 1984：137）。Van Dijk 也认为语篇是一个具有层级性的结构。他认为，语篇是一些命题联系起来构成的连贯的整体。其他学者（例如 Gernsbacher 1990；Kintsch 1998；Reinhart 1981 等）也持有类似观点，即：一个语篇是一个命题的集合，这些命题通过共同的所指和事件的其他特征（如时间或地点联系起来）连接起来以构成更高层面的语篇主题或宏观命题（van Dijk 1997：72）。Russel 等认为，在结构方面，语篇既非平面的，也非线性的。语篇的结构是层级性的，小句构成更高层级的结构：段落；段落构成更大的叙事情节（episode）或语篇段组成部分（参看 van Dijk 1997：66）。为了便于分析时间标记系统的层级性，我们把语篇看做一个自上而下的层级结构。在这个结构中我们区分这样几个层面：语篇、宏观段落、段落、话题控制的句列、然后到句子、短语、再到词的层面。图示如下：

      语篇
     宏观段（macro-paragraph）
      自然段
     话题控制的句列
      句子
      动词

3.5.2 时线与不同时段的层级

与我们的研究有关的还有另一个层级结构:时线的层级性。与语篇的层级结构相似,不同长度的时段也构成层级。Dowty 和 Taylor 曾作过有关的论述。他们把时间看做由时刻(moments)构成的线。一组时刻构成次时段(sub-interval),次时段构成时段(interval)。根据在时线上展开的事件的性质,次时段具有一定的任选性(optional),所以时段也可以直接由时刻构成。这就是说,在时线内部,时间可以切分为不同长度的时段,直到时刻(Frawley 1992:187 — 188)。时线的这种层级结构可以图示如下:

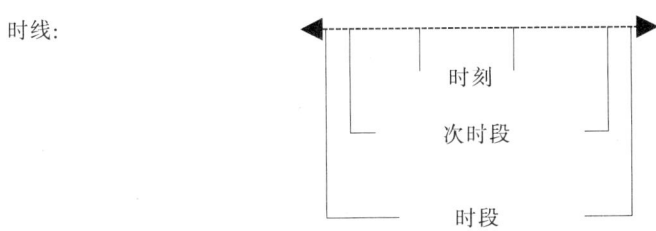

图 1　时线的层级结构(摘引自 Frawley 1992:188)

3.5.3 事件与从属事件的层级结构

时间也具有内在的层级性结构。事件可以分解为不同的阶段,如开始、中间、结束。或者事件也可以分为从属的事件。这些从属事件代表事件的不同发展阶段或步骤。将事件的结构与语篇的结构结合起来看,事件的不同步骤像 Givón 所说的宇宙的迅速变化一样,都是典型的事件和行为动作,而这些步骤或动作在句子中都以动词的形式加以表征(Cf. Givón 1984:52)。这些以动词表征的步骤可以组合为事件的更高一级层面,即事件的阶段(phase)。在语言中,这些事件的阶段常被表述为若干句子或若干命题组成的单位,例如句列、段落或若干自然段。事件的不同步骤一般被看做是并被编码为动词的行为,这些行为本身可以进一步分解为行为的阶段(phase),例如行为的开始、中间与结束。而这些阶段又可以进一步被表征为语言的体范畴。下面,结合语篇的层级,我们将以图示说明事件的层级结构。

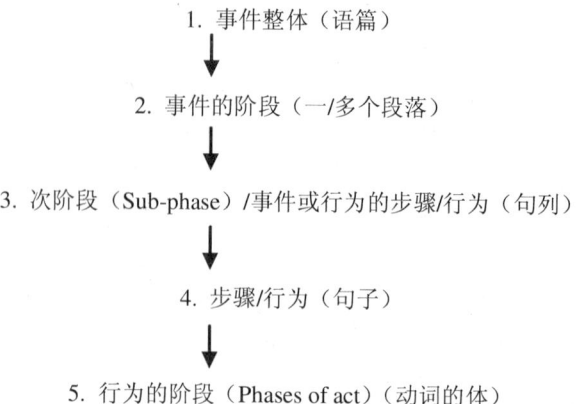

图 2 事件的层级结构

另外,有些研究者提出一种与事件发生时所占据的时间段有关的事件类型学。这一方法实际上是基于时段概念的。这一类型学以事件在时线上的分布为标准。支持这一理论的包括语言学家 Dowty（1979）与 Bach（1986），还有哲学家如 Taylor(Frawley 1992:187)。Frawley 的事件类型学是一个四分法的类型学理论:状态或静态的事件(static events)、行为性事件(events that are executed)、开始性事件(inchoatives:events that unfold),以及结局性事件(resultatives:events that come to end)。借助事件在时段内的构成模式,上述事件可以集中加以说明。

状态或静态的事件占据一个时段,并使之达到饱和的程度,饱和到时刻;行为性事件延伸并占据完整的次时段;开始性事件覆盖时段之间;结局性事件兼具状态或静态事件与行为性事件所占据的时段的属性(Frawley 1992:194)。确切地说,所谓状态或静态的事件使时段处于饱和状态,即是说状态是贯穿时段的,遍及时段内的每一时刻。相反,行为性事件只能使时段的次时段饱和,而不能是整个时段饱和。换言之,行为性事件似乎只能在它所属时段的次时段为真,而状态贯穿它所属的整个时段。开始性事件(inchoatives:events that unfold)所占据的是一个过渡性时段,该时段介于两个事件的时段之间。这种开始性事件常常表示从某一旧状态进入一个新状态,或穿越一种状态的边界而进入另一状态。对结局性事件(resultatives:events that come to end)的定义也是从依据该事件所占据的时段对该事件的理解推出的。从概念上讲,这种事件是一种复杂的事件,它由行动和状态的变化组成,二者分别占据一个次时段和一个介于时段之间的时间(between interval),即过渡时间(参见 Frawley 1992:191)。

总结这一部分可见,以上事件类型的分类机制是将上述四类事件看做是在不同程度上使自己相关的时段饱和或充满,这样自上而下分别形成充满全部时段的事件(states/static events)，到次时段加时段间事件(resultative events)，再到次时段事件(acts)，最后到时段间事件(inchoative events)。从上到下，由事件所充满的时段越来越短。这样就形成一个基于饱和程度不同和不同类型的事件的等级。可图示如下：

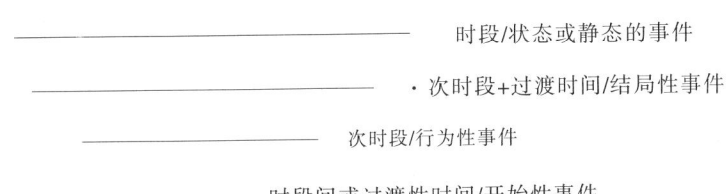

图 3　不同事件及其所占时段示意图

仿照 Frawley 和上述其他研究者的例子，我们把事件层级的不同层面看做对长度不同的时间的填充。这些时间段从事件整体所占据的时间到行为的阶段(phase of action)所占据的最短的时段形成层级。这样，事件、时间，以及语篇在结构上显示出一种同构，即：它们都有一种内在的层级结构。

3.5.4　不同语篇片断的时间标记所构成的层级结构

Givón 指出，语篇的连贯可以借助于故事参与者之间存在不同的联系和关系交织不同的句子而建立起来。故事的参与者本身大多数情况下以句子和小句的主语与宾语的形式出现于语言表层。这种连贯主要是通过语篇自始至终话题的维持或话题的持续实现的(Givón 1984:137)。话题一般是一个有意义的语篇片断所关注的对象(我们将在第六章更详细地讨论话题)。根据 van Dijk 的划分，语篇的话题可以根据级差从上到下排列起来：语篇或话语的话题，宏观段的话题，段落话题，句列话题，句子话题。这些话题的功能分别如下：

语篇或话语的话题与句子的话题不同。这种话题可以说是语篇中无所不在的意义。语篇或话语的话题的意义确定语篇或话语整体的连贯(van Dijk 1997：10)。

句列的话题是一系列句子所共有的一个话题。在这样的句列中，句子的话题在某种意义上说是依赖于句列话题的(van Dijk 1981:182)。

句子话题是句子关注的人或事物。换言之，句子话题确定一个时间、空间或关于一个个体的框架，并且决定在这个框架中，句子的述谓为真(Li & Thompson 1989:85)。句子话题的分派取决于句列的语义结构。

实际上，话题的层级并非局限于以上三者。另外还可以有其他的中间层级，譬如宏观段的话题和段落话题。

以上是根据所控制的语篇层级对话题所作的划分。但是,根据话题的所指,话题又可以分为表示人、物、时间、地点等的话题。我们的研究将只关注时间话题。时间话题为不同的语篇层面提供时间语义范围或框架。

除话题之外,句子之间以 TAM(tense, aspect, and modality)系统为基础形成的句与句之间的联系也可以实现语篇的连贯。这个系统在更大的语境中能够使句子之间建立联系。这是因为,时、体与情态范畴作为句子的不同命题语义特征分别对状态、事件或行为的不同侧面进行编码。而表征事件的句子就按照时间或其他某种标准组织成一定的序列。譬如,可以按照真实性/确定性/可能性等情态标准组织句子(Givón 1984:269)。动词与事件对变化很敏感,所以都与时间关系密切(参见 Frawley 1992:140—142)。因而,时间是建立句间联系和篇章连贯的重要角度或维度。句间的联系与连贯随着篇章在时间维度的展开而实现。叙事语篇或带有不同程度叙事性质的语篇都表现出或不同程度地依赖于这种连贯。这证明,时与体在建构篇章内部时间次序方面起着重要作用。

对于依据时线确定语篇连贯的方法,其他学者(例如 Gernsbacher 1990;Kintsch 1998;Reinhart 1981)也表达了类似看法。他们认为,一个语篇就是一系列命题。这些命题借助于共同的所指或事件的其他特征(如时间或地点)连接成更高层级的主题或宏观命题(macro-propositions)(van Dijk 1997:72)。他们所说的共同的所指相当于 Givón 所说的话题或话题的连续性。而他们所说的共同的时间特征包括共同的时与体。

但是,通过给句子或小句中的事件派给时间信息,作为命题语义特征的时与体只能根据时间给句子排序。结果是构成长短不一的排好次序的命题链。其中所编码的事件形成一个连统体。而这个连统体本身没有被划分为层级结构。担当或完成这种分层任务的是话题。不同语篇层面的时间话题常常也覆盖不同长度的时段,它们将语篇分解并组织为层级结构。因为:

首先,话题建立起相关的语义框架。在这样的框架之内,做出一定的评述才有意义(Wu Guo 1998:25)。在句子层面情况如此。在句列话题和句列中的句子之间同样存在这种关系,即句列话题提供一个语义框架,在这一框架中,各个句子才能实现其意义,并能够得到正确理解。同样的关系存在于每一个高一层面的话题与其所确定与控制的语义框架内的从属语篇片断之间。当然,这些片断本身可以同样由自己的话题加以约束。

其次,话题本身也可以构成层级关系或构成系统。廖秋忠的观点是,话题框架可以包含从属框架。廖秋忠称二者之间的关系为框与楔的关系。廖秋忠指出,有两种框与楔的关系:单层的和多层的框楔关系(廖秋忠 1992:31)。事实上,廖秋忠抓住了话题与该话题的语义范围或框架所控制的语言片断的话题之间的层级关系。他也正确地总结了话题的分类,指明了话题与随后出现的从属话题之间的层级关系。以他的话说就是,根据不同的所指,话题框架可以分为指称人、事、物、状态的框架(廖秋忠 1992:30)。但是,在人、事、物、状态的框架之外,我们要加上另外一种话题,即时间话题或框架。这种话题框架为篇章提供时间方面的背景框架。而且,廖秋忠指出,窗棂结构,也就是我们所说的从属话题,在本质上是对上义性话题的细化。廖秋忠还作了下述说明:

　　个体为框,其组成成分为棂。
　　整体为框,部分为棂。
　　实体为框,其属性为棂。
　　情景或情境脚本为框,人物或属性为棂。
　　区域为框,分区为棂。(廖秋忠 1992:31,35)

　　正像我们上面所作的增补,对这个说明性的目录也可以做一扩展:
　　长的时段为框,短的时段或时刻为棂。

　　上述框与棂之间最重要的共同之处是前者与后者之间有一种包容与被包容关系。譬如,如果年与国家为框,则月与城市为棂。而月与城则可以由日与镇作为自己的棂。而且,话题可以控制不同层级的从属话题或棂。这样,就可以在一个语篇之中形成一个时间话题的层级结构。上一级时间话题与下一级时间话题之间的层级关系证明一个事实,即下一级的时间话题实际上是上一级时间话题的进一步细化。这一特征实际上也是具有框棂关系的话题之间所共有的(参见廖秋忠 1992:35)。

　　因此,像各种所指充当的话题一样,语篇不同层级的时间话题也可以构成层级结构。反过来,语篇不同层级话题之间的层级机构又能够强化整个语篇的有机的层级结构。

　　除时间话题及其层级结构之外,我们在前面已经指出,作为时间标记手段,时态与体也构成层级结构。其中,时态是上义性的层面,体是下一级的层面。

　　时态是对句子所描述事件的时间信息的界定。因而,把时态看做对句子层面时间信息的标记是不无道理的(参见 Saeed 2000:107)。但时态仅能界定孤立的句子的非常笼统的时间特征。要对句了所叙述的事件的时间信息进行精确阐释,则经常要依赖句子的时间话题,或更高层级的时间标记,譬如句列、段落、宏观段,甚至整个语篇的时间话题。

　　这意味着,一方面,可以把时态整合进句子层面的时间标记。句子层面的时间标记包括句子层面的时间话题、时间状语、时态与体。另一方面,句子这一层面将时与体这一层级结构连接到更高层次的时间,即句以上层级的时间标记系统:句以上语篇层面的时间话题构成的系统。

在这种意义上讲,我们将时与体看做一个更大时间标记系统的两个层面。这个系统由语篇各层面的时间标记手段构成,包括句以上层面的时间话题,加上句子时间话题,时间状语,以及时与体标记。

总结上述分析可见,不仅语言系统本身具有层级结构,语篇不同层级的时间标记也构成层级结构。根据我们以上所做的分析,这个层级结构由以下层面的时间标记构成:语篇、宏观段、段落、句列、句子各层面的时间标记,再加上时态和体的标记。时态为事件确定时间框架,而体的作用是确定和标记行为与事件的阶段。这个时间标记的层级结构可图示如下:

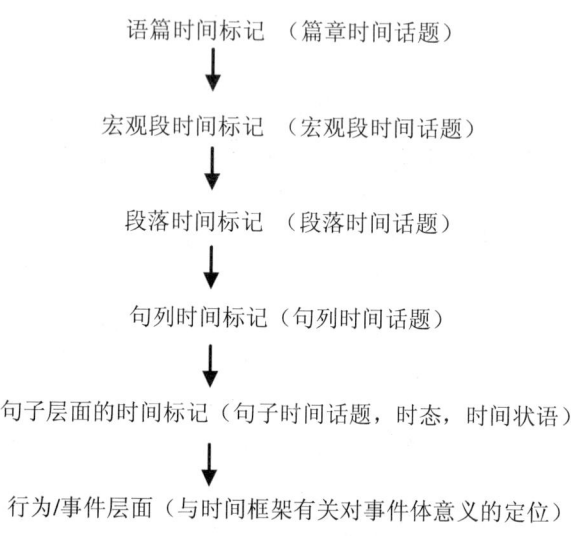

图 4 不同时间标记的层级结构

由以上示意图可见,我们将不同语篇层面的时间标记与句子层面的时间标记结合在了一起。表示面积大小不同的地方的话题可以构成层级;同理,长度不同的时段充当的话题也可以构成层级,并构成系统。充当语篇的时间话题,在时线确定一个事件的时间定位的时段往往比事件不同阶段所占据的时段要长一些。事件不同阶段通常由宏观段或段落加以表征,二者一般都有独立的时间话题来确定与之相适应的时间框架。下一个层级是句列或动作的系列,常常也由一个充当时间框架的话题引入。对于句子这一级的时间方面的定位,承担此任务的主要是时态,尽管有时候,句子开头也会出现一个时间话题,来更精确地限定句子主要事件的时间定位。而最精细的,也是最低层级的动词时间标记是体标记。体对于动词时间信息的标记是基于时态之上,并且从属于时态的语义空间的。各种体的意义涉及基于拓扑学与隐喻的时间—事件跨度的有界/无界问题,即对事件开始、结束与中间状态的隐喻意义的赋形。所以,时态在本质上为事件提供时间框架,而体对这一框架进一步细分,并籍此界定事件的阶段,或施事穿越事件过程时在不同时刻所处的位置。

所以,就本质而言,上述时间标记系统各层级对事件的时间定位自上而下越来越精细。其中,体系统构成一个层面,系统内的各种体则构成并列关系。之所以对体采取这种看法是因为,事件被看做是占有一定时间的一个连统体。完成体将事件看做有界的/完成的事件,而其他的体,例如进行体、开始体(inceptive aspect)、重复体(iterative aspect)等都是从内部观察事件,把事件看做未完成的(参见 Comrie 1976;Hopper 1992:142)。开始体、进行体和重复体分别指明事件的开始、进程中和瞬间事件在时段中的分布。这些不同的体所表示的实质上都是事件的构成成分。这样,对上述时间标记示意图可修改完善如下:

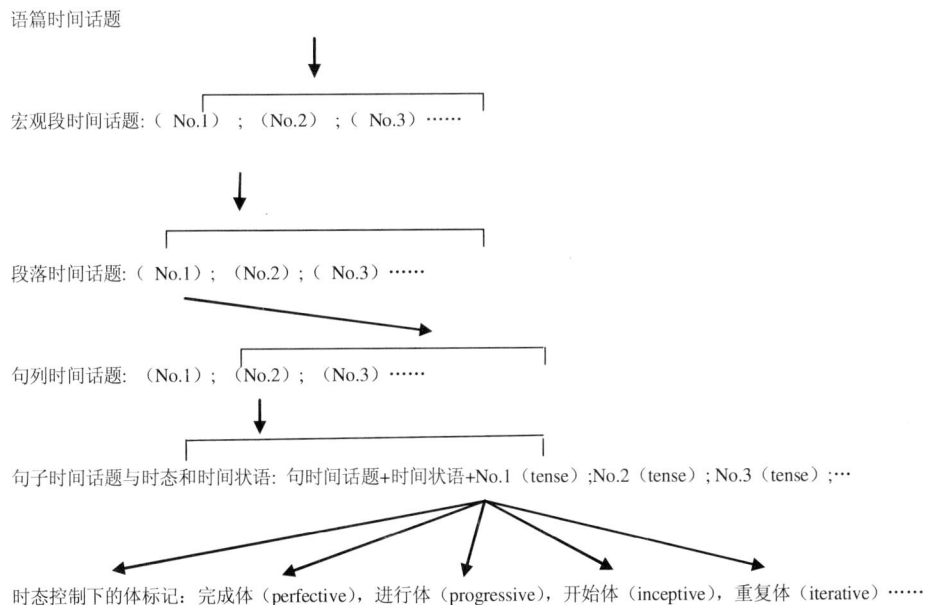

图 5　修改后的时间标记层级系统示意图

在上述示意图中,同一层面内的不同单位构成连统体;每个高一级层面的单位都控制一个下一级的层面,包括该层面内的所有成分。当然,并非每一个语篇都包含所有的上述层面。而且其层级结构也许会各有其具体特点。我们所指出的只是类典型意义的语篇时间标记层级系统。一般说来,只要语篇涉及事件在时间维度的展开和发展,语篇层级的信息标记倾向于构成一个层级系统。

3.6 语篇中时间信息标记自上而下的细化

上一部分的分析显示,从语篇到句子层面,不同语篇片断的时间信息标记自上而下构成层级结构。在句子层级以上,不同的语篇层面的时间话题控制该层面的构成成分并为之提供时间框架,即:上义性语篇层面的时间话题为它所统辖的下义性层面或该层面的构成成分提供语义阐释框架。结合语篇层级,以及自上而下的时间标记所控制的语篇片段的长短,语篇的时间标记可分为语篇时间话题,宏观段等的时间话题,直到句子层面的时间话题。从语篇向下,语篇片断的长度越来越小,直到句子,即只包含一个句子的句列。同时,相应时间标记(即时间话题)的语义范围也逐渐变小。时间话题所界定的时间跨度也越来越小。时间话题自语篇层向下逐渐缩小的趋势导致对事件的时间标记的细化,其结果是越来越小的事件的片断各自得到自己专有的时间框架。简言之,随着时间框架的变小,事件的时间定位渐趋精确,直到精确到一个时间的点上,即时态对动词的时间定位。

将时态与体联系起来考虑,则二者之间的关系体现出同样的倾向,即对事件的时间定位进一步细化。因为体在时态所提供的时间框架下进而将事件精确到不同的阶段:开始、进程中、结束等不同的点(参见 Givón 1984:272)。

根据 Hopper and Thompson 观点,语篇和话语信息方面的需要是动词和名词范畴化的动因。范畴化的结果是以显性的标记反映语言形式所编码的信息的相对个体化(individuation of the information)。而显性的动词语法范畴则反映语篇所涉及的事件的个体化或具体化的程度(Frawley 1992:142)。可以说,不同语篇层次的时间话题逐渐细化的倾向的动因也是一种信息方面的需要。这种需要就是要对语篇涉及的事件进行更为详细的描述。依据这种观点,对越来越低的语篇层次派给时间标记源自为事件的发展提供更详细的时间信息的要求。也可以将这一现象看做对事件时间标记的细化,其动因则是对语篇的细化。换言之,时间标记的细化究其实质是对事件描述的细化。或者,用 Hopper & Thompson 的话说,时间标记的细化实际上是对语篇中的事件个体化到什么程度的问题。

3.7 小结

本章中,我们界定了四种不同的层级结构,它们又各自构成互相联系的系统。这些层级系统包括:时间线与不同长度的时间段的层级结构、事件与从属事件的层级结构、语篇的层级结构以及不同语篇层面的时间标记构成的层级结构。

时间与事件的层级结构是不同语篇层面时间标记层级结构的基础。而时间标记的层级结构与语篇的层级结构是一种相互对应、相互促进的关系。

语言的时间标记系统由不同语篇层面的时间标记方式构成。从语篇的最高层面的时间标记方式,到语篇较低层面的时间标记方式,直到时与体,不同层级间自上而下地呈现一种细化的趋势。

第四章　宏观语法化与微观语法化

关于语法化的思想在历史上早就出现了。但开始时,它只是作为历史语言学的一个解释性参数而被采用的。目前流行的现代语法化理论被公认为于 20 世纪初由 Atonine Meillet 开创。在下文中,我们将语法化思想和现代语法化的历史进行简要回顾。

4.1　作为历史语言学解释性参数的语法化

语法化的观念,即关于语法化中典型的词汇语义变化的思想,据研究者说最早是由西方学界之外的人提出的(Heine, et al. 1991:5)。中国学者早在 10 世纪起开始就将词做"虚"、"实"之分(即"实在的"和"虚灵的"语言符号);元代(1271~1368)的周伯琦指出,所有虚灵的符号原先都是实在的(Heine, et al. 1991:5)。然而,从传统上讲,中国学者的兴趣本质上在于按照"实"与"虚"的语义差异区分词类,以服务于写作与词汇研究;他们很少关注词类之间的变化,更谈不上关于这种变化对整个语言系统所带来的影响的系统研究。所以,这种变化与汉语语法之间的关系并未受到应有的重视,甚至在汉语语法史开始以后仍是如此。

18 世纪时,对语法化现象的兴趣首先出现于哲学界。在法国,在众多的哲学家中,孔狄亚克(Condillac)和卢梭(Rousseau)提出,语法的复杂状态和抽象的词汇均历史地来自于词位(lexemes)。孔狄亚克第一个注意到动词的诸如时态后缀等屈折变化是在历史过程中由自主词发展变化而来的(Heine, et al. 1991:5)。在 19 世纪,这种颇具洞察力的观察业已成为一代又一代语言学家对印欧比较语法原则进行明确表述的灵感源泉。

"与孔狄亚克同时代的 J. Horne Tooke 应当被认为是语法化研究的创始人(Heine, et al. 1991:5)。" J. Horne Tooke 认为,词语的"秘密"在于其语源。Tooke 理论中一个主要的概念是"缩写"。从根本上讲,这一概念就是,名词和动词被称作"必须的词",并被视为根本的词类;而其他诸如副词、介词和连词等则被视为"必须的词"的"缩写(abbreviation)"或"损毁(mutilation)"。他认为,屈折形式和派生形式都是早期的粘合于词根的独立词汇的片段(Heine, et al. 1991:5)。

在 Horne Tooke 之前,孔狄亚克(1746)曾经指出,表达动词的时、体意义的屈折形式可以被看做是几个独立词并合(coalesce)的结果(Heine, et al. 1991:5)。然而,正是由于 Horne Tooke 的工作,上述观点才被发展为理论;按照这种理论,语言的早期形态是"实意的(concrete)",其"抽象的(abstract)"现象是由这些原始的实意的现象发展而来的。

语法化是贯穿整个 19 世纪的语言学课题。Franz Bopp 在其比较语法学著作中把语法化当作中心主题;按照 Horne Tooke 和其他 18 世纪学者所开创的传统,他列举了大量由词汇材料发展为助动词、词缀以及屈折形式的实例。按照他的观点,语法化应被视为理解印欧语言学的重要视角。August Wilhelm von Schlegel 的某些关于语法化的思想最近在关于语法化问题的讨论中得到复兴;其中有一种被称为"纸币理论"的思想。按照这一理论,为了促使词汇在语言中流通,其语义内容被剥离。在 1822 年,Wilhelm von Humboldt 在柏林科学院(Academy of Science in Berlin)做了一场颇有影响的报告,题为"语法形式的起源及其对思想发展的影响("On the Origin of Grammatical Forms and Their Influence on the Development of Ideas")"。洪堡特捍卫了 Horne Tooke 的观点,即诸如介词、连词等词类"有其实词(指示真实事物的词)根源"(Humboldt 1825:63,见 Heine, et al. 1991:6)。他还提出一个实现语法描述的四阶段演化模式:

第一阶段(洪堡特称为"最低阶段"):习语、短语,及分句阶段;

第二阶段:固定词序和词汇在"事物与形式意义"之间的踌躇或摇摆阶段;

第三阶段:"表达纯粹关系"的"类推形式"阶段;

第四阶段(最高阶段):"真正的形式、屈折,及纯粹的语法词"阶段(Hulboldt 1825:66,见 Heine, et al. 1991:7)。

这一四阶段模式后来被称为"粘合理论(agglutination theory)"或"并接理论(coalescence theory)"(Jesperson 1922:376,见 Heine, et al. 1991:7)。这一模式与 Schlegel 和洪堡特提出的著名的"三阶段"类型学理论关系密切。其第一和第二阶段与"孤立"类型对应;第三阶段与"粘合"类型特征相同;而第四阶段则相当于"屈折"类型。

19 世纪上半叶,Franz Wullner 提出了可能是最明确的语法化思想。在其"关于语言符号的起源及最初意义("On the Origin and Original Meaning of Linguistic Forms")"一文中,Franz Wullner 提出了一个颇有洞察力的论断,"通过这些事例我们可以得出这样的结论,即对所有的不可感知概念(non-perceptible)的描述皆来自于对可感知概念(perceptible (concepts))的描述(Wullner 1831:14,见 Heine,et al. 1991:7)。"他的实例包括由助动词发展而来的时态屈折形式、由独立的代词发展而来的黏着人称结尾;他还比较详细地讨论了从迂回结构向时态标记的转换。

William Dwight Whitney(1875)在其《生活与语言发展》(*Life and Growth of Language*)一书中提出的研究视角对于语法化的历史具有非常重要的意义。他关于语义变化的某些观点与语法化的现代概念直接相关。Whitney 认为,语义转移和延伸是语义变化的重要因素。它们导致"整个词汇系统对事物的描述由较粗、较简、物质性较强的指称向较细、也较抽象的概念性的描述运动。"他进而指出,这种发展不仅仅局限于词汇领域,词汇领域的这种变化同时也带来语法形式的出现,并同时涉及到一种原来在语义上"实在、确定、物质性较强的词变得实在意义减弱、淡化、最后完全形式化"的过程(Whitney 1875:89—90;见 Heine,et al. 1991:7)。

在 19 世纪下半叶,德国的学者对目前流行的某些语法化研究的焦点问题进行了探讨,尤其是 Wegener 对于语篇语用模式发展成为形态—句法结构的描述。另外,两名德国传教士 Riis 和 Christaller 也对语法化研究做出了贡献。他们研究了契维语(Twi/Akan),并提出了描写词汇范畴向语法范畴发展的新的框架(Lord 1989;见 Bernd,et al. 1991:8)。后来,Georg vonder Gabelentz(1981,见 Bernd,et al. 1991:8)提出了语法范畴发展的螺旋式进化模式。他认为,在语法化过程中有两种起作用的驱动力(懒散和求简好易之心)。这一观点在某种程度上影响了 20 世纪早期关于语法化的观点(Heine,et al. 1991:8)。

后来致力于语法化研究的语言学家还有 Michel Breal 和另一位法国学者 Antoine Meillet。但是,直到 20 世纪开始的头十年,现代语法化研究才作为现代语言学一个独立的分支最终确立下来。

4.2 作为现代语言学理论的语法化

下面简要分析作为现代语言学理论的语法化的某些方面,如语法化理论的创立、该理论的创立者,以及语法化理论的主要研究范式等。

4.2.1 作为现代语言学理论的语法化的创立及其创立者

人们一般认为,是 Antoine Meillet 创立了现代语法化理论。他的 L'evolution des formes grammaticals (1912) 标志着语法化研究视角的开始。他对语法化的观点如今依然被人们广泛接受。作为创立者,他引入了语法化这一术语(Meillet 1912:133,见 Heine,et al. 1991:8)。他认为语法化研究具有广阔前景,并使语法化作为语言科学中主要理论活动之一的地位合理化(Heine, et al. 1991:9)。他沿袭了 Bopp，而不是 Humboldt 的观点，所以他也把语法化作为解释词类之间的过渡的重要解释性参数。他提出，语言的发展是螺旋式的。这是 Gabelentz 曾提出的观点。

Meillet 认为，语法形式的产生有两种方式，分别是类推创新与语法化。类推创新不会导致整个语言系统的变化，但是语法化却会因为导致了之前没有的语言表达式而引进新的语言范畴，从而改变整个语言系统。通过这一区分，Meillet 实质上与当时很有影响的新语法学派划清了界限。在他看来，当时的新语法学派只先入为主地关注两件事情：语音规则和类推更新。这表明，他对语法化本身非常重视。

另外，Meillet 认为，应当把从词汇项到承担语法功能的助词或其他语素（也可称为虚词）的变化过程看做一个连续统，虽然同时他也坚持这一过程的结果是离散的。语法化的这一双重性特点后来成为每一种语法化理论都要认真考虑的内容。

Meillet 发现的语法化的另一个特征是，在变为语法语素的过程中，某语言单位的使用频率的不断增长与其表达值的不断下降之间具有逆相关的关系（Heine, et al. 1991:9）。

1970 年是现代语法化发展的转折点。1970 年以前，语法化一直被认为是历时语言学的一部分，是分析语言演化、重构某一语言或语言群以及将现代语言结构与先前的语言使用模式相联系的方式（Heine, et al. 1991:10）。1970 年以后，把语法化作为人们理解共时语法的解释性参数的可能性获得越来越广泛的接受。大多数的现代语法理论，尤其是结构语法和转换生成语法，采用静态的语法研究方法。他们无法解释诸如空间、时间、方式等不同的认知域之间的关系以及它们对语言结构和语法的影响。而语法化的研究范式弥补了上述流行的研究模式的不足之处。

4.2.2 语法化作为现代语言学理论的主要研究范式

在他的《语言论》中，当萨皮尔谈到共时类型学这一问题的时候，涉及到了语法化的某些问题。他指出，语法项目的语法化涉及到该语法项目的"语义漂白"。他把对语法化原始语言材料语义内容的漂白称为"thinning-out process(Sapir 2002:80)"，即"薅/间出过程"，或"冲淡过程（萨皮尔 2000:86）"。他还注意到了"形式与意义的不对称"现象，即"漂白"的结果。换句话说，当某一语言形式的意义或语义内容发生了某种程度的丧失或改变，这一形式本身能保持不变；抑或即使有所改变，这种改变通常也似乎是缓慢的或滞后的。也就是说，"形式较其概念内容更长久（Sapir 1921:98）。"他的关于语法化是词由具体向抽象演变的连续统的观点对现代语法化研究也是很有影响的。因此,他把语言的本质总结为"语言努力达致语言表达的两极——材料内容和关系——而这两极则倾向于由一长列渐变的概念联系起来(Sapir 1921:106)。"

语法化研究的范式之一被称作"本土主义假说(localist hypothesis)"或"本土主义(localism)(Lyons 1967;Anderson 1971;Pottier 1974,见 Heine et al. 1991:12)",其代表人物是 Lambert 和 Diehl。这一假说认为,语法中出现的许多结构均可来自于空间域。"空间表达在语言中是更基本的,……因为它们曾一直是其他表达的模版(Lyons 1977:718)。"

按照这种假说,不少语言学家(如 Talmy 1972,1975;Lakoff and Johnson 1980;Lakoff 1987;Langacker 1981;见 Heine et al. 1991:12)认为语言结构是非语言现象的结果,尤其是认知过程的结果。

基于"本土主义假说(localist hypothesis)"或"本土主义(localism)"的研究范式打开了对语法意义来源研究的新视角。在这层意义上讲,这种研究范式是对语法化早期研究的一种丰富。这种研究范式认为,语法意义主要是对自主词的具体意义"漂白"或"损蚀"的结果。

语法化的另一个新的分析视角主要归功于 Talmy Givón。这一视角强调了某些新的分析参数,如历时维度和语言演变。用 Givón 自己的话说,这种新视角的要义在于:"要充分理解当前一种语言的形态学和形态句法(morphologies and morphotactics),必须建构一种关于语言在其早期发展阶段的句法顺序和转换结构的特殊的假说(见 Heine, et al. 1991:12)。"并且,Givón 提出一个时至今日已经很经典的断言:"今日之词法即昨日之句法。(Givón 1971:431 见 Heine et al. 1991:12)"这一断言标志着语法范畴发展研究新时代的到来。正如 Hodge 所言,语言演变是周期性的,这一周期是由自由词位,粘着词缀构成的,它将经历消耗并最终同词根熔合,然后,新的一轮循环开始(见 Heine et al. 1991:12)。

自 20 世纪 70 年代中期以来,篇章语用学开始被看做是在总体上理解语言结构的一个主要参数,也是理解具体句法结构和语法范畴发展的一个主要参数。在自己的研究的基础上,Sankoff 和 Brown 得出这样一个结论:"我们发现句子的从属化(relativization)所涉及的过程具有更广泛的语篇功能,句子的从属化本身只是一般的"括号分析法(bracketing)"在信息组织中的应用的特例。在这种情况下,句法结构可以被理解为语篇结构的一个成分,并来自语篇结构(Sankoff and Brown 1976:631,见 Heine et al. 1991:13)。"Givón 对这种现象所作的断言更加直接,他说:"今日之句法即昨日之章法。"这就是说,在语法化过程中,更具语用性或篇章性的交际方式让位给了更具句法性的交际方式。结果,松散开放的语篇结构发展成为封闭的句法结构。然后,后者将通过形态化、词汇化以及语音减损(phonological attrition)等方式,随着时间的推移而逐渐损蚀(erode)。这种周期性波浪推进的结果如下:

语篇 > 句法 > 形态 > 形态音位 > 零形式

(见 Givón 1979:208—209)

图示 6　语法化周期

按照这种观点,出现了许多新发现。这些新发现认为,语法化不仅涉及到"将词汇材料作为语法材料所作的再分析",还涉及到将语篇模式作为语法模式,以及将语篇层次作为句子层次和语义功能的再分析(Hopper 1979a,1979b,1982;见 Heine, et al. 1991:13)。DuBois 指出,语篇表征中递归性的(recurrent)或反复出现的话语模式对语言类型施加一种压力(DuBois 1985,见 Bernd Heine, et al. 1991:123)。这一发现激发了关于一定语篇模式的频率对语法模式的出现所具有的影响的研究(Givón 1984;Bybee and Pagliuca 1985;etc. 见 Heine, et al. 1991:13)。

在20世纪80年代末前后,Paul Hopper 提出了最为明确的基于语篇的语法化立场。按 Paul Hopper 的说法,语法其实是不存在的,或者"语法是总在显现中的,但从来没有真正存在",真正存在的只是语法化(Paul Hopper 指称语法化的术语是 grammaticization),是一种朝向句法结构的运动(Hopper 1987:145—148)。他反驳了普遍流行的"按照固定的规则框架看待话语的习惯"。与这种观点相反,Paul Hopper 主要关注的是对语篇建构过程中的递归性的(recurrent)或反复出现的策略的发现(Heine, et al. 1991:21)。实际上,Gillian Sankoff 早在 Hopper 之前就已经提醒人们,一方面要注意语言使用中的临时性策略(ad hoc strategies),另一方面又要注意句法规则以及二者之间的区别。并且,Gillian Sankoff 还提出"句法化(syntacticization)"这一术语来指称从前者向后者的转化。这种在语篇和语法的互动中对语法化的作用所做的探讨为语法化研究打开了一个新的窗口。关于语法化的许多新的事实通过这一新开的窗口进入研究者的视野;例如时、体范畴可能是由语篇功能发展而来的这一事实即是如此(Fleischman 1983;Herring 1988)。

在韩礼德(Hallliday)对语言功能三分的基础上,同时也基于自己对语言语法化的研究,Elizabeth C. Traugott 提出了一种新的观点:对于语法化过程中的意义变化而言,主要的变化在于从命题意义/概念意义向语篇意义,然后再到人际/表达性的功能语义成分的变化。与此方向相反的变化,即从表达性意义通过语篇意义向命题功能的变化"在任何语法标记的历史上是很难发生的(Traugott 1987:1,见 Heine, et al. 1991:14)。"据说这一过程导致了更大程度的意义语用化,Traugott 称其为"主观化(subjectification)"。因为,从历时的观点看,"意义的变化更倾向于指称主观情境（包括说话人的观点）而不是客观情境，更倾向于指称语篇的情境而不是所描述的情境(Traugott 1986 a：540，见 Heine, et al. 1991：14)。"Traugott 并且指出，在语法化的发展过程中，信息性的加强、会话含义，以及转喻在客观意义主观化的过程中都起作用。这些思想对后来语法化领域的研究启发很大。

Heine 等人对语法化的内部机制进行了研究。他们发现，语法化过程对语言结构的所有层面都产生影响。他们区分了语法化过程中的功能过程、形态句法过程和音位学过程：

功能过程：非语义化，语义扩展，语义简化，语义归并(merger)；

形态句法过程：变化(permutation)，合成，附着化(cliticization)，词缀化(affixation)，石化(fossilization)；

音位学过程：调整(adaptation)，损蚀(erosion)，熔合(fusion)，丧失(loss) (Heine and Reh 1984：16ff)。

在某种程度上，以上三个过程内部和三个过程之间的安排反映出它们所出现的时间顺序。另外，Heine 等人还列举了数项语法化进程中较为普遍的现象。例如，某一语言单位经历的语法化过程越多，

1) 它的语义复杂性、功能重要性和/或表意价值就丧失越多；
2) 它在语用意义上丧失越多而在句法意义上获得越多；
3) 同一形态句法聚合系统内的成员数量减少越多；
4) 句法变化减少越多，换句话说，它在从句中的位置就越固定；
5) 它在某些语境中使用的强制性就越大，而在其他语境中的使用就越不合语法；
6) 它与其他语言单位在语义、形态与句法上，以及语音上结合越紧密；
7) 语音物质的丧失越多(Heine and Reh 1984：67)。

在 20 世纪 80 年代，出现了一种新的研究，它所关注的是词位向语法标记变化过程的语言学本质。按照这种研究方法，Heine 等人总结说："语法化是一个不断演进的连续统。任何将它分化为孤立的片段的企图在某种意义上必定是武断的(Heine and Reh 1984：15)。"

这一时期，在研究汉语语法的著作中出现了描述词汇向语法标记语法化的连续统的本质的最早尝试。在 1980 年以前，汉语同动词或副动词(co-verb)要么被归类于完全动词，要么被归类于介词，要么被看成是从完全动词或介词中分化出来的另外的一种范畴。在 1977 年，Roland Chang-Jen 首先指出了汉语中同动词作为连续统从主动词向介词过渡的"两栖本质"。五年后，Paul 对这一连续统进行了描述。结果，这种副动词向介词过渡的连续统的结构也成了汉语之外

其他语言研究的话题。最近的研究表明,语法化不仅具有连续统的本质,还具有链条性特点(见 Heine, et al. 1991:17)。

1985 年,Bybee 和 Pagliuca 发表了一篇重要论文。两位作者在文章中指出了语法化的某些突出特征。第一个特征涉及语义泛化(generalization)或语义内容弱化的过程。按照这种观点,泛化概念的含义具有双重性:一方面,某个意义较为泛化的语素具有更为普遍的分布,因为它可以被用于更多的语境之中;另一方面,语义更加泛化的语言单位缺乏某些具体的语义特征。所以,语义泛化概念实际上是指经历了语法化的语言单位逐渐失去其语义上的特殊性(Bybee and Pagliuca 1985:63,见 Bernd Heine, et al. 1991:17)。第二个特征与使用频率相关。两位作者注意到,使用频度赋予语法化了的语素以语法特征;而语素的语法化反过来又进一步促进其使用频度的提高。第三,两位作者称,隐喻延伸是语法化背后的一种重要机制。通过隐喻延伸,实意性的具体的词项起到表达本身具有抽象性的语法功能的作用(Bybee and Pagliuca 1985:72—76,见 Heine, et al. 1991:17)。

上述的泛化(generalization)这一概念与 Bybee 在研究形态学的专著中所提出的"笼统性或一般性(generality)"概念不同。后者是 Bybee 用来描写三阶段论的语法化连续统时所用的两个分析参数之一。这种语法化的三段论认为,语法化是一个由词汇阶段、派生阶段和屈折阶段构成的连统体。Bybee 在描写这一连续统时所用的分析参数除"笼统性或一般性(generality)"之外还有相关性(relevance)。前者指在特定的句法结构中某种语言成分出现的强制性程度,而相关性指语言成分直接影响或修饰其他成分的相对程度(Bybee 1985a,见 Heine, et al. 1991:17)。与高相关性相联系的是较低程度的一般性或笼统性(Heine et al. 1991:17)。

上述"相关性"和"笼统性或一般性(generality)"这两个概念是寻找对语法化程度进行共时性描述的参数的结果。Lehmann 的主要关注也在于探索衡量"语法性"的办法。为达到这一目的,他提出了六个参数:整合的整体性(integrity)、聚合性(paradigmaticity)、聚合的变化性(paradigmatic variability)、活动范围(scope)、约束性(bondedness)和组合的变化性(syntagmatic variability)。这些参数是基于与决定语言形式的自主性相关的三个相互关联的方面(语重(weight)①、衔接和可变性(variability))与三者跟相关语言形式的纵聚合维度的选择与横组合维度的联合之间的关系之上的(Bernd Heine, et al. 1991:18)。然而,必须注意到,一旦这六个参数的相互关联的增长或减少得到确

---

① "weight":语言学中的一种变量。指语言形式的完整性和应用范围。参见 Bernd Heine, et al. 1991:18。

定,它们也可用于对语法化过程的衡量。接下来,Lehmann 将这种分析推进一步,列出了六个过程,用以把握某些语法语素的历时发展进程。这六个过程分别是磨损(attrition)、聚合(paradigmatization)、强制(obligitorification)、浓缩(condensation)、合并(coalescence)和定置(fixation)。

与多数其他语法化研究相似,Lehmann 所提出的上述框架是建立在对已经完成的、因而也是可以明确确定的语法化实例的观察基础之上的。但是,处在指向语法化方向的变化之中,但尚未达到"习语化"或"规约化"阶段的语言变化现象很少受到重视,或受到的重视远远不够。Paul Hopper 将人们的注意力引向了语法化过程中较少触及的初始阶段并填补上了这一缺憾。他的努力结果是提出了决定语法形式的出现的"五原则"理论。

1)层次化(Layering)原则:当新的层次出现于某一功能域的时候,旧的层次并不一定被摒弃,而是将被保留,与新层次共存并相互作用。

2)分歧(Divergence)原则:这一原则是指这样的事实,即当某一语言实体经历语法化时,将产生"成对的或多个具有共同语源但功能分化的形式。"

3)专门化(specialization)原则:指"正在形成的语法结构特有的语义变窄的趋势。"

4)持续(persistence)原则:当语法意义 B 形成和发展时,早先的意义 A 并不一定消失;相反,B 很可能要反映 A——至少是只要 B 尚未经历"形态化"过程,B 就有可能反映 A。

5)非范畴化(decategorialization)原则:语法化导致相关语言实体基本范畴属性的减少。一方面,这就意味着选择性范畴标记的丧失,如修饰语;另一方面,这种非范畴化也意味着相关语言实体自主性的减弱。

其他近期的语法化著作包括 Heine 等的 *Grammaticalization*:*A Conceptual Framework*(1991),Paul Jean Hopper 等的 *Grammaticalization*(1993)和 Joan Bybee 等的 *The Evolution of Grammar*(1994)等。Bern Heine 等(1991)主要关注的是 Givón 为解释语言结构及其普遍关系而提出的八种特征之中的三种,即认知结构,世界观—语用学和语言的历时变化。Paul Jean Hopper 等的 *Grammaticalization*(1993)则首次对语法化做了全面的介绍。作者对某些词汇项和结构进入特定语境行使语法功能从而被语法化、继而获得新的语法功能的过程进行了研究。通过对几个语言学领域(如历史语言学、语篇分析、语用学等)研究成果的综合,作者展示了名词和动词经过历时的变化而成为格标记、句子连接词以及助动词的过程。书中也包含一些对语言结构与语言使用之间互动关系的领悟。Joan Bybee 等的 *The Evolution of Grammar*(1994)主要关注一组从形式上加以界定的语言成分,即与动词相关的时、体等语法语素。

与大的开放性词类不同,语法语素是封闭类成分,其成员资格取决于一些独特的语法行为,如位置、共现制约、或与其他语言成分的区别性的互动等。该书作者对语法语素进行了界定,包括词缀、词根变化、重叠式、助动词、小品词,或者诸如英语中的"be going to"这样的复杂结构。并且,在该书中作者所关注的仅仅是那些有与动词相关的固定位置的语法语素(gram)。gram 是一个由 Bill Pagliuca 发明,Joan Bybee 首次使用的术语,指语法语素(见 Bybee et al. 1994:2)。尤其是,该书讨论了经常用形态手段加以标记的动词的几个语义域——时、体及情态。作者用历时的方法对这些语义域的语义实体转化为语法意义的途径进行了研究。同时也提出了多数语法语素的发展都要经历几个演变过程,即语义变化、形态变化、分布变化、使用频率变化以及伴随语义减少的语音减少。另外,作者还提出了关于语法化(它们称作 grammaticization)的八个假说,即:语源决定性(source determination)、单向性(unidirectionality)、路径普遍性(universal paths)、语义保留性(consequences of semantic retention)、语义减损、语音减损、层次化和相关性。

总而言之,作为现代语言学的一个分支,语法化属于认知语言学。它采用历史的和认知的方法研究语法,目的在于从历史和认知的视角对诸如时、体屈折形式等语法语素的发展做出解释。与作为历时语言学中的解释性参数的语法化不同,作为现代语言学的分支,语法化不仅是语源取向的,而且将认知阐释与历史研究结合在一起。通向语法化认知阐释的关键一步在于假定词汇现象、形态现象以及句法现象都是建立在一般的概念结构之上的;其不同之处仅在于它们各突出概念结构的不同方面。尤其重要的是,这一步使得形态学、句法学、语篇学之间的鸿沟得以弥合,也使得从语法化角度进行句法分析和语篇特征分析成为可能(Ungerer & Schmid 1996:256)。

一般来讲,按照其研究主题的焦点,语法化研究领域的研究者可以分为两组:其中一组主要关注实词是怎样变成语法词的,其方法论基础是认知科学的规律。另一组则主要关注语篇策略转变为句法结构和新词的过程;而他们的方法论基础则是语用原则及交际规律。第一组研究者的代表人物有 Anderson, Lyons, Joan Bybee, Revere Perkins, William Pagliuca, Elizabeth Closs Traugott 等;第二组的主要代表人物是 Givón, Paul J. Hopper 等(沈家煊 1994)。

4.3 宏观语法化与微观语法化

正像 Herring 所指出的,有两种语法化。这两种不同的语法化策略分别是篇章语法化和词汇语法化(见 Heine 1991:263)。Heine 认为这种区分主要是按照语法化研究中所采用的方法不同,而非根据所研究的真实语言现象做出的。为了说明这一点,Heine举了一个例子:"譬如,语篇语用、篇章的方法更适用于'语篇语法化策略';而形态的方法则更适合'词汇语法化策略'(Bernd Heine 1991:263)。"

Herring对语法化不同种类的区分是建立在处于语法化过程中的结构单位的标准基础上的。除此之外,还有Heine等人的著名关于语法化的二分法;他们的区分包括"宏观结构"和"微观结构"的语法化。(Heine, et al. 1991:104)在这种区分中,一般认为"宏观结构"的本质主要是心理的,并且与认知域及认知域之间的相互联系大有关系;而"微观结构"被认为是建立在语用基础之上,且主要与语境及语境操控相联系。语境操控进而引发基于语境的重新阐释,从而会话含义被规约化为新的焦点意义。微观结构所涉及的过程被认为在本质上是转喻性的。但是,在我们看来,这种区分并非没有问题。这一点从Heine等人自己所提供的例证上就可以看出。

语法化中的宏观结构与微观结构:

宏观结构	微观结构
概念域	语境
"相似性","类推"	会话含义
概念域之间的转换	语境引发的重新阐释
隐喻	转喻

(见 Heine, et al. 1991:104)

这一区分中最重要的问题在于,在宏观结构中,语法化的理据或缘由是认知域之间的相似点,"在本质上主要是心理的",而微观结构语法化的理据或缘由却是正在语法化的语言项的典型语境。因此,微观结构的"基础在语用学"并且"与语境及语境操控有着必然的联系"。从根本上讲,这两种"结构"的主要内容有着本质的区别。故而很难公正地在两者之间做出直接的对比,称一者为"宏观",而另者为"微观"。

我们的观点是,对语法化现象实际上可以有不同的分类,这主要取决于分类的不同标准。在下面的研究中,我们也将语法化区分为两类。根据这种划分,我们也将对这两种不同的语法化现象展开讨论。我们的分类是建立在下列对语法和语法化的认识之上的:

1) Randolph Quirk等对语法的看法。

他们认为"语法"既包括句法,也包括研究屈折变化或词形变化的形态学(关于词的内部结构)方面(Quirk 1985:12)。

2) Randolph Quirk等人关于语法的层级性的观点。

Randolph Quirk 等人进一步认为,语法单位构成了一个从句子往下一直到词素的层级结构。这一语法层级结构包含了按通常可能的大小或扩展度而分级的不同的语法单位,具体如下:

> 最高单位:句子;句子含一个或多个
> 　　　　分句;分句含一个或多个
> 　　　　短语;短语含一个或多个
> 　　　　词;词包含一个或多个
> 最低单位:词素。
> (见 Quirk 1985:42—43)

Heine 等人指出,语法化进程并不终止于某一语言或概念范畴的边界,而是跨越词素类别和不同认知域的边界的(Heine et al. 1991:99)。

语法化过程中既有非连续性成分,也有连续性成分。在非连续性成分之中,有一种从 X 向 Y 的离散性的过渡,即从词汇的或语法性较差的成分向语法性较强的范畴或成分的过渡。在连续性成分中,这种过渡是逐渐的,并非用 X 替代 Y,语法化在这方面集中于对 X 特质的连续性减弱和相应的 Y 特质的连续性增强的过程研究。在 X 和 Y 之间有一个阶段,相关实体(语言单位)既不能被描述为 X,也不能被描述为 Y,因为它是由 X 和 Y 两者的相当比例的特质同时构成的。一旦达到这一阶段,就会出现一种中间的或混合的(语言)形式。这种混合形式是语法化链条上的一部分;它们最典型地被发现于"已非 X 但尚不具备 Y"类型的重合性中间阶段(Heine, et al. 1991:230)。

根据 Randolph Quirk 等人对语法的认识,我们在研究中将语法化分为句法的语法化,即句法结构的形成和演化和语法语素(即 grams)的语法化两大类。基于 Randolph Quirk 等关于语法层级结构的思想,按照语法层级中所有语法单位的长短潜势或扩展度,我们认为,句子是语法层级中最长的或是潜在的最长单位,而语法语素是最短的语法单位。我们把句法结构的语法化定义为宏观语法化,而将语法语素的语法化定义为微观语法化;因为句法结构的语法化所关注的是语法层级中最大的语法单位的演化,而语法语素的语法化则与语法层级中最小语法单位的产生相关。

用这种方式标志句法结构和语法语素语法化的另一个原因在于,二者的来源和二者发生演变的语境(或语言环境)不同。正如 Givón 所言,人类的机体、社会-文化组织,及其认知-智力-交际工具等都可以用生物学的观点看待。换句话说,就是从功能的、进化的视角看待;而且,它们的功能可以被认为是各种策略和各种次策略。通过这些策略和次策略,机体有效地应对所感知到的环境与生存的需要(Givón 1984:1)。也就是说,环境对了解个别实体以及语言单位的功能和特征来说是非常重要的。这正是我们对语法化进行分类时特别强调句法结构和语素各自的环境规模的原因所在：前者的环境是由句子构成的语境；后者的语境是典型的由语素构成的词——语境和词分别是它们的来源和完成语法化过程后存在的环境。

按照 Heine 等人的观点，语法化进程并不中止于某一语言或概念范畴的边界，而是跨越词素类别和认知域的边界。然而在我们看来，事实是，语法化过程不仅跨越语素类别的边界，而且也跨越各个语言单位的边界，包括语素、词、短语、分句、句子和语篇；因为语言变化从整体上讲是具有跨越边界的潜势的。正如 Langacker 所说："在其历时方面，如果将语言看做是压缩语言表达式的巨大的机器，并非完全没有道理（Langacker 1977:106，见 Hopper 1993:65）。"这就是说，在日常交际中，说话人本能地通过减少言语信号来追求交际的经济或效率，例如通过加快语速这一方法。这一过程通常会造成新表达式的产生或旧表达式的简化。这些表达式反过来通过反复使用，随着时间的推移而成为惯例。这些压缩过程不可避免地涉及到对旧表达式或整体语言形式边界的打破或废除。另一方面，这种对旧的语言形式边界或语言单位的删除通常的结果是，大致表述相同意义的新的语言形式会出现以起到平衡作用。这种"对旧的表达式边界的废除"实际上不过是对语言范畴的边界的"跨越"。在这层意义上，对语素边界的"跨越"只是删除旧表达式边界、产生新表达式的普遍现象的一个具体的例子；而语法语素（grams）则是与旧的表达方式同指一事物的新方式的一种具体类型（Hopper 1993:65）。从以上讨论可以看出，从 Randolph Quirk 等所提出的语法层级结构的最高层——即句子开始，由于压缩，每删除一个高一级的层次，马上便有一个低一级的单位出现。这样，在语法层级结构中，从高到低对语法单位边界的重复删除就会连续地产生出分句、短语、词，直至最后产生出语素，包括语法语素（grams）。这就是说，语法语素只有当语言变化达到某种程度或某一阶段之时才能产生，即"跨越"了层级结构中语言单位的边界之后。正是由于这个原因，我们说语法化实际上跨越了整个语言单位的边界。由于我们采取了 Randolph Quirk 等人的语法概念，我们将只关注语法层级结构中的最高层和最低层，即句子层面和语素层面，来研究某些句法结构和屈折语素是如何形成的。在以上讨论的基础上可以看出，低一级语言单位通常来自于对高一级语言单位边界的删除。所以，我们要找出句法结构的来源就应当分析语篇；而要寻找语法语素的来源就要分析自主的独立词项。这表明在从句、词组和词的演化过程中，句法结构的语法化和语法语素的语法化是分别进行的。为了表明二者的区别，也为了突出我们的方法，我们把语法层级中两个重要组成部分——句法和屈折语素——的语法化分别称为宏观语法化和微观语法化。

确切地说，宏观语法化指 Givón 所说的"由松散、并列的'语用性'篇章结构经过时间推移发展演变而成紧凑的'语法化了'的句法结构的过程（Givón 1979：208）"，而微观语法化研究从具体词项或自主词汇发展出语法语素的过程。

4.3.1 宏观语法化——从语篇策略到句法结构

Givón 认为，"如果语言不断使用篇章结构并通过句法化压缩篇章结构，随着时间的推移，人们有理由希望语言会越来越句法化。事实上，情况并非如此。通过形态化和词汇化的过程，经过一段时间以后，句法结构会发生损蚀……促成句法结构损蚀的原则与促使其产生的原则并不一定相同（Givón 1979：209）。"

Givón 提出一个关于语法化的循环论观点，其特点如下所示：

语篇 → 句法 → 形态 → 词素音位 → 空位
 1   2   3   4

图 6　Givón 的语法化循环论

注释：数字表示语法化渐进过程中的几个步骤。

Givón 认为，在不同语言环境中，语言的发展是语言从只受语用模式控制到同时也受句法模式控制的变化。

语用模式的特点是：

以主题－评论为结构、语言片段间的连接方式为松散的连接却并非从属性连接；不使用语法形态，使用词义简单的动词；并以词序标记信息的焦点。

句法模式的特点包括：

句子的结构为主谓结构；有严密的从属关系；广泛的语法形态；复杂的动词词义，有意义确定的词序，语调的使用较少（Givón 1979：288）。

Givón 认为，实质上，从历时的角度来说，所有主要的、严密的"从属性"句法结构都是由松散的、联合型的并列结构通过一种他称之为句法化的过程发展而来（Givón 1979：223）。还有，他提出的两种交流模式（语用模式和句法模式）代表着词汇化进程的两个极端。

下面是 Givón 的语用模式和句法模式。（Givón 1979：223）

a. 主题—评价结构	主—谓结构
b. 松散的联合关系	紧密的从属关系
c. 速度较慢的话语传递（在数个音调轮廓之下）	速度较快的话语传递（在一个语调轮廓之下）

续表

d. 词序大都由一个语用原则制约：旧信息在前，新信息在后	词序用以指示语义的格一功能（尽管也可用以指示语用的话题关系）
e. 在语篇中基本上存在动词—名词一对一的比例关系，且动词在语义上相对简单	在语篇中名词的比例大于动词，而动词在语义上较为复杂
f. 不使用语法形态	精细的语法形态使用
g. 以突出的语调重音标记新信息焦点，主题语调不太突出	与语用型十分相同，但可能不显示一样高的功能负荷，至少在某些语言中彻底没有

从以上 Givón 所提到的语用模式与句法模式的对比看，从属（subordination or hypotaxis）现象常要涉及经过句法形式的小句结合（syntactic clause-combining）将结构关系松散的句子（parataxis）加以整合。这一过程可以被认为是常规语篇模式的语法化。有的语言学家也注意到了这种现象。例如，Hopper 和 Traugott 认为，从属关系通过两种过程历时地产生：一种是通过两个核心句（nucleus）（可以单独存在的小句（clause））之间的语义—语用联系从而实现结合的最小过程；另一种是通过某一从句的非范畴化使其中一个小句成为卫星句（satellite）的过程。

另外，Hopper 等还提出了如下一个"从句结合的渐变群线列"：

并列关系＞依从关系＞从属关系

图7 从句结合的分类差异序列（Hopper & Traugott, 1993:170）

从句结合的三个层次有如下特点：

1）"并列关系"指除受语意表达的语用或语义相关性束缚以外，两个或两个以上小句相对独立的语言结构。

2）在依从结构中（hypotactic construction），通常有一个独立的小句和不能独立存在而相对有依存性的一个或多个小句。然而，它们基本上不能全部地被包括进独立小句的任何成分之中，即小句之间的从属是不彻底的。

3）从属结构涉及完全的依存关系，其中的边缘成分（不能独立存在的小句）整个地被包括进核心句中。

这种渐变群的线列可进一步地加以阐述，并以小句间有否依存、有否嵌入关系的特点以及这两种关系的组合说明如下：

并列关系(Parataxis)	依从关系(Hypotaxis)	从属关系(Subordination)
一依存	＋依存	＋依存
一嵌入	一嵌入	＋嵌入

表2 小句间不同程度的结合关系特点(Hopper & Traugott 1993:169)

对从属关系语法化的阐述是在对两个传统的术语再定义的基础上进行的,一个定义属于19世纪的传统,该传统认为并列关系(parataxis)包括所有的并置关系(juxtaposition),而从属关系(hypotaxis)包括所有的依存关系(dependency)。另一个传统离现在更近些,它将并列与从属,尤其是将并列与嵌入进行了区分。很明显,这一渐变群线列及其细化是将两种传统对复杂句(句法学上指由一个以上小句构成的单位。可以独立存在的小句可以称为核心句(nucleus)。(Langacre 1985,见 Hopper & Traugott 1993:169))的不同分类结合起来了,并将所涉及的小句以嵌入性这一特点为参照分为两类。

参照 Givón 的语法化渐变群线列,我们可以将 Givón 的语法化渐变群线列描绘成如下由并列、依从和从属关系组成的渐变群线列。

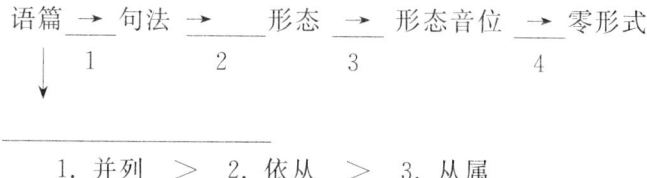

图8 Givón 的语法化渐变群线列与 Hopper 等的小句结合渐变群线列的基本对应关系

下面,我们来分别看一下 Hopper & Traugott 给并列(parataxis)、依从(hypotaxis)和从属(surbordiantion)关系所下的定义和说明:

并列关系(Parataxis):

句子间最简单的一种关系是并置关系,其中两个或两个以上核心句(独立小句)前后相继,其间的语义关系仅通过语用推理维持。比如:

Fort Sumter has been fired on. Our regiment leaves at dawn. (Hopper & Traugott 1993:172)

"这种有独立语调轮廓却没有明显连接标志的两个毗邻小句不能构成一个复杂句。但是,如果并置的小句以某种方式相连,比如通过语调或简单的名词主语,那么就有理由认为语法上结合的两个小句可以通过并列关系而成为一个句子(Hopper & Traugott 1993:172)。"

Hopper 等引用凯撒的名言阐述了这种没有明显连接的典型并列关系:

I came, I saw, I conquered.

在这个句子中,三个小句都是独立的,每一个组成成分都是一个小句。但是,标点符号代表一个单位,从而形成了跨连全句的语调。

Hopper 等指出,在许多语言中,并列关系都是一种构成复杂句的常见方式。他们认为,汉语的并列从句像其他语言中带有明显标记的从句和主句一样起作用。下面是他们的例子(Hopper & Traugott 1993:172):

他没念书,他打球了。

下面的两个例子也没有明显的连接标志:

You keep smoking those cigarettes, you are gonna start coughing again.

That guy just walked out of the store, he reminds me of the photo in the post-office store.

Hopper 等认为,这种并列句中的小句很明显是独立的(Hopper & Traugott 1993:172)。

与之相反,由相邻的两个从句构成、受一个共有的语调轮廓跨连和控制,并由明显的"and"之类的连接词连接起来的结构一般被认为比那些没有连接词的结构语法化程度更强。也就是说,它们更加合乎形态句法。Hopper & Traugott 认为,下面这样的句子才是并列的(coordinated)(Hopper & Traugott 1993:173)。

I came and I saw and I conquered.

Emily is training to be a speech therapist, and Joel works for a law firm in Philadelphia (Hopper & Traugott 1993:173).

并列句子结构中的连接小句的显性标记(overt marker)如 and、but、or 等在语言中往往发展得相对较晚,或者是从高级"语域"中借来的。比如 plus 原本是从拉丁语中借来的,后来当代英语中的 and 来自于数学领域。

依从关系(hypotaxis):

在渐变群线列上比并列关系高一级的小句的结合为依从关系(hypotaxis)。Hopper 等定义的依从关系包括以下几种情况:

首先,Hopper 等所定义的依从关系指"从句链接"现象。在这种关系链结中,只有一个小句是核心(独立的)小句,它包含所有的动词标记如时、体、语气等。

其次,Hopper 等的依从关系不仅限于小句链,其他的依从结构在英语中属同位相关,语义上,甚至句法上相当于同位(附加说明的或进一步澄清的)结构或并列结构。Hopper 等认为下面两个句子意义是相同的:(Hopper & Traugott, 1993:175)

  Bill Smith, who is our president, would like to meet with you.
  Bill Smith would like to meet with you. By the way, he is our president.

  Hopper 等谈到的其他依从关系结构还有关系从句,包括时间从句(when 从句)、因果从句(because 从句)、条件从句(if 从句)和让步从句(although 从句)。Hopper 等指出,状语从句实质上是由对作为状语的词组的再分析而得出的。它们还没有达到补语那样高的整合的层次(Hopper & Traugott 1993:176)。

  从属关系(subordination):
  从属关系是小句结合结构渐变群线列上最高程度的"小句结合"。从属分句在不同方式上依赖于其主句(核心句)。首先,它们不能具有与主句不同的言外之力。其次,它们等同于所表达的成分。换言之,这些小句被非句子化了(desententialized)或者是在语言层级的意义上被降级了。再次,它们在某种方式上有明显的交织(interlaced)(Hopper & Traugott 1993:176)。"交织"是 C. Lehmann 所使用的一个术语,它是指参与成分(如同一主语)或时态与语气的共享,也指把本来分隔开的从句交织到主句的表层结构。嵌入是一种形成连接紧凑,也更复杂的句法结构的重要方法,它实际上也是一种交织。例如: She seems to be smart. 是一个主句, she 是这个句子的主语;而在 It seems that she is smart. 这个句子中, she 既是主句的主语,又是嵌入小句的主语(Hopper 1993:171)。

  上述例证说明,Hopper 等人的关于小句结合结构渐变的群列具有其合理性。它揭示了从松散的小句整合到紧凑的小句整合这一单向性句层语法化过程中的大量事实。

  对从属关系引起的第二个过程的阐释能够在状语从句的发展中得到证明,这种状语从句在英语和其他一些语言中被称作让步条件从句(concessive conditionals,简称为 CCs)。根据 König 等人的研究,在英语与其西日耳曼姊妹语言里,让步条件从句的子类型是由一些像 whatever (荷兰语:wat...ook,德语:was immer, was...auchetc), no matter what (荷兰语:om het even wat, 德语:egal was etc.) 和 whether...or (荷兰语:of...of, 德语:ob...oder)等一样的表达所引导的。至少有一些这样的表达式是明显建立在嵌入疑问句中所使用的标句词(complementizer)基础之上的,而且相关的复杂句结构都显示出一种从弱到强的分句整合性。因而 König 将让步条件从句分析为一种语篇对话类型的句法化。König 明确指出：

1) 可以证明让步条件从句是直接来源于会话互动的；

2) 共时性渐变的线列反映了程度由弱到强的分句整合的线性历时发展。这种分句整合当今仍在继续，严格地说，就在我们说话时还在继续(König & van der Auwera 1988)。

I think 和 I guess 这两种原是篇章标记的新语法结构的语法化揭示出，对从属关系的出现起必要作用的第二过程甚至能走得更远。也就是说，在原中心句非句式化之后再将其边缘化，再有层次地进一步降低这种边缘，把它变得更像一个副词短语而不是从句。

根据 Thompson 等人的观点，在下面这个句子中，英语主句+补语从句结构正在经历一种语法化过程，它导致了短语 I think 主语从句地位的丢失(Thompson and Mulac 1991)：

I think that we're definitely moving towards being more technological.

I think(that) 和 I guess(that)的经常性用法表明，像上面这样的句子中，说话者表达的真正意图包含在补语从句中，而起介绍性作用的"主语从句"，即 I think (that) 和 I guess (that)仅仅是表示说话者对所表达意图的信心的一种认识性评价。在上述两个曾经在句中充当主要动词的词"think"和"guess"之后，that 的省略最为频繁，例如下面两个句子。（引自 Thompson and Mulac 1991）

I think exercise is really beneficial, to anybody.

It's just your point of view, you know, what you like to do in your spare time, I think.

下表中 Thompson and Moulac 的统计数据证明了这一趋势。

"Think" 和 "guess" 与其他动词后接"that"的情况对比

	−that	+that	总数
think	622(91%)	61(9%)	683
guess	148(99%)	2(1%)	150
other	342(75%)	112(25%)	456

表 3 "Think" 和 "guess"与其他动词后接"that"的情况对比

来源：Hopper and Traugott, 1993:202

这些短语也可以用作插入语，在这种情况下，前面的补语从句就会在每一方面变为主语从句。其结果是一个由主要动词和补语从句组成的复杂句变为由认识性表达式所修饰的单独的主语从句。准确地说，正如 Thompson 等所指出的，插入语开始承担起当前英语中表示认知情态的动词和副词如 evidently，apparently 等等的功能，例如 They must be students. 意味着 I conclude they are students. 后一个句子中插入语 I conclude 在功能上就等于 must。

值得注意的是，上述这种连续的语法化似乎并不产生一种更为复杂的句法结构，而是再次循环为简单的句法结构。前面的边缘性小句 I think (that) 和 I guess (that) 变为状语从句所经过的过程是对 Givón 的语法化渐变群线列第二步骤的支持。

总之，Hopper 等人的立场是一般的对话并非由孤立的、与语境无关的话语所组成，而是一些相互联系的信息单元。这些信息单元通常用小句来表达。所有语言都有把小句连接成被称作是复杂句的手段。小句结合策略或手段也同样经历了从松散结构如并列结构发展到连接更紧凑的句法结构，如依从关系和从属关系这一语法化历史过程。也同一般的语法化现象一样，一个新形式的出现并不必然暗示旧形式的消失。上述分析证明，对句法结构的语法化来说，情况尤其如此。

通过 Givón 关于句法化的概念，以及他的言语交流的语用模式和句法模式的区别，连同 Hopper 等提出的小句结合的渐变群线列，我们了解了各种复杂句法形式从原本简单的句型发展而来的语法化的性质和一般路径。我们将这一类语法化称为宏观语法化，与语法语素的发展形成对照。

在汉语语法的发展中也同样存在宏观语法化过程，即汉语获得新的句法形式或旧句法形式发生改变的过程。例如，像王力所指出的，补语的出现是汉语语法发展过程中向前迈出的一大步。利用补语结构，在古代需要用两个句子来表达的现在用一个句子即可。语法的这一进步既节约了交流时间，同时也增强了透明度（王力 2000：3）。除了补语结构的发展外，汉语语法中长句的发展也应该包括在宏观语法化这一范围。用王力的话来说就是：长句的发展标志着人类思维的发展。从逻辑上说，这是从简单的命题向复杂命题的发展（王力 2000：217）。

王力注意到，在汉语语法的发展进程中历时性现象是显而易见的，即从古代起，汉语的句子逐渐变长。例如：《孟子》的句子要比《论语》的句子长；《左传》的句子比《尚书》的句子长，《史记》的长句子又比《左传》的长句子更多些（王力 2000：217）。这种变化似乎表明，在某种程度上，汉语句子会随时间的推进而变长。

许威汉富有洞察力地指出，有一种汉语句子成分逐渐走向完整的过渡性趋势。他认为，这一趋势反映了汉语句子结构由松散连接转变为紧凑连接这种事实。他用两句来自中国经典史籍中的话来阐释这一趋势。其中一句源于前秦时期的《左传》，另一句源于汉朝的《史记》：

1) 祭仲专,郑伯患之,使其婿雍纠杀之。(《左传·桓公十五年》)

2) 祭仲专国政,厉公患之,阴使其婿雍纠欲杀祭仲。(《史记·郑世家》)

例句1)中,动词"专"后没有宾语,其宾语仅仅以暗示的形式存在,而在例句2)中却提供了"国政"这一宾语。例句1)中,动词"使"前没有副词,而在例句2)中却使用了副词"阴"。例句1)中,动词"杀"前没有状语修饰词,而在例句2)中"杀"用了一个副词来修饰。随着汉语句子各种成分完整性的不断增加,以前汉语句子那些粗糙的句法结构变得越来越细密。此外,许威汉还对汉语的这一变化的历史阶段做了简要总结。根据他的研究,甲骨文的句法结构相当简单,而金文的句法结构相对而言要稍微复杂一些。与《书经》相比,《易经》不仅有着不同的风格,而且句法结构也相异,即后者的句子要比前者的句子复杂。准确地说,《书经》的句子是通过语用相关性来连接的,基本上等同于 Hopper 的并列句。而在《易经》和《论语》中,分句间的关系是用"故""况""则"这样的明显连接标记符号来表明的(许威汉 2002:54)。根据 Hopper 等人的观点,明显的连接标记符号的出现说明,使用这种连接词的句子比并列句的语法化程度要更高一些。

战国时期以后,汉语的句法化进入了一个新阶段。战国时期的句法结构要比春秋时期的更加复杂和细密(close-grained)。而汉朝时期汉语的句法结构与战国时期又有很大不同。然后,到了唐代,汉语句法结构迎来了另一个严密化(tightening)阶段。由于受佛家文学的影响,唐人在语法和逻辑思维方面有所改变。逻辑的发展可以从汉语句法结构两方面的变化中看出:一是话语趋向于带有完整的结构;二是句子成分也是完整的了(许威汉 2002:54—55)。从唐代以后,一直到五四运动之前,在句法结构的内部连接方面没有什么大的进展(王力 2000:342)。

在汉语历史上,就句法结构向完整性的过渡而言,在五四运动以及以后的时期,汉语又迈出了很大的一步。对此,王力做过更为精确的评论。他指出,句法结构的完整化和紧密化导致主语、谓语和连接标志符号越来越具有强制性了(obligatory),并且导致出现了下列句子成分:

a. 定语:古汉语中的定语非常简短。自唐朝以后,出现了相对较长的定语。但不管是论长度还是频率,现代汉语中定语的发展都超过了历史上的其他任何时期。而且现代汉语中的定语也更为复杂。长定语的功能之一就是将口头交流中的几个分句整合为一个句子,从而增强了句法结构的内部连接程度。

b. 用作名词的指称动作的动词(王力称之为行为名词):指称动作的动词的名词化是将分句整合为长句的最有效方式之一。根据汉语的语法传统,动作是由动词来表现的,而且动词通常充当谓语。这一传统的结果是:其一,一个动作需要一个句子或一个分句来表现它;其二,句子或小句一般都很短;其三,句子的结构很简单,句子结构没有细化。而动词的名词化使得将动词用作主语和宾语也合法化了。

c. 范围和程度的确定。在古汉语里,命题或是谓词的范围和程度往往不很明确,而现代汉语里通常都对命题、谓词和判断的语义范围加以明确。这种对语义范围和程度的明确使得汉语的句法结构更为细化。

d. 时间标记的演变。并不是说古汉语中没有这种时间标记,而是说到了现代汉语,对动作时间信息的标记比古汉语更为频繁。另一方面,与古汉语相比,时间标记方法的种类也多了。这又形成汉语句法结构走向细化的另一个原因。

e. 对事件条件的表征。当谈到一件事情的可能性时,必然要牵涉到这种可能性所发生的条件。汉语句子中表达这些条件的频率提高了,从而使汉语句法结构更为细化。准确地说,它将条件状语添加到汉语句法结构中。

f. 具体指称。具体指称是语言的一种细致表现手法。它在指出某一事物的共同情况的同时,还指出这一事物当中的某一小类最适合这种情况(参见王力 2000:343—346)。

对于上述王力提到的汉语宏观语法化的几个方面,我们特别关注的是时间标记的演变以及它是如何影响汉语句法结构的。因为,我们当前研究的是汉语时间标记系统的语法化。而且"时态本质上是时间的标记(Saeed 2000:106)。"另外,时态可以看做是时间定位的语法化(Comrie 1985:vii)。因此,通过研究时间标记方法在汉语历史中是如何变化的,有希望能够揭示一些关于汉语时间标记系统是否正在朝英语那样的时间标记系统发展的事实。按照 Givón 的观点,从历时的角度来讲,句法结构在一开始常常是语用方式制约的篇章结构。换言之,句法结构是压缩篇章结构所形成的,所以我们将转向汉语篇章层面的时间标记手段。在本项研究中,我们把注意力放在叙述文上。我们将从汉语变化较快的历史阶段选取典型叙述文样本,来追踪汉语时间标记策略在历史中的演变发展。因为,在这样的历史时期,语言句法结构的变化才最有可能发生。也许,这种篇章性的时间标记系统目前尚未发展到像英语那样的时态系统。然而,本项研究中仍然有必要将此过程包含在内,理由如下:

a. 时间标记或时间定位的语法化适合 Comrie 对时态所下的定义。更为直接地说,时间定位属于时态的历史演变与发展范畴。

b. 语篇中时间标记手段的发展影响句子结构。正如王力所指出的,句子层面上时间标记手段的发展是造成汉语句法结构内部连接更加细密紧凑的原因之一。这种变化本身就属于宏观语法化。鉴于 Givón 关于语法化循环的连续性的理论(Givón 1979:209),与英语的时态系统相比,我们可以将汉语时间标记手段视作尚未完成语法化的时间定位系统。换句话说,这种语篇性时间标记系统的发展仅仅完成了第一步,达到了以句子为中心进行时间标记的阶段,但在时间定位语法化中,它并未取得像英语时间标记系统一样的发展。

c. 我们接下来将会看到,如果将我们的研究仅仅局限于语法语素和句子这一范围,就不可能从整体上看到或把握汉语言时间标记策略的真正本质及其总体发展的路径。这也是我们选择将时和体放到历史和篇章/话语背景中研究的原因之一。

4.3.2 微观语法化——语法语素的发展

在前面的章节中,我们已经说明,根据每个句法结构或语素的语境的大小——句法结构语境是由句子构成的上下文,而语素的语境则是由相关语素与其他语素组成的词——词是语法语素的来源以及它们完成语法化以后存在的语境。根据句法结构和语法语素的语境的大小,我们把语法化现象分为两种类型:宏观语法化和微观语法化。我们的微观语法化指的是从具体的词发展出语法语素(gram)的过程。

我们也已探讨了语法化的定义、语言学家以前的研究(如 Givón, Hopper 等所进行的宏观语法化研究),以及汉语宏观语法化和汉语宏观语法化的主要特征,下面我们将对微观语法化进行初步的探讨。

微观语法化,也就是语法化中语素的形成和发展,主要指由词汇语素或者由词汇语素与词汇语素或语法语素的结合逐渐演变成语法语素的过程(Bybee et al. 1994:4)。正如 Bybee 等所言,这一过程包含着词汇语素的变化:一些词汇语素的使用更加频繁,意义更加泛化,逐渐失去了词汇范畴的地位,从而最终成为语法范畴的表现形式(Bybee et al. 1994:5)。

根据 Bybee et al 的定义,微观语法化可分为以下三类:

1. 语法语素 (gram)

由一个词项演变而来

2. 语法语素 (gram)

由几个词汇语素的组合演变而来

3. 语法语素 (gram)

由词汇语素与语法语素的组合演变而来

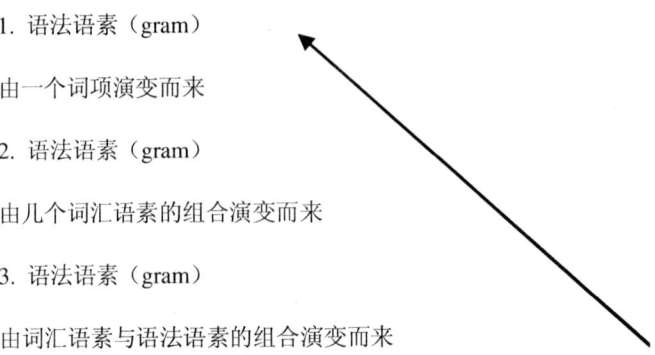

图 9　语法化来源的等级示意图

如果我们从另外一个角度,即反过来看,并根据以上三种语法化的来源看,第二、第三类分别属于短语结构和句法结构。句法结构、短语和词汇项这三种语言单位从大到小形成一个等级。因此,如果句法结构发展成为语法语素,可以推测这过程必然经历了一个从词汇语素(短语)的组合阶段,依次到词汇项(词)的阶段。从上图的序列可知,这是一个从第三类向上,逐渐发展为第一类的过程。从理论上讲,在语法形式三种来源之间存在着一个层面与紧邻的上一层面之间的包含与被包含的关系。换言之,从某种意义上讲,如果根据上图所示我们划一箭头,从词汇语素与语法语素的组合,指向词汇语素,一直到语法语素,语法语素的三种语法化来源实际上可以构成共时的层级。而另一方面,从某种程度上讲,这种共时的层级又可以与前面所讨论的语法化历时进程的渐变群线列中三个阶段形成一定的通约,如下所示:

句法结构＞短语＞词汇项＞语法语素
　1　　　　2　　　3　　　　4

图10　语言层级在语法化渐变群线列上的对应位置

上面对于语法化渐变群线列的划分意味着:语法语素的发展或进化是这一线列上的特殊类型的变化。我们已经把句法结构的发展作为语法化的一类归入了宏观语法化,而短语和词汇项的形成与发展应属于词汇学研究的范围而不属于语法化研究的领域。这是因为,词汇学研究的是词和类似于词的语言单位,包括他们的派生、形式以及使用(Matthews 2000:207; Seaton 1982:113)。因此,在目前所进行的微观语法化研究中,我们将主要关注语法化渐变群线列上的第三和第四步——从词汇项转变为语法语素的阶段。这里可能存在这样一个问题:也许分别等同于上面语法化渐变群线列上的1、2、3步的句法结构、短语及词汇项同样传达着类似于时、体、格等语法范畴所表达的意义,那么,我们在研究中为什么不覆盖该序列所涉及的所有4步呢?我们这样做的理由如下:

a. 语法化通常涉及到一个将语法语素来源的语义核心之外的一切意义筛选出去的过程,而这个语义核心则是语法化的源头。这样一来,复杂的语义被简化得不再那么复杂,而是变得较为简单,却更具有语法内涵。这也暗示,语法化的整个路程之上的全部语言形式都有一个公约数(denominator)。正如Lehamann所言:我们在语法化渠道中所发现的是这一过程的全部成分共有一种功能,而这些成分间存在的不同主要是数量上的差异。也就是说,语法化渐变群线列上两个相邻的成分在语法化的层面上发挥着相同的作用,但只是语法化的程度不同而已。例如:虽说一个指示词和一个定冠词二者都起限定作用,但是这个指示词比定冠词限定得更明确、更具体(Lehamann 1982:124-125)。考虑到语法化的本质,在同一语域之内,如果在不同的语言形式、不同的语言表达式中只从特定的语义域来考察语法化本质,语法化的使命通常落在那个语义泛化程度最高的语言形式之上(cf. Hopper & Traugott 1993:97)。从共时的角度看,语法化在某种程度上未完成之前,所有在语法化渐变群线列上共存的语言形式可以被认为属于同一语义域。根据上面提到的 Lehamann 的话,在语法化渐变群线列上,语言形式距离语法化目标越近,其意义越泛化。这就是为什么在开始对时、体语法语素的语法化进行微观研究时,我们将从词汇项(词汇)而不是从短语或句法结构开始的原因。

b. 除了语义上的变化,语法化过程所涉及的另一类变化是语音的减损。在语法化过程中,语音的变化和语义的变化是紧密相关的。从语义上讲,语法从词汇项演变为完全成熟的语法语素是以不断的语义泛化(generalization)或语义损蚀(erosion)为特征的。正如 Joan Bybee 等所观察到的,就语段的长度而言,语言的语法语素一般比词汇项形式短。更系统的观察也表明:语言中使用最频繁的形式也通常是最短的。语法语素形成一个封闭的系统,并且其使用常常是强制性的。因而,在某一语言中,当准语法语素更趋向于发展成熟时,通常会出现某一可行性的语法语素的运用机率比典型词汇项的运用机率越来越高的现象。在语法化的路程中,随着这种语法语素的出现伴随其语义的一般性的增加而变得日益普遍,将会发生语音的减损(phonetic reduction)。针对这一发展过程,Bybee 等做了以下总结:

在使用频率与语音长度间有这样一种联系:不管是语法的还是词汇的材料,相对于不太常用的材料,使用越是频繁的语言材料趋向于变得越短(语音的减损)。

语法语素在语音上与泛化了的词汇项相比较是减损了,然而,泛化了的词汇项与更具体的词汇比较起语音材料也是减损了的(Bybee et al. 1994:20)。

因此,在语法化渐变群线列中,在语义发生损蚀的同时,也会发生语音的减损。

c. 语法化所涉及的第三类变化与数量像似性有关。数量像似性的原则是:语言表达越长就会反映越多的概念信息。换言之,语言材料的量与所要传达的概念信息的重要性、可预见程度以及数量有关。这一原则解释了为什么人称代词比全称名词短,为什么代词的标准形式比对比形式短,这是因为对比形式是带有重音以表示重要性的(Ungerer & Schmid 1996:254)。根据数量像似性原则,语义越泛化的语言形式越倾向于包含更少的语言材料;同样,语义越是复杂,语音结构也越复杂。因此,如果在上面的语法化渐变群线列中有不同语言形式共存,那么语义越概括、越简单,语言表达结构也就越短。所以,只要有语义与后来形成的语法语素所表达的语义相似的词,在微观语法化(语法语素语法化)研究中就必须选择词作为研究的起点,而不能选比词长的语言表达式作为起点。这是为什么我们选择词作为微观语法化研究开端的第三个原因。

由于以上诸原因,当对汉语时、体标记进行语法化研究的时候,我们致力于研究这样一个过程:一些词汇项的语义变得泛化,语音发生减损,在功能上更加专门化,最后变得越来越像特定的体标记了。我们一开始就选择语义已经变得十分泛化的词进行研究是因为,根据语法化的规律,倾向于发生语法化的词汇的意义通常已经十分泛化了。例如,发生语法化的动词大多是上义性的词。也就是说,发生语法化的词汇项是典型的"基本词汇"。有时候,有一些原先语义相当具体的词汇发生语法化的情况,但是这种情况只是在该词汇语义变得非常泛化以后才发生(Hopper & Traugott 1993:97)。这就意味着,在某一特定的语法功能语法化的初始阶段,这一语法化的候选资格通常落在一组同义词中语义最普遍、最缺乏特殊性的词汇上。一旦这些语义十分泛化的词项发挥了语法作用,它们将进一步泛化,直到能够被用于更多的语境里;于是,这些词汇的使用分布变得更广,词义也变得更多一词多义的特点(Hopper & Traugott 1993:97)。当一个语言形式经过了从词汇形式演变为语法形式,它趋向于失去表明它是诸如名词或者动词范畴等主要语法范畴中一个完全成员的形态和句法特征。它的这种从主要范畴到次要范畴变化的极端形式可以用语法范畴渐变群线列的一个阶段加以说明(Hopper & Traugott 1993:104)。

主要范畴(＞形容词和副词)＞次要范畴

图 11　从主要语法范畴到次要语法范畴的渐变群线列

在以上语法范畴渐变群线列中,主要范畴指名词和动词(相对开放的词类),次要范畴包括介词、连词、助动词、代词和指示词(相对封闭的范畴)。形容词和副词构成了过渡性的中间范畴,它们通常被看做是直接从(分词性)动词或(表示地点、行为方式等的)名词演变而来(Hopper & Traugott 1993:104)。

在语法化的初始阶段,有一个语法来源的语义转化而不是语义丢失的过程(参见 Hopper & Traugott 1993:89)。在语法化的早期阶段,最具特征的两种语用推理是隐喻和转喻。第一种推理一般是隐喻性的,即跨越概念界限从一个概念域到另一概念域的典型的"映射"或"联想跳跃"的推理过程(Hopper & Traugott 1993:77)。这一推理过程通常构成了,更重要的是开始了从词汇项的具体意义中泛化出抽象意义的过程。这是一个从具体词汇语素发展为语法语素的至关重要的阶段。关于转喻推理,按 Hopper 等人的观点,转喻过程指的是从语言(语用)语境的邻近性中产生的语义变化,也常被称为"联想"或者"概念转喻"变化(Hopper & Traugott 1993:81)。在此,我们必须明确一点:虽然我们赞同 Hopper 和 Traugott 的观点,即转喻推理过程在语法化过程中起着重要作用,但是与 Hopper 等不同的是我们关注的是导致语言变化的转喻推理的本质。我们将在下一章专门讨论这一问题。

经过语义与语音的减损过程之后,一个实意词被语法化为一个只能附着于其他词上的缩略形式或附着形式。这最初的词汇形式或语法化的来源可能仍将作为一个独立的成分存在并且经历一个普通词汇的演变。这一独特的"分化"过程是语法化过程的自然结果。而这一独特的"分化"过程开始发生的最初的表现形式是语法化来源词逐渐被固定在一个特定的、潜在语法语境中,而且在这一语境中这种语言形式,即语法化的来源词开始具有新的含义(Hopper & Traugott 1993:117)。因此,在分化过程中,先已存在的语言形式在某些特定语境中呈现出新的意义而在其他语境里仍然保持原有意义(Hopper & Traugott 1993:121)。

在任何语义域中,词汇的数量远远超过语法语素的数量。并且,词汇项构成开放的词类,但语法语素总量增加的只是由词类演变而来的有限的语法词项。例如,通过时、体标记形式的发展可以看出,与其他利用副词性词语修饰行为、事件的方式相比,总的来说,语法化过程中呈现出这样的趋势:语言越来越选择使用为数有限、且数目逐渐减少的表示时、体概念意义的词汇语素来对动词进行时间定位和描写有关行为的进行状态,而且选择使用的频率逐渐增加(Hopper & Traugott 1993:114)。换言之,语法化本质上是逐渐把某种与诸如时、体、态、格等语法范畴的意义集中在少数被筛选出来的词汇语素上,这一过程一直持续到其中的一个语素特定地被用作表达某种语法范畴的语言标记才算结束。由此可见,一个语言项专门化为语法标记的过程实际上也是这一语言项比其他语言形式越来越得到优选的漫长历史过程。

当到了语法化的后期阶段,也就是在确立语法地位期间及其以后,这语法化了的词汇语素还要进一步发生衰减(deplete)。这随后的衰减(depletion)过程主要是语音方面的,而不是语义上的,因为语义的衰减在某种程度上讲已经完成,现在语义的损蚀(erosion)主要作为一种像似性推动力以推进语音减损。Joan Bybee 等曾指出,伴随语义内容的损蚀,语法形式的语音减损将贯穿语法语素发展形成的过程。这一语音的简化过程会导致伴随词汇形式减损的重音或独立声调的丢失。随着时间的推移,语音的减损将会具体体现为元音或辅音等的丢失,也就是语段材料的丢失和语法语素长度的减少。Bybee 等引用从"go+ing+to"到"gonna"的语音变化来阐述此类语音减损的过程:完整发音的[ow]被减化为一个中性元音(shwa);现在分词形式与"to"中的[t]共同发音的遗留痕迹导致了中辅音和鼻音化了的闪音。Joan Bybee 等人注意到的这种简化过程既是物质上的(指实际发音动作的简化),又是时空的(发音过程的压缩,所以,这一发音过程的持续在时间上被缩短)。结果是,原来由三个语素组成的短语"go+ing+to"被熔合或紧缩得不可再分了(Bybee et al. 1994:6)。Hopper 等将语法化过程中语音减损的特点归纳总结如下。根据他们的观点,在这一过程中,会发生两种可以识别得出的倾向:

一是数量(句法)的减损:由于组成音素的蚀损(erosion),语言形式变短。

二是质量或定性意义上("聚合性")的减损:保留下来的音段是从不断减缩的集合中提取出来的。这缩小了的音位集合倾向于反映普遍的无标记的音段……最后的结果是,从共时的角度看,最终形成的语法语素大体是由"无标记"音段组成的。这些所谓"无标记"的音段形式即语篇中使用的非常频繁的音段……(Hopper & Traugott 1993:146)

不管怎么说,通过这样的语音减化,或者说是音段物质材料的连续丢失,原来自由存在的词汇将失去自主性,首先是失去语义上的自主性,其次是形态上的自主性的丧失。按其定义,形态化原本指以前的独立成分与其他成分相互熔合的过程,尤其是由缩略形式发展为词缀的过程(Hopper & Traugott 1993:130),而在实际的语法化过程中则涉及以下渐变群线列第二、三阶段的两部分:

词汇项> 缩略形式 >词缀 (Hopper & Traugott 1993:132)

图 12　形态化等级差异序列

也可以说,在语法化的某一阶段,最终形成的词缀附着在未来的词根上,并与该词根形成一个重音单位。而导致形态化的最常见的是特定的缩略或附着形式与特定词类(如名词)构成的经常性的句法搭配(Hopper & Traugott 1993:132)。

关于非动词成分与它所修饰的动词间的距离,或者是不同语言形式与动词的距离远近以及语言成分被熔合、黏着的可能性,可以说都是与该成分和动词的关联程度有关的。确切地说,这与 Bybee 对 50 种不同语言所进行的跨语言研究的发现是一致的:

直接与动词语义相关的语义成分比其他非相关的语义成分更有可能被熔合和黏着。

它们出现的顺序与它们和动词相关的程度有一定的联系。

在所有与动词相关的语义中,最泛化或最具概括性的语义最有可能被以屈折形式表现出来(Hopper & Traugott 1993:142)。

时、体、态三种语法标记(TAMs:tense, aspect, modality markers)与动词的相关性是不同的。根据它们在语义方面与动词的相关性,它们与动词间由关系最近到关系最远可以排列为下面的等级差异线列：

$$体 > 时 > 态$$

图 13　与动词相关性的等级差异线列

如图所示，"体"与动词的语义联系最密切，因为它规定了情境的内部结构。其次是"时"，因为它也是关于事件内在属性的，主要指的是事件与外部时间参照点的关系，而不是事件本身，并且这种关系通常以动词的形式进行编码。"情态"范畴与动词关系最不密切的，但是它与事件的实施者密切相关，因为从本质上讲"情态"暗示了人们对事件的态度。因此，如果"时"、"态"或其中的一个与"体"同时出现的话，"体"可能是与动词关系最密切的，"时"在"体"的语言标记之外，"态"也许距离动词最远但是距离主语最近。这同样也是由于相关程度的缘故。例如，英语表达形式"would be going"实际上是态－时－体的结构(Cf. Hopper & Traugott 1993:143)。

因此，微观语法化，即语法语素的语法化过程通常是从属于某一语法意义域（如事件的时间、数量，参预者与句中事件、行为之间的关系等等）的语义比较宽泛的词汇单位开始。在语法化的初期阶段，词汇依据隐喻变化与转喻推论从较具体的意义变为较抽象的意义。到了后期阶段，当语义泛化或语义衰减达到一定程度后，词汇将继续发生语音减损，直到失去自主性而变为缩略形式，甚至成为一个词缀。早期的研究表明，在有长期的书写历史记载的语言中，许多黏着语素被发现可以向后溯源到独立的词。但是，并不是任何语法化的情况都涉及到形态化。换言之，按照语法化的渐变群线列，不同语言的语法化可能发展到渐变群线列不同的阶段或位置。例如，英语情态动词是由早期的动词经过语法化形成的，但它们并没有再进一步发展为词缀(Hopper & Traugott 1993:131)。

4.4　研究方法

在此有必要重述一下在这一汉英语时间标记系统研究中我们的立场。我们的观点与语篇－功能语法学家的观点是一致的。语篇－功能语法学家认为，语篇——人们在自然场合交际时使用的口语、信号及书面语——是世上各种语言的语法的主要所在。语篇不仅是语法在使用中得以显现的地方，而且还是语法形成和语法所来自的源头。（Hopper 1988，见 van Dijk 1997:112）这种观点不同于可以被称为"自治论者"的观点，自治论者认为语法独立于其交际使用而存在。在上一章我们提到，从语篇到动词的包括时体标记在内各个语篇层面的时间标记手段也呈层级结构，每一个层次都以其上层结构为背景或时间框架，而每一个层次又都是其上一层时间标记系统的细化或进一步细分。因此,我们的分析建立了一个为语篇中的事件赋予时间框架或时间定位的统一的时间标记系统。在这一系统中,时、体是时间标记手段或时间标记系统的自然的成员。这一事实间接证明,时和体是语篇将时间信息赋予语篇所涉及的事件的语篇手段。这些时、体标记位于其上层时间标记所确定的时间框架内,并由其上层的时间标记发展而来。这与上文提到的本研究所采用的语篇—功能语法学家的观点一致。在第六章,我们将采用统计分析的方法,研究汉语时间标记系统细化的趋势,以统计数字说明汉语句子时间标记系统目前的状态是汉语整个时间标记系统经过历时细化的结果。

4.5 小结

本章区分了两种语法化:宏观语法化与微观语法化。宏观语法化指句法结构在重复出现的语篇中的历时变化;微观语法化指语法语素从实意词项经过不同的语法化过程演变而来的历程。宏观语法化与微观语法化各有自己的特点。以后的章节将以此概述作为理论框架对汉英语时间标记系统的语法化进行对比分析,从而找出汉英语时间标记系统语法化的异同。

第五章　语法化的动因、路径和认知机制

在这一部分,我们将对语法化的动因、路径和认知机制问题做一总体的分析。我们假定,这些是语法化最普遍的特点。在下面的章节中,我们将考察在这些方面(动因、路径和认知机制)汉语和英语时间标记系统的语法化在何种程度上与语法化的这些普遍特点相符或不同。

5.1　语法化动因

每一个人在讲话时都不得不从自己语言的各种不同表达式中选择合适的形式。这就需要他在说话时做出决定。他需决定是使用最熟悉的、自然的、日常的表达,或者是使用更文学性的还是严肃、生硬、甚至是诗意的语言。确切地说,他需要从一套同义语中选择出更能满足他需要的一种说法。同时,他也要决定,他在言语中将把哪些细节包括进来,把哪些细节留给听众去想象。再有,他还需选择说话时是声音洪亮,还是心不在焉,是粗鲁无理还是谄媚讨好。所有这些因素都可能影响语言的实际运用。所有这些因素共同决定了这样一个事实:语言是一个多元化的世界(Jespersen 1962:388)。不仅如此,这些因素其实也是语言变化的动因,包括语法变化的动因。正如 Dubois 所言:"我们确实可以说,在很大程度上,是不断协调各种外部动因间的竞争的需求首先使得语法以固定结构的形式存在(Dubois 1985:360)。"

结合上述讨论,下文将对可能引起语法变化或语法化的一些因素进行分析。

5.1.1　语言运用的经济原则

语言变化是一种相互作用的过程和结果。关于语言使用,总是有两对相反的倾向在不断相互作用:一种是个人的倾向和社会性的倾向;一种是求简、求易的倾向和求表达清晰的倾向(Jespersen 1962:391)。追求简易的倾向是由人性的好逸恶劳决定的。省时、省事的念头导致松懈邋遢的言语发声,其极端的形式会导致喃喃低语,漫不经心,依靠暗示传意,而不是清晰地表达。前者的倾向是分解或破坏性的,而后者的倾向是保守,维护传统规范(Jespersen 1962:392)。

从这些我们可以推断,追求简易的想法可能引起语言的变化。

首先,简易或经济的目的促成的改变往往可以从语言的音变中看出。例如,所有的音位同化使在出现音位同化的位置发音简化。为说明这一点,Otto Jespersen 提出了一些发生在拉丁语中的类似的语音同化,譬如[m, l, r]本身并不比[n]容易发音,但 impono, illegalis, irrationalis 要比原来假定的形式 in+p/l/ r 更容易发音。Handkerchief 的发音也是同样道理,其中[hæŋk]要比[hændk]更便于发音。像在 king, song 中词尾[gn]的失音, wrong, write 中的[w]及 knight 中的[k]的失音都具有相同的效果(Jespersen 1962:393)。

除单纯的音变以外,应当注意,对所有的人来说,更大的简易是通过形态变化获得的。譬如,语言的屈折变化系统发生简化因而更加规则的变化,统一的冠词形式 the 的形成,-s 作为复数标记的广泛运用,整个格系统的简化等,这些形态改变都使我们获得更大的方便(Jespersen 1962:393)(有关格系统的简化可参见 Lehmann 2000:15)。

其实,语法作为一个整体的发展,可以归因于为了更加方便和更高效沟通的愿望。正如 Isaac Slobin 所言,语法使得大部分讯息的意义得以以含蓄的方式加以表达。由于说者和听者共享一种语法,基本的结构性概念不必直接表达。这些基本的结构性概念是语言使用者背景知识的一部分(Slobin 1979:9)。

5.1.2 历史和社会变迁

语言变化的社会和历史动因,包括语法化的社会和历史动因在内,可根据新形式的来源分为两种:一种是从语言社群内部动因引起新的语言形式;另一种是从语言社群外部引起新的语言形式。

所有语言都显示出大量的内部变异。换言之,每种语言都存在于诸多的变体之中(Wardhaugh 1986:22)。这些变体可根据不同的方面进行归类:社会地位,说话者的地域,风格,语域等。在同一社会内,属于不同社群或不同社会阶层,以及来自不同地域的人,都可能说不同的话。这足以构成不同的方言或变体。从风格上讲,根据正式与非正式的不同程度也有多种变体。根据语域,或根据不同的文本与场景也可区分不同的变体。一般来说,语言不同的变体有不同的威望,即说话者和使用语言的群体赋予语言变体的不同的价值。这是社会语言学区分不同语言变体的另一个关键层面。较高的威望往往属于标准的变体,因为它们可以用在高层次的领域,并有书面形式。以英语为例,大多数人还是更加重视英语的标准变体(Leith 1983:2)。语言的威望依附于语言的标准,书面语的变体与人们的这样一种认识有关:他们认为,书面语是最正确的语言形式,或许也是最"美"的语言形式。就连文盲和没机会使用这种具有威望的语言的人也认可这种审美判断。如果语言书面变体的经典形式蕴藏着一种文学,无论是宗教文学,还是世俗文学,而这种语言变体又在使用地域非常广达的语言中发展着,并且读写能力都是精英的独占领域时,情况更是如此(Leith 1983:11)。当发达的语言接触到方言时,后者往往会受到前者的影响(Leith 1983:10)。只要没有什么巨大的社会、政治和历史变迁,上述论述是正确的。但当真的出现这些变迁时,社会价值观体系,包括上文提及的对语言变体的审美判断,都可能会改变。例如,在20世纪之交的中国发生的全面的社会和政治改革运动就包括了对古汉语的重新评价。这种对古汉语的重估,导致越来越多的人认为中国落后的部分原因是中国古代散文为代表的古汉语的书写系统和古老、迂腐、学究式的文学及书面变体(参见陈独秀《文学革命论》,沈永宝 1997:117)。因此,一度被视为博学的、受人褒奖和追求的古汉语标准书面语被降级了。换言之,其威望降低了,以至于它最终从中国文学中消失了。与此趋势相反,白话语被赋予了更大的威望,成为中国语言中的文学变体,并使古汉语消亡了。因此,古汉语和白话的威望出现了逆转,结果是,以前被认为有威望的变体不仅失去了对以前威望较低的变体的影响,甚至被淘汰了。这一影响力的转变,最终导致了中国文言文被白话文所代替。随着白话文作为中国现代文学书面语的发展,这种以前不太有威望的变体进一步接近了汉语标准语的地位。这种变化在语法上尤为明显,先前的语法功能词"之","乎","者","也"等被省略,取而代之的是首先出现了"底",然后是"的","吗"(疑问语气词),也出现了陈述句型(例如"百里奚是虞这个地方的人")以取代如"彼后王者,天下之君也/百里奚,虞人也"(见王力 2000:183)。由此可见,社会和历史的变迁可能会改变人们对某一语言变体的审美判断,从而可能使从属变体对上级变体甚至是标准变体产生影响。当然,这种影响在多数情况下是部分的和渐进的。先存标准变体和从属变体之间的完全转换是社会历史驱使语言变化的一个极端形式,如文言和白话之间地位的转换即属此类。

  以上所述是社会历史形势导致语言的一种变体中产生新形式的语言变化。另一种改变可被描述为新形式来自于该语言的外部。这种语言的变化,包括语法变化,可列为从其他语言的借用。众所共知,借用是语言变化的一个重要手段(见 Lehmann 2000:17)。但借用本身也具有内在的社会、文化和历史原因。造成从另一种语言借用的社会和历史原因可归为导致语言从外部社会借来新形式的动因。如 Lehmann 所言:如果一个邻近的语言有很大的威望,借用语可能会不仅在词汇方面被修改,而且在发音系统、句法系统方面也会被改变(Lehmann 2000:17)。语言的威望部分地反映了实力,政治、经济、文化较发达地区的语言通常被赋予了更大的威望(参见 Leith 1983:10)。当两种语言相互接触时,威望较大语言会影响其他语言,造成后者的变化,包括语法变化。现代汉语语法发展的部分原因就是由欧洲语言的影响造成的（参见王力 2001：370；2000：347，327，272）。

简而言之，社会历史因素已被证明是语言变化，包括语法变化的原因。所以，在研究语法或语法化的历史时，将社会－历史因素纳入考虑的范围是很自然的事。

5.1.3 修辞创新

在多数情况下，使用语言只是为了交际，但人们却很少有意识地去思考这一目的是如何实现的。但在为数很少的特殊情况下，一位说话者，或更可能是一位作家，会将一个词或表达式的含义与另一个词或表达式进行比较，并尝试对语言的表达式进行改进，从而影响语言（Jespersen 1962：398）。叶斯柏森称这种现象为"艺术"。实际上，这就是通常所说的修辞从语言规范的偏离，或修辞创新。修辞创新，如果在足够长的时间内发生反复或累积，比如说，在几个世纪的时间内，即使是对语言规范进行很小的变化，也可能有助于带来语言上有益的或进步的变化。这种创新可能以一种对语言规约的修辞性偏离的形式发生。这些创新，即对相关语言的规范进行的临时变化（ad hoc changes），如果被同一群体的其他成员所接受和重复，就能成为一种固定的表达式，并融入群体语言成为他们的共同语中相对固定的一部分（Jespersen 1962：398）。例如，为了更清楚地传词达意，一些读音发生了对先存语言形式的发音的偏离，而这一过程又进而可能会规约化。换言之，这种发音可能会成为一种固定的发音方式。如用 ever，never，over，on 替代以前易被误解的不带 v 或 n 的形式（e're，ne're，o're，a)的做法就是如此（Jespersen 1962：394）。此外，Jespersen 还强调，个人和他的语言之间的关系不是他可控制他的言辞，但对他的语言却无能为力，而是在使用语言的个人和他的语言之间存在一个渐进的过程。此过程始于个人的言辞，并导向一个国家或民族所有各地的方言所组成的语言或他的母语。此渐进过程如下所示：

a. 言语
b. 个人语言的总和，包括他的词汇及语调等
c. 语言社群众个人及其习惯的常用表达方式
d. 他所居住的教区、城镇和县的方言
e. 他的母语所包括的一个国家或民族所有的不同方言（Jespersen 1962：390）

这种渐进表明个人的讲话可能转入语言的领域。也就是说，如果个人言辞中的临时性的创新（ad hoc discourse strategies）成为他言辞中的既定个人特点，它可能漫延他的讲话方式，然后漫延他所居住教区的方言……直至至少有一些

这样的创新融合到他母语的系统中。

其他一些语言学家也提出与此类似的观点。他们认为这种临时创新的话语策略(ad hoc discourse strategies)就是语法的来源。例如,功能语言学家就认为所有的变化源于对原有"规则"的违背。这种研究的核心就在于所有语言进化中这些错误的本质及不断激发这些错误的因素……"错误的语法"的重要性不亚于"正确言语"的语法。甚至"错误的语法"或许更重要,因为它直接证明了导致语言改变的动力,而正确的语法无论在任何时候都不过是化石的集合(Haiman 1985:259;见 Croft 2000:258)。

William Croft 声称,大部分语法都是石化了(fossilized)的,通过社会规约的惰性得以保存。这就是为什么共时语言现象常可从历时变化中找到解释。也基于这个原因,最近采用历时研究角度的语言类型学家已把他们的注意力转向研究新的语法结构是如何出现的(Croft 2000:258)。

Dubois 称,"事实上,我们可以说在很大程度上是不断解决不同外部动因之间竞争的需要首先导致语法作为一个固定结构的存在的(Dubois 1985:360)。"

Hopper 曾更直截了当地提出,根本没有语法这种东西,但语法总在形成之中。确切地说,"形成中的语法"指的是:

[语言]的结构,或规律性,来自语篇,并被语篇所塑造,就像语法在一个持续的过程中塑造话语一样……[语法的]形式不是固定不变的模板,而是在面对面的互动中可以协商变通的。协商的方式反映出说话者过去对形式的经验和对目前情境的评估,尤其包括对他的对话者的评估,因他们过去关于语言的经验和涉及当前情景的评估可能大相径庭。此外,形成中的语法指向这样一种语法:语法不是抽象的公式和抽象的描述,而是始终立足于谈话中具体的形式(Hopper 1987:142)。

修辞学的研究也表明,有些修辞创新可以变成语法形式。因此修辞学家主张在研究语法时应注重修辞现象。他们认为,不考虑修辞,对一些语法现象就不能作出充分的解释(王希杰 1996:41)。事实上,有些语法学家早已采取这一语法研究方法了,如王力认为,汉语的倒装语序可能是出于夸张或语气的否定。因此,在语法研究中考虑到修辞,便能更好地揭示语法的性质。(同上)与王力相似,Hopper 和 Traugott 也注意到,语言的强化手段,还有否定结构,尤其易发生变化,其中的原因或许是因其显著的情感功能。Schwegler 曾在文章中写到形成语言的否定、强调手段的"心理语言倾向"并指出在充满情感的语境中这是如何开始的(Hopper & Traugott 1993:121)。这一观点与王力的观点无异,即语言的修辞规则在具体的、充满情感的情境中首先会导致新语言形式的出现。因为无论如何,修辞毕竟是帮助人们进行更有效地写作的艺术(Crowley & Hawhee 1999:375)。

莱曼(Lehmann)注意到,人的想象力的本性决定了说话者对一代又一代传下来的表达可能产生厌倦,结果他或她在讲话或写作中可能寻求创新,跟诗人的创作一样。而这种创新如果被接受和采用,就很可能在一个语言社群中带来显著的改变(Lehmann 2002:276)。这种创新实质上是对语言规范的修辞性偏离,这可追溯到、尤其是立足于话语语境中对竞争动因的解决。正是从这些创新中提炼出语法,因为这些从偏离规范中产生的新的语言形式会融入语法系统,而该语言的语法就会有所变化。

基于以上考虑,把修辞创新列为语法化的一种动因不是没有道理的。

5.1.4 新式表达的类比和传播

这里类比指的是一种语言使用现象。在这种现象中,人们往往会根据他们认为更有影响力的别人的语言模式调整自己的语言,从而使他们的语言与模仿的语言类似。

这种现象导致了与语言有关的社会—语言事实:在某种程度上,正如 E. Tegner 所言,事实上语言只是在某个圈内流行的一种时尚(见 Jespersen 1962:454)。我们同意 Jespersen 的观点,即 E. Tegner 的说法过于激烈了。然而,在另一方面,这一说法又确有一定道理。只不过,如叶斯柏森所言,语言中的变化是另一种时尚,需用几百年或至少几十年才能达到普遍(见 Jespersen 1962:454)。但是,不管怎样,人们有效仿"胜于己者"的习惯,认为他们的谈话方式更优雅,并以他们的话语和发音为标准,同时回避下层人的用语,认为他们的语言粗俗或过于"普通"。人们倾向于追求语言使用的新趋势的习惯在一定程度上是新形式,包括新的语法形式,在不同层面上传播的原因(见叶斯柏森 1962:456)。

在此,我们将不再详细讨论另一种性质的类比,这种类比实质上是仿照其他语言形式所发生的对语言形式的改变或创造。这种类比当然也可作为语法化和其他语言变化的认知机制。

5.1.5 语言接触

不同的语言学家都曾指出,不同语言的相互接触可能会导致语言的变化。例如,Dick Leith 宣称,看一看世界各地的英语就能发现,世界各地的英语因其功能的广泛的差异而不同;同时,也因它留有与它相接触的语言的印迹而千差万别(Leith 1983:1)。

中国现代语法学家王力的研究曾表明,将条件从句置于主句之前的句法结构是由于受欧洲语言的影响而出现的。事实上,欧洲语言的影响也是现代汉语句法一些新语序的基础(王力 2001:370)。

因此,正如 Hopper 等在研究皮钦语(pidgins)和克里奥语(Creoles)之后所做出的论断,语法化研究应当既要重视单个输入的来源,又要重视多个来源的输入。而且,对混合语发展的研究要求更重视语法结构的多个源头。此外,他们指出,对大多数语言来说,语言接触一直是重要的因素。严格说来,语法化的单元发生论的观点归根到底是不合适的(Hopper 1982:220)。

因此,如果一种语言曾经在历史上接触到一种或几种大不相同的语言,在研究这种语言的语法的历史时,可取的做法是要考虑到这种接触至少是部分语法现象的一个可能的动因。因为,当接触到另一种语言时,一种语言的句法模式可能会在其他语言模式的基础上发生变化(Lehmann 2002:250)。特别是当一种语言与另一种不相当的语言接触时,如果一种语言在政治、经济、文化和军事等方面更具威望,而另一种语言在各方面不能与之相比,后者往往或多或少会追随前者的模式。

5.1.6 像似性

关于语言结构,有一种经常反复出现、并且广泛流行的观点是像似性理论。简言之,这种理论认为语言结构以某种方式反映经验的结构(Kortmann 见 Nanny & Fischer 1999:xxxi)。在我们身体的自我与内心的自我之间存在一种等衡关系。这种等衡关系使我们从社会—物质世界中获得概念,再把它们用隐喻转义的方式转到话语的世界和推理的世界(Sweetser 1990:31)。从进化的角度来看,都把图像看做是比象征符号更原始的(Bolinger & Sears 1981:129)。然而,像似性不只是语言较早较原始阶段的特点,当涉及说话者(或作家)的表现力时它也发挥作用:不论何种原因,他或她总是在努力用更具体的语言、而不是陈词滥调的语言来表述自己的意图(Nanny & Fischer 1999:xx)。在这种情况下,人们"易求助于"他或她的模仿力(同上)来调整其语言,使它在一定程度上与所描绘的世界相对应,从而就决定了"语言结构和世界结构"之间的相似性(参见 Ungerer & Schmid 1996:251)。就语法而言,有三种像似性对我们而言特别重要。它们都是基于语言材料的像似性:序列的像似性,距离的像似性,数量的像似性。(Ungerer & Schmid 1996:252)

a. 序列像似性是指语言符号的线性序列被用作图像性质的图示来说明在时间、空间、延续、变化(增长和衰减)、持续、级别及运动等的前后相继(Nanny 1985,见 Nanny & Fischer 1999:xxv)。这种像似性对语言的影响力如此之强,以至一句话若违反事件的自然顺序很可能会被认为是不可接受的。例如:

He opened the bottle and poured himself a glass of wine.(他打开瓶子为自己倒了一杯酒。)

＊He poured himself a glass of wine and opened the bottle.（＊他为自己倒了一杯酒,打开瓶子。）

He jumped onto his horse and rode out into the sunset.（他跃马而上,驶入落日余晖中。）

＊He rode out into the sunset and jumped onto his horse.（＊他驶入落日余晖中,他跃马而上。）

注:英语例子出自 Ungerer & Schmid 1996:252,标星号的句子是不能接受的。

b. 距离的像似性是指关系密切的成分常被放在一起。

c. 数量像似性或量的像似性是指较多的概念信息就要用较长的语言表达进行编码。Givón 指出语言材料的量与所处理信息的可预测性的程度和重要性相一致。

正如上文序列像似的例子所示,其他两种像似也能确定某些句法结构比其他的句法结构更有可能出现。换言之,像似性是语法,包括语法化的一种动因。例如,汉语的倒装句很可能源于夸张的表达或强调的否定语气(王力《中国现代语法论》,228 页,见王希杰 1996:41）。如果是这样,我们可以说这种句法结构在某种程度上是有像似动因的,因为语义上重要的在结构上常被置于更为突出的位置。这一点符合语言结构与我们经验的结构相一致的像似性原则。

小结:

这部分列出了包括语法化在内的语言变化的一些可能动因。但这并不意味着这些是所有的动因,也不是说它们在语言变化的历史中发生作用的顺序就是按照此文所列的顺序。但我们认为这些动因较为常见,也更加重要。就具体的语法现象而言,这些动因中的一些或其中具体的一个可能会比其他的动因更具解释力。下文在比较汉英语时间标记系统的语法化时(包括汉语和英语的时、体方面),我们将看到上面提到的动因在汉语和英语的语法化中是否发挥作用以及如何发挥作用。

5.2　语法化路径

在上文中,我们对可能引起语言变化(包括语法化)的动因做了尝试性的解释。在这一部分,基于前文讨论过的微观语法化的本质,我们将对常见语法语素的语法化从词汇来源至词缀阶段的发展路径进行总结。在此,有必要首先说明,我们假定上文所述的动因既适用于微观语法化，又适用于宏观语法。但下文侧重于微观语法。当然，我们对语法化路径的概括只能在个别语法语素的语法化过程中标记出其关键阶段。

5.2.1 对特定语法功能的候选载体（语法化候选对象）的选择

语法范畴语法化候选对象的选择发生在语法语素语法化伊始。Lehmann 称这个过程为聚合化。它主要涉及将先前的词汇项整合进封闭类的语法成分，或从大的封闭词类进入小的封闭词类（Croft 2000：234）。但首要问题是什么样的词汇项可能被语法化。

要回答这个问题，我们需要了解什么语义概念与时、体、态等的语法范畴相关联，以及要传达这些相关概念通常用什么样的语言表达。

假设助动词和语法语素主要表达命题内容的时间状态（时）、时间情势（体）和事实类型（态），那么表示这些概念的语言表达式都是由描述这一类一般概念的实意性语言项目派生而来的：

a. 位置（即一个人在哪里）
b. 移动（一人从哪到哪，经过哪里）
c. 活动（一个人干什么）
d. 愿望（一个人想什么）
e. 体态（一个人的身体姿势）
f. 关系（一个人与什么相连，或属于谁），或
g. 一人拥有什么

而这些概念在语言上往往通过动词进行表达，如：

a. 位置："位于"，"呆在"，"住在"，"停留在"等
b. 运动："去"，"来"，"移动"，"经过"等
c. 活动："做"，"采取"，"继续"，"开始"，"完成"，"抓住"，"放置"，"保持"等。
d. 愿望："想"，"希望"等
e. 体态："坐"，"站"，"躺"等
f. 关系："是（象）"，"是（部分）"，"陪伴"，"一同"等
g. 所有："得到"，"拥有"，"有"等。（Heine 1993：28）

这些动词本身是不一样的，有的复杂，有的简单，有的比其他的动词更容易被吸收为语法化的源概念。人们已进行过若干尝试来确定易于进入语法化过程的语言形式的特征。

Bybee 等分析了如 walk, stroll, saunter, swim, roll 和 slide 等移动动词

的语义特征。他们发现,与 come 和 go 相比,walk,stroll,saunter,swim,roll 和 slide 等移动动词更加具体,而 come 和 go 则相当概括。此外,come 和 go 不仅在语义上简单,与其他有同样语义的词相比结构上也较简短。基于此分析,并基于"go"被纳入将来时间标记的演变,他们得出结论认为,通常是具有这些特点的动词(语义概括,结构简短,语音较少)出现在进入语法化的过程的结构中(Bybee et al. 1994:5)。

在确定了语法化的候选语言项目后,接下来还有另一个问题,即我们何时知道某一个或多个词项已处于语法化进程中。Bybee 等分析了几种差异较大的语言中用代表身体部位的词表示空间关系的语法结构,如用"脸"表明"在……前面"。他们认为这不表明具体的表示身体部位的"脸"进入了语法结构,而是"脸"这个词通过隐喻的语义延伸泛化为能够表示物体的"前面"了,像在英语中"悬崖的前面(the face of the cliff)"。Bybee 等人断言,只有具有了一般的空间关系它才能进入语法化过程,并使它成为介词性成分(adposition)(Bybee et al. 1994:10)。显然,这些学者把从实义域(通常为物理意义)向抽象域的隐喻转义作为迈向典型的语法意义的第一步。所以,这也是语法化的开始。

5.2.2 竞争和专门化

在某种语法语素的语法化过程中,在少数最具潜力的语法化候选项中,为争夺语法功能或助动词地位会出现竞争。竞争的方式是作为这一语法功能的载体,某一候选项的使用频率会增加,这一过程伴随其他选项使用频率的降低。这在本质上就是语法意义标记的专门化过程,或语法意义向所选词项集中的过程。随着正在进行语法化的意义变得越来越具有单一性或一般性,语法意义向所选词项的集中减少了可供选择的形式的种类(Breal 1982:143)。结果,这个过程到后来的状态是只有少数词项最终成为语法语素(grammatical morphemes:grams)。

语法化中不同候选项之间发生竞争,不仅是为了争取作为语法化中语法意义的主要传递者,而且也是为了争夺在一个句子中某个位置出现的特权,例如动词之前或之后。这一过程有两个方面。

一个方面是被称为语序固化(Lehmann 称之为"固定"),其中包括原先自由的成分的位置变得固定这一过程(Croft 2000:233)。这可视作句法层面的改变。按照 Heine & Reh and Simon Dik 的观点,有四个因素决定一个成分位置的固化:

第一个因素是类比,即试图把具有相同功能的要素放在同一结构位置。

第二个因素是"话题性的",即利用某些位置,如句首或句尾的位置,使相关因素起到话题或语用功能,如话题、信息焦点和起新的信息的作用。

第三个因素是 Dik 所谓的"不同语言独有的首选句法成分顺序",即句法要素在特定语言中整体上偏爱的位置顺序。例如,"代词要素常置于名词要素之前"(Heine & Reh 1984:31)。

第四个因素是动词的吸引力,即如副词、助词、代词及宾语等各种依赖动词的词倾向于移到动词旁边的位置,而且往往最终附属于动词(Croft 2000:233—4)。

各种形成中的语法候选项竞争的另一方面可以看做是词形变化层面。这个过程的结果是一方面剩下一个或几个候选项成为竞争的赢者。获胜者的地位也会相应地从原先的词汇项目变成新生的语法成分。当然,其间会伴随一些语义的损蚀和语音的减损。逐渐地,新生语法语素会从它原先所属的开放词类分离,最终融入到语法词的封闭词类中。同时,随着语法化的进行,发生了语法化变化的语言的形式的使用也会从选择性或可变性的变为强制性的。这一变化称为强制化(参见 Croft 2000:235)。当然,在充分强制化之前,正在经历强制化的词条可能与其他手段一起作为某一语法意义的标记并存。所以,其实强制化应假设为需很长的历史时期。同时,很显然,这个过程很可能表现为相关词条优选的增加(参见 Hopper & Traugott 1993:114)。作为语法化的一个普遍特征,强制化的过程其实是强制性程度增加的过程。

5.2.3　语义消退(bleaching)或泛化

当时、体、情态等语法范畴典型的概念域越来越多地集中于在语义上本来就已经非常概括的、在聚合关系方面相关的词汇单位,并且这些词汇单位表示命题内容的时间状态、时间情势或事实类型时,未来语法语素的候选项早已处于语法化的另一个步骤或过程中:语义概括化、语义减损、或语义消退(bleaching)。

这个语义变化的过程在本质上讲涉及到原有词汇项目从具体的意义向更多抽象意义的演变。例如情态动词"may"的演变。该词的演变始于古英语"mæg",第一及第三人称单数形式 magan(强壮,能够),表示体能。然后,它发展成义务情态动词,表示社会的许可,如在"You may go."一句中。另外还获得了认知的涵义,如 This may be true(Nanny & Fischer 1999:xxiv)。

因此,就意义而言,语法语素和词汇语素之间的差别就在于,作为从词汇项目发展而来的产物,语法语素如果不是已失去原来具有的全部的具体词义,至少其中大部分已经失去,保留的意义是非常的概括,且往往以抽象和显示事务间的关系为其特征(Bybee, Perkins, and Pagliuca 1994:5)。所以,由词汇项目向语法项目转变的语义转移过程中涉及的一项重要的语义变化叫做语义的泛化

(generalization)。这种语义变化与语法语素所在语境的意义泛化有关。和语境意义的泛化及其分布范围的拓宽同步的是正在被语法化的词语的某些语义成分的消失。因此,这个语义泛化的过程称为语义减损,这同时伴随着经历语法化的词条的语音减损。当语音减损达到一定程度,它会带来语法化的下一步发展,即形态化。

5.2.4 形态化

形态化涉及一个 Lehmann 所说的压缩(condensation)过程。压缩指的是进行语法化的语素变成较小的句法要素的过程(Croft 2000:234)。Hopper 和 Traugott 认为在从自主的词汇项目发展出词缀的过程中还有另一个中间阶段和环节。这一过程通常被称为附着化阶段,通过这种阶段,从一个独立的词中创造出粘着语素(即词缀)。这一过程的最后阶段,即词缀与词干相连被称为"与动词结合化(univerbation)"(Hopper & Traugott 1993:135)。

根据定义,形态化涉及语法化以下图示中第二和第三阶段的部分:

lexical item>clitic>affix

(见 Hopper & Traugott 1993:132)

据 Givón 的意见,附着化本质上是通过正在进行语法化的词条失去越来越多的原有意义,同时失去重音和音位压缩/缩短的一个过程。这最终导致完全的附着化,如动词的前后缀(Givón 1984:271)。从以上可以推断出形态化事实上是以附着形式发生的,附着导致形态化向前发展。Hopper 和 Traugott 认为,尽管并非总有证据证明在词缀形成以前语法化中发生了附着形式的前阶段,在语法化过程中词汇项目自主性的丧失本身预设了这样的附着阶段。所以,正像 Lehmann 所说,很显然附着形式(clitics)在建构经历形态化的结构方面扮演了一个中心角色。正是某一类词,譬如名词和一类特殊的附着形式,例如介词性附着成分(adposition)的结合如果频繁发生,就经常导致形态化(Hopper & Traugott 1993:132)。所以,对语法化过程的研究不能忽视对附着形式的研究。

通常,用一个诸多渐变状态构成的连统的线列(cline)。

这一过程通常被称为附着的前词缀阶段,通过这种方式,从一个独立的词中创造出粘着语素(即词缀)。这一过程的最后阶段,即词缀与词干的相连被称为"结合化"(Hopper & Traugott 1993:135)。

按照 Hopper 等的观点,附着形式(clitics)不属于词缀形式,但这种形式仅限于发生在一个自主词,即寄主词(host)之后。顾名思义,这种形式依靠于另一种形式之上(cline 这个词源于希腊语,意为倚靠)。附着形式可分为两类:前附着和后附着。前者指寄主词之前的附着形式。后者涵盖了寄主词后的附着形式。典型的附着形式包括与自主形式的代词形成对照的附着、缩略形式的代词如'em(与 them 相对);英语中的 I'm,you're 等系动词;一般的助动词,和许多语言中的话语小品词,如拉丁语 que(and)。(Hopper & Traugott 1993:134)

附着形式的特点如下:

a. 附着形式通常不重读,而是易于附着于被称为"寄主(host)"的带重音形式。这种附着可能如此紧密以至于附着形式变成词缀形式,如英语 don't 中的 n't。或者附着也可相当松散,如在 The judge, however, took a different view 中的 however.

b. 在许多语言中,同一个词有鲜明的附着形式和"重读"形式,例如,英语中人称代词复数'em(附着式)对 them。这对形式中值得注意的一点是它们其实有不同的起源:'em 来自古英语(OE)中的 heom,而 them 最初来自于斯堪的纳维亚。但通常这两种形式只是同一个词的非重读形式和重读形式。

c. 通常,一种语言中很封闭的功能性的附着形式很显然在其他语言就是语法性的形式,如表示时、体、态、照应(如人和数)和格的语法形式。

d. 其他附着成分,如连接词,代词,或疑问标记,具有句法或话语/语篇功能。(Hopper & Traugott 1993:133)

另一方面,根据 Hopper 和 Traugott,在所有语言中人们普遍接受的词的分类为:"实词"和"功能词",也称"词汇词"和"语法词"。我们经常看到功能词其实来源于实词。当一个实词具有功能词的语法特点时,这种形式就语法化了(Hopper & Traugott 1993:4)。语法化的过程可称为从词汇词的地位向语法语素地位的渐进式转变。通常,用一个诸多渐变状态(渐变群)构成的连统的线列(cline)来说明这样一个连统、渐变的过程。换言之,语法化过程可被描述为一个典型的渐变群。渐变群,历时地讲,指的是形式演变的自然过程,可被比作引起形式改变的语言学上的"滑坡"。这个"滑坡"引导着语法形式发展。同时渐变群可被认作一个线型的、假想的"连统体":假想线的一端是某种完整形式,典型的"词汇形式",而另一端是简洁和减损了的形式,或许是语法语素。Hopper 和 Traugott 声称大多数语言学家会同意以下图示是符合语法化过程的渐变群线列:

实词>语法性的词>附着成分>屈折词缀(Hopper & Traugott 1993:6—7)

图 14 语法化渐变群的连统线列

语法化可被视为形成中的语法候选词项随着语法化渐变群由左到右移动。渐变群中右边的语言形式总是比左边的更接近语法的属性。尽管一般很难明确划定该渐变群中所列的类别之间的严格界限(Hopper & Traugott 1993:7)。就上述语法渐变群而言,附着形式大约处于语法化的中间阶段。换言之,附着可被看做是处于自主词和词缀之间的形式(Jeffers & Zwicky 1980,见 Traugott 等人 1980:221—31)。

语法化的发生是非常缓慢且逐步渐进的。例如,will 的整个有书面记录的语法化发展跨越了大约一千年(Bybee, et al. 1994:24)。考虑到这一点,我们有理由认为,附着形式,即语法化的中间阶段,可能在语法化的历程中跨越很长的时间。

5.2.5 词缀化

通过形态化的过程,独立词成为附着成分,并最终成为词缀,变成与词干的顺序固定的语素。最初的自主词在位置上也许曾有一定的自由,而一旦与动词形成一体化的结合(univerbation,即:词缀与词干的联合)以后就消除了任何位置上的灵活性(Hopper & Traugott 1993:138)。换言之,附着先于附加,虽然界定两者之间的区别并不容易,且从历时来看这种区分和界定是人为的(Heine & Reh 1984:32—5)。所以,最好把词干与附着成分的并接(coalescence)看做一个整体,代表一个从独立词到完全熔合的变化的连续统。附着发展的最后阶段,即熔合,涉及到词的内部语素界限的消失,从而导致两个语素成为一体(Croft 2000:231—2)。

关于语法化最终的语法语素的顺序,Givón 作出了著名的论断:"今天的词法即昨天的句法"(Givón 1979:413),意即在形态化发生时语素的顺序可能反映较早的词序。不过,根据 Hopper 和 Traugott 的研究,被形态化的词缀的顺序最多只能显示在它们位置固定时附着成分的顺序。仅这个事实不足以否定 Givón 的主张,因为这至少在理论上是有可能的,即当附着成分逐步变成词缀时,它们选择位置时所取的是它们作为实意词时在句子中的位置(Hopper & Traugott 1993:139)。

值得关注的与这一断言对立的观点是 Comrie 的研究,Comrie 认为,在基本词序有所变化(而且许多看似相当固化的语言也显示出这种变化)的语言中,甚至短语附着成分也可以出现在与其充当寄主的词相关的位置上,这个位置可以不同于通常相应词语所占的位置。Comrie 指出了可能会导致这样的发展的原因:

a. 如果语言中的形态化过程是加后缀,新兴词缀将遵循已有的一般模式。

b. 另一个是韵律的原因。例如,在蒙古语中一个结构的中心词之前从不出现非重读成分。所以作为前缀附着成分的形态化将成为这一一般来说具有普遍性的规则的例外。因此,表示所有关系的附着成分作为后缀被形态化了。

c. 三是句法的原因,即附着成分的位置与附着成分和寄主词始终相邻时的顺序相一致(见 Hopper & Traugott 1993:140)。

还有一个因素可能会影响语法附着成分和它们词干的顺序,即发展中的附着成分与它们词干的关联度。Bybee 使用"关联"指在何种程度上语法范畴(如时或体)的意义与动词具有联系(Hopper & Traugott 1993:142)。

我们认为,这些因素相互联系并形成一个网络决定着语法化以后附着成分与动词词干相结合的顺序。如果对附着成分和词干的顺序没有特别的限制(如上述的形态类型和韵律),那么句法类型和附着成分与所修饰的主要动词的关联度应是决定附着成分和主要动词顺序的两个主要因素。这两个因素决定附着化成分加入主要动词而实现与动词的一体化之后二者的顺序。

有些论述有助于确定某一范畴语法化的程度。描述语法化的不同阶段的除了语音和形态句法学参数,Bybee 和她的同事还提出了另一标准:"我们估计……历史越久的语法语素——即经历了越多发展的语法语素——将会与词干靠得更近,熔合更彻底,也会更简短,或在音段材料上比相关性相等的较晚的语法语素更简化(见 Heine et al. 1991:156)。"

另一值得注意的要点是,并非每一例语法化都涉及到形态化,或更确切地说,并非每一例语法化都被形态化到词缀化的阶段。例如,英语中的情态助动词是从较早的实意动词中经语法化发展而来的,但它们并未成为词缀(Hopper & Traugott 1993:131)。

因此,可以得出这样的结论,当附着发展到一定程度,即当某附着形式固定在它与寄主词或词干相连的一个位置,并经常作为某些语法意义的标记时,那么词缀化就已经开始了。

5.3 具体语法语素的语法化机制

本节将主要从以下两个方面关注语法化的认知机制:

作为语法化来源的实义词实现从具体意义向抽象的语法化意义的语义转变;

新的语法形式出现。从具体域向抽象域的语义改变本身并不能产生新的语言形式,语法化在该方面一定存在某些不同的机制。

此处认知机制指完成某事所借助与依赖的物质或身心过程。

5.3.1 语法化中的隐喻

正如 Otto Jespersen 所指出的那样,以转义的方式使用一个词会使一个词获得一种特殊的用法,并以此填补一个词汇空白。Otto Jespersen 以 horn 的转义为例说明这一论点。horn 原义指象牛羊等动物的角,以转义使用该词则转指牛角状的饮水容器,或同样形状的乐器。而该词用来指某些昆虫的触角时,作为转义基础的显然已不再是形状,而是其功能或身体的相应部位。词汇的这种转义用法为一些概念的命名提供了基础,否则有些事物是难以得到命名的。Otto Jespersen 将这一过程定义为语言的增长(gain)(Jespersen 1962:438)。另外,Otto Jespersen 断言,语言中常用词的这种转义用法不可避免,甚至不可或缺。

在 Otto Jespersen 以前,William Dwight Whitney 对语言转义用法作过类似论述。在他看来,转义与引申是语义变化中的重要因素,它们"使整个词汇中的名称由粗俗、具体、物质化向优雅、抽象、概念化演变。"他还指出,这种演化不仅局限于词汇,还能导致语法形式的出现(Whitney 1875,见 Heine 等 1991:7)。

从本质上看,上面 Otto Jespersen 以及 Whitney 讨论的语言现象是语义域之间的隐喻转移,实际上是"根据它物来理解感觉某物",这正是隐喻的实质所在(Lakoff & Johnson 1980:5)。词的这种转义用法在语法化过程中尤为重要,因为在语法化初始阶段首先是语法语素来源的语义转换而非语义丢失(参见 Hopper & Traugott 1993:89)。Hopper 等在此用语义转移指跨越概念域进行推论所经过的隐喻过程。指代这一过程的其他用语包括不同语义域间的"映射"或"联想的跳越"(Hopper & Traugott 1993:77)。大多数情况下,在语法化初始阶段,形成中的语法语素必然从某一概念域向另一概念域转化,即通常是从具体向抽象转化。人们普遍认为,具体词义向抽象语法意义的隐喻转化,如空间域向时间域的转化,是该认知过程的基础,故而形成"隐喻抽象",意即词项的具体意义成为语法项目抽象意义的喻体。抽象化决定了语法化,同时也与人们理解并对周围世界进行范畴化的方式有关(Heine, et al. 1991:43)。

因此,语义隐喻转化不仅像 Otto Jespersen 所言对语言功能是必要的,而且它对语法化而言也是必不可少的,因为隐喻转化是具体词义向抽象语法意义转化的基础,而这通常是语法化的初始阶段。换言之,由于语法功能自身必然是抽象的,所以,这类转化是语法化的前提。这表明,只有通过隐喻转化,具体词项才能表达诸如语法范畴的抽象概念(Bybee & Pagliuca 1985:72),因而我们将隐喻列为语法化的机制之一。

当然,关于具体词汇意义向抽象语法意义的隐喻转化,不同语法化研究者对其重要性有不同看法。譬如,Bybee 等尽管承认语法化的某些变化似乎可看做是由不同语义域间的隐喻引申促成的,但同时却认为隐喻语义转化只出现于语法化更靠近来源词语的一段(换言之,即语法化的早期阶段),而不将语法推进到越来越抽象的语法意义域(Bybee et al. 1994:25)。与此观点相反,有些人则认为,旧的具体词汇形式表达新的抽象概念因而用作解决问题的隐喻的用法是语法化语义变化的主要动机(Heine,Claudi,and Hunnemeyer 1991;Swetser 1988,见 Bybee et al. 1994:24)。另有一些学者认为,语法意义演化主要是语用推导和含义规约化的结果(Traugott & Konig 1991,见 Hopper & Traugott 1993:68;Bybee et al. 1994:25)。还有一些学者虽不用隐喻这个词,但是他们的论述表明他们本质上所指的是与隐喻相同的现象(Heine,et al. 1991:46)。关于语法化中语义变化的解释所体现出的这些不同模式,Weillet 认为,隐喻引申提供了最为充分的理据(Heine et al. 1991:46),我们对此也十分同意。具体而言,我们认为隐喻性语义转化对语法化的开始尤为重要,因为它提供了具体词义向抽象语法意义开始转化所依靠的认知机制。

Heine 等区分了两种隐喻抽象模式,一种是"结构保留抽象模式",另一种是"结构变化抽象模式"。"保留结构的抽象模式"保留了源语言项的特征,例如名词"head"原指身体部位,虽然仍为名词,但转而指"智力"、"领导"等;而"改变结构的抽象模式"改变源语言项的特征,产生新的语言结构,例如,名词"head"变为动词"head",意思是"朝……方向走"或"带领",也可变为形容词意思是"最为重要的"(Heine et al. 1991:45)。语法化研究中,我们关注的是隐喻转化的第二种类型,因为正是这些隐喻转化导致了语言范畴的变化。

5.3.2 语法化中的转喻

根据 Hopper 等的观点,除隐喻转化外,另一种推论也具有语法化早期的特征,即转喻过程(Hopper & Traugott 1993:77)。本节我们将关注作为语法化认知机制转喻是如何发挥作用的。

正如我们所指出的那样,隐喻转化是越过语义域或概念界限的推导过程,被看做是"映射"或"联想跨越"。这些映射或联想跨越不是随机的,而是由类比或像似关系产生的。这些关系在不同语言中往往都可以观察到(Hopper & Traugott 1993:77),例如有证据表明,不同语言中原指空间位置或运动的语言项,通过语法化而转指时间位置,例如英语中"go"以及汉语中的"过"。正因如此,Hopper 等认为隐喻无疑是语法化中的一个过程。

追求经济或偷懒是倾向于使用语言表达中简化形式的动机。转喻或转喻认知能力使说话者能用简化形式同样或大致表达用完全、完整形式表达的意思。同时,转喻认知能力也为听众提供了根据部分表达推导出完全形式的意义所依赖的机制。因此转喻思维,即如果所指 B 包括所指 A,或 B 与 A 相近,即可通过 B 来理解感受 A,反之亦然。这种思维既利于说话者也利于听众。在这种意义上,我们认为隐喻思维与转喻思维相同。但在其他方面它们确有差异,因为当具体词汇意义转化为抽象语法意义时隐喻思维在有限的阶段发挥作用,换言之,它有利于语义域间的"联想跨越"。然而,转喻思维是从 A 向 B 推导或者从 B 向 A 推导的基础,其条件是:

所指,即概念 A 包含于 B,如用华盛顿指美国政府;

所指 A 在某种意义上接近于所指 B,如笔可用来指写作,如"The pen is mightier than the sword."或作者与其作品的关系。

我们称这种转喻为概念基础上的转喻或干脆叫概念转喻,因为它们是基于这样的事实,即用 A 来编码的物体或事件与用 B 来编码的物体或事件具有包含或近似关系。当然一般是选用最显著最有代表性的部分来代替整体。

这种转喻,即根据物体包含或近似关系的转喻是很普遍的,因而不难发现,如:

Pearl Harbour has an effect on our foreign policy.(珍珠港对我们的对外政策有影响。)(港口与事件有邻近关系)

Water Gate changed our politics.(水门改变了我们的政治。)(同上)

The White House isn't saying anything.(白宫没有表态。)(该转喻是根据白宫与美国政府的包含关系)

We need some new faces around here.(我们需要新面孔。)(喻体和本体是部分和整体关系,大体等同于包含关系)(见 Lakoff & Johnson 1980: 37—39)

上述转喻的根据是喻体与本体或是密切相关,或是包含与被包含,或是组成部分与整体的关系。此类转喻的一个共同点是本体跟喻体是人或物。这类转喻如果被约定俗成,会成为新词,整合进语言的词汇,如用"redcap","bellboy","bellhop"指搬运工(平洪 & 张国扬 2000:19),或如 china(指优质瓷器或陶瓷器,原产于中国),及 japan(指用来制作持久的、有光泽的罩面漆的瓷漆或油漆装饰的物体,源于日本)的用法(李国南 2001:177)。

还有另外一种概念转喻,其基础是事件整体与部分的包含关系或是事件两部分间的临近关系。图式和框架理论可以阐明这类转喻的认知基础。图式是高层次的、复杂的(或者是传统的或习惯的)知识结构(van Dijk 1981:141)。在经验的组织和解释中其作用如"意识的脚手架"(Anderson 1977)。该理论的强势观点是图式能使经历者用固定方式解释其经历。图式可看做是有组织的背景知识,能指引我们就话语解释的某些方面做出期望或预测。换言之,它像期望结构一样影响我们的思维(见 Brown & Yule 2000:247)。Minsky 的框架理论对理解语言实际运用中的转喻和转喻的作用也有启迪作用。确切地说,Minsky 提出,我们的知识存储于数据结构形式的记忆中,这种结构可被称为框架。按照他的观点,框架代表固定的情境。Minsky 的框架理论主要不是调查语言现象(大部分理论是视觉感知和视觉记忆),而是指向表示知识的方法。"既然知识的一种是语言知识,所以语言'事实'具有框架"(Brown & Yule 2000:238—9)。为说明框架的作用,Minsky 用话语中名词短语的框架跟房屋框架作类比,两种框架都包括必要元素(墙/名词或代词)和自由元素(墙上装饰/数字限定词)。框架基本结构包括待填充的标示空位。简言之,框架的特点是对世界知识的固定表征。交流中框架的作用如同运算装置,不但储存数据而且执行程序,即其作用是"组织检索推导过程以操作储存已存储的表征(Hayes 1979,见 Brown & Yule 2000:239)。"根据 Minsky 的框架说,我们认为,可以有三种框架,分别是实体框架、事件框架以及语言表达式框架。这三种框架主要包括:

a. 实体框架:重要构件结构;
b. 事件框架,典型参与者与主要程序,事件的不同阶段;
c. 语言表达式框架(语言'事实',借用 Brown & Yule 的话,见上文):由从属单位构成的高层单位。

在线处理语言过程中,说话者/作者以及听众/读者都利用框架,包括实体框架、事件框架以及语言表达式框架。在听众一方,框架的作用在于若框架的部分信息得以提供,他/她就会预测另外的部分,尤其是如果给出某些步骤,读者或听众就可能预测出事件框架下面的步骤。用 Riesbeck 等的话说,"理解所读所闻很大程度上是建立在预测基础上的"(见 Brown & Yule 2000:242)。在说话者或作者一方,在某种意义上,其对框架不同部分的处理是不平均的。在大多数情况下,仅有必要呈现一个结构的一部分,而储存在读者或听众记忆中的这一结构中的其余部分将会被激活。这一原则大致与剧本和电影脚本的原则相同,即"为了引出一个情节,文本的一部分一定要构成描述情节本身的元素的特定的部分(Sanford & Garrod 见 Brown & Yule 2000:246)。"分析了框架或图式的运作原则以后,我们可以看出,在此深层的认知基础也是转喻思维,即用部分来代替整体或其邻近部分。更直接地讲,从本质上讲,诸如此类框架的功能也是转喻。

上面我们已经指出可以区分三种框架,下面我们想说也可以相应地区分三种基于框架的转喻:

a. 基于实体框架的转喻;
b. 基于事件框架的转喻;
c. 基于语言形式框架的转喻。

我们已经举了一些例子来说明概念转喻性的词汇被约定俗成为平常词汇,譬如"红帽子"、"侍者"等。此外,我们也将把基于事件框架的转喻列为概念转喻,因为实际上它们也是基于事件的部分和整体间的包含关系以及事件框架部分间的邻近关系之上的。我们把基于语言表达式的转喻视为独立的一种。下面将举例说明基于事件框架的转喻和基于语言表达式框架的转喻。

下面就是基于事件框架转喻的例子。他们通常使用事件框架的一个步骤或一个部分来指代整个事件或是事件的邻近步骤：

"put out"作为生产程序的最后步骤用来指代生产的整个事件。

"wash one's hands"用使用卫生间的典型的一个步骤用来指代整个事件。

"lay one's hands on sth."用拿或抓的平常动作被用来指代下面的步骤：拥有。

上述例子都典型地指代整个事件框架或者是事件的一个邻近步骤。"to take one's hat off to sb.""be glad to see the back of sb.""lay one's bones""to burn the midnight oil""ask for a lady's hand""put behind bars/behind bars""to take the gown""put one's hand on one's heart""to get one's hands full"等都可以归到这一类。很明显，当这些短语有转喻用法的时候，意思就不一样了。这一点很重要，也就是说，概念转喻典型地改变了所涉及的语言表达式的字面的意义，但它们并未引发新的语言形式。基于实体框架的转喻和基于事件框架的转喻都是如此。

下面是以语言表达为基础的一些例子。上文我们已清楚地说明，基于"语言'事实'有框架"（Brown & Yule 2000:238-9）的论断，我们认为应当有基于不同长度的语言片段之间的包含或邻近的关系的转喻。最典型地，一个语言单位可以通过它所处的较大的语言片段，也就是包含该片段的语言框架，得出它的意义。举例来说，当我们说，"那是最后一根稻草！""最后的稻草"真正的意思是"最后一根稻草压垮驼背。"因此通过转喻的形式，激活了它的语言框架即源知识和记忆，于是就能呈现它的源意义或者跟源意义类似或相关的理解。而当这种相关语言形式所体现的转喻意义约定俗成之后，就出现了新的语言表达方式，这种新表达式的意思大致和原来语言框架的意思一样。从长远观点来看，基于语言表达式的框架转喻对语言表达的简短化是起了很大作用的。为了追求轻松或高效的沟通，如果可能的话，人们易于使用原来语言表达的一部分来代替全部。而且这一简单化的先决条件就是要建立被选片段和最初整个框架之间的转喻关系，还有使用前者能够刺激回忆起后者的可能性。这种产生新的语言形式的转喻的效果，其最广泛、最典型的体现可以在通过省略、合成及首字母缩略的构词法中找到（参见林承璋1991:270，272，276；陆国强1985:46，51，54，55，57，58）。Langacker用如下简洁的话语捕捉到了该现象的实质：

"把语言看成是庞大的词语挤压机不是完全不合适的。这种机器能够尽其所能来磨损被输入进来的词语。通过将隐喻标准化以及反复使用而使隐喻淡化。通过语音磨蚀它攻击所有类型的表达。它使词汇语意的内容退化，迫使它们成为语法标记。它剪去成分之间的界线从而把它们压制成更小的单位(Langacker 1977)。"

但是，这一总结的不足之处是未能指出表达式压缩之下的认知机制是以语言框架或语言形式为基础的转喻。而我们要指出的是，似乎仅仅通过隐喻的淡化语言形式不可能得到压缩，被改变的只有意义而已(参见李志岭 2006，2008)。但是无论如何，我们主要关心的不在这里，而是以下事实：

a. 确有这样的一种转喻，我们已称之为基于语言表达形式的转喻，以区别于基于实体和事件框架的转喻，这后两种转喻我们称之为概念转喻。

b. 在 Langacker 所论述的语言表达压缩方面作为认知机制在起作用的主要是这种以语言形式为基础的转喻，使新的语言形式出现的正是这种转喻。概念转喻与其说能引起相同或相似意义的新形式，倒不如说更能导致语义上的变化；基于语言形式的转喻则相反，它所引起的语言变化是语言形式变而意义不变。

之所如此详述转喻是因为我们认为，转喻，尤其是基于事件框架和基于语言形式的转喻在语法化过程中至关重要。它们的重要性分别体现在下列的两个方面：

首先，以事件框架为基础的转喻是"be going to +V"结构和"will""shall"等情态动词表示将来意义的基本的认知机制。三种框架可作如下的解释：

be going to +V 结构和"will""shall"表将来意义所代表的事件的框架一般由以下要素构成：

A(计划/愿望) + B(采取行动，通常是以前往所期望的活动地点的形式) + C(执行所期望的活动)

对于表达意志或愿望的情态动词，其事件框架通常与"be going to +V"结构的事件框架包含相同的步骤。正如我们前面所讨论过的，在语言交际中框架或图式的功能是如果提供一个线索，即框架中部分的语言表达，就可以激发预测。而通常是与表达部分相邻近的部分框架被激发。当我们指"be going to"结构和情态动词"shall"和"will"的框架时，显然"going"的动作意义和"will"及"shall"的意志意义按照框架的下列步骤被转喻成执行某一项活动。就是对紧随所展示步骤的某项活动的预测使"be going to"结构和情态动词"shall"和"will"因而具有了表示将来的意义。因此，从说话者的角度来看，提及 A 部分(情态动词"shall"和"will"所表达的意志)和 B 部分(动词 go 所表示的采取行动过程)就可意指框架中的 C 部分。经过多次重复，这种表示将来的意义就被规约化。当这种将来意义被巩固,并作为一定上下文结构中的焦点意义约定俗成,动词 go 从空间运动到时间运动的隐喻已经开始了。概括起来,我们与 Heine 等人的论点是一致的,即:

尽管从空间意义到非空间意义这种焦点的改变似乎是由于某种转喻的力量,最终的结果可被描述为从空间域到抽象域的隐喻迁移。这种迁移开始于对话的含蓄表达,从而引发转喻结构(Heine et al. 1991:73)。

我们的看法是有必要对他们的结论再补充一点,即在前隐喻阶段中转喻的作用是概念转喻,这在上文已做了举例说明。

其次,以语言表达式为基础的转喻在语法化中也发挥作用。它们不是在前隐喻阶段中发挥作用,而是在语法化的后期阶段中发挥作用。特别在形态化阶段,作为语法化的重要过程,其涉及到"并合",即把原来彼此独立的成分进行熔合,特别是把附着语素发展为屈折形式(Hopper & Traugott 1993:130)。Heine 等把熔合的特点归结为跨词语形态的两种或更多形式的合并(Hopper & Traugott 1993:80)。不管是从 Hopper 等对形态学特点的总结来看,还是从 Heine 等对熔合特点的总结来看,打破正在进行语法化的词条的结构和框架对于形态化和熔合至关重要。更准确地说,不是打破,而是缩减真正起作用的结构。正如 Givón 指出的那样,语法化是一个动词逐渐失去其原有的动作意义以及句法、词法语义进而成为非重读的音位压缩/简短化,最终导致附着的过程(Givón 1984:271)。从附着的特点中可看出形态化的核心部分,即发展附着语素的机制实质上与通过缩略、混合、合成进行构词的方式一样。特别是与缩略过程相似,因为这一过程通过缩小原来的形式产生了意思不变的一种新的语言形式。例如,下面的单词都是通过缩略形成的:bus(omnibus), gas(gasoline), phone(telephone), bike(bicycle), mike(microphone), script(prescript), flu(influenza), fridge(refrigerator), ref(referee), lit(literature), plane(aeroplane)(林承璋 1991:270)。发展缩略形式的趋势是由要经济的欲望驱动的。缩减的形式同整个形式的关系正如部分和整体的关系。换言之,缩减的形式形成了与整个形式的一种转喻关系。而这一转喻是基于语言形式的一种转喻。这种转喻关系是缩减形式的意义的基础。缩略形式通过以转喻的方式参照整个形式而获取自己的语义内容。因此,以语言形式为基础的转喻是整合长的语言表达形式的机制。这种转喻实际上也为通过 Langacker 所谓的"组合"过程而形成的语言形式提供了认知基础。附着形式的发展大体上同缩略形式一样,因为两者都建立在以语言形式为基础的转喻之上。因此,我们指出在语法化的后期阶段,在形态化过程中,以语言形式为基础的转喻起着重要的作用,它为附着过程提供了认知机制。

现在,分析了隐喻和转喻在语法化中的作用之后,我们要看一看在语法化过程中两者的关系。

首先,Heine 等宣称隐喻和转喻都是语法化同一过程中非常重要的部分,尽管在特定的语法功能中,两者在显著性上会此消彼长(Heine et al. 1991:74)。我们的分析还要补充一点,那就是,在语法化的不同阶段,两者在显著性上也会此消彼长。

其次,Heine 等人认为,隐喻和转喻似乎是由具体到更为抽象的语法概念的同一过程的不同成分。一方面,这一过程是由很多彼此具有转喻关系的毗邻实体构成的。另一方面,它还有少量凸出的及不连续的范畴,诸如空间、时间和质量。这些范畴之间的关系是隐喻性的,也可以描述成一些转喻延伸的结果。令人信服的是,转喻是这一过程更为基础的组成部分,因为隐喻是以转喻为基础的(Heine et al. 1991:74)。针对这一论点,我们的分析表明这些作者只捕捉到了真相的一半。他们未能区分概念转喻和基于语言形式的转喻。结果,他们盲目地只论述概念转喻及其与语法化早期阶段的隐喻转移的关系。他们未能识别基于语言形式的转喻,因此也就未能意识到转喻在语法化后期阶段的重要作用。因此,不管是从他们所识别的转喻种类来判断,还是从他们所探讨的语法化阶段来判断,说他们只是捕捉到了真相的一半是有道理的。再者,就他们的陈述而言也有问题。"实体"这个词模糊不清,未能澄清是诸如物体或事件的物质实体还是语言实体。当然,这一歧义未能解决,甚至很可能还尚未意识到,是由于他们未能区分概念转喻和基于语言形式的转喻。

第三,总体上,我们的分析证明了,正如 Heine 等所指出的那样,Goossen 主张的"尽管在原则上转喻和隐喻有明显的差异,但在实际运用中它们并不总是分开的(Goossen 1989:19)这一观点对于语法结构的概念化是特别适用的(Heine et al. 1991:64)。再者,我们朝前迈进了一步,因为我们发现,在语法化过程中涉及到两种转喻,即语法化早期阶段的概念转喻和语法化后期阶段的基于语言形式的转喻。

5.3.3 语法化中的类比

类比通常是指一种过程。通过这一过程,a 形式要么变化,要么进行创造,进而达到与 b 形式的关系就像意义相似的其他形式的成对关系(Matthews 2000:17)。我们这里使用的类比是广义上的类比,指的是所有的语言现象。一个个体很容易调整自己的语言,使之或多或少地像另外一个人的语言或先前存在的某语言条目。这种现象就其实质而言就是类比。

类比作为语法化的动因可以从以下四个方面得以验证:

a. 正如以上定义所说的那样,通过类比新的语言形式可以产生或改变。这种创造性的类比可以在一种语言内或是在不同语言之间得以建立。例如,五四运动以后,汉语借助与欧洲语言的类比在形态学和句法中都有了很大改变(王力 2000:327)。

b. Otto Jespersen 说,更为规则的形式在很大程度上应归于类比的影响。显然,学习和记忆规则形式要比不规则形式容易得多(Jespersen 1962:462)。这就是说,类比在一种语法范畴的规范过程中是起作用的。但实际上,类比也会引起非规范化,比如,在一些方言中,规则的 dived 已被不规则 dove 所取代,这就是类比 drove 和 drive 所致。

c. 类比的效仿和追风在某种程度上助长了偏离语言标准的蔓延,而这种偏离一旦广为传播并被接受,就会约定俗成并得以在该语言中固定下来。从这种意义上讲,类比也是语法化的机制。正如我们早先提到的,从社会语言学的角度来看,对于"胜于己者"的类比模仿经常是以语言时尚的形式出现的。

d. 当一个语言群体经常地在语言形式或句法模式方面受到另一种语言影响时,类比也能引起该语言语言形式或句法模式使用频率的改变。五四运动以后,汉语被动句使用频率的增加就是一个跨语言类比使原来相对罕见的句法模式的使用增加了的很好例证。正如王力所说,五四运动以后,由于受欧洲语言的影响,汉语中被动句使用的频率和分布的范围都扩大了(王力 2001:433)。

在 5.1.4 中,我们已经指出,在某种程度上,类比是造成一种语言内新形式传播的原因。我们所说的类比,实际上指的是通常的语言使用者效仿"胜于己者"(见 Jespersen 1962:456)。这里,我们想要说的是,类比也可能引起一些新的语言形式,这些新的语言形式既有语言内部的也有跨语言的(Lahmann 2000: 249)。

5.3.4 从其他语言的借用

借用是 Lehmann(2000) 提到的三个主要动因之一(另外两个为儿童学习语言的缺陷和个体语言系统的影响)。借用指的是一种语言对另一种语言的影响。而且如果一种邻近的语言有较大的威望,那么借用语可能会在语音系统、句法系统、连同词汇都做些修正(Lehmann 2002:17)。

作为对语法化机制讨论的总结,需要指出的是,就语法化不同机制的作用而言,我们同意 Bybee 等的观点,即没有产生语法意义的一个简单机制,而是有几种机制或者变化的类型。这些导致语意变化并最终引起语法意义的不同机制跟语法化路径上不同的点有联系(Bybee et al. 1994:24)。

5.4 小结

我们在本章中分析了语法化的动因、一般路径和认知机制。在后几章中,特别是在第六章中,我们将看到英汉语法的语法化是否以及在何种程度上展示我们在本章中所概括的主要特征。

第六章　汉语时间标记系统的宏观语法化

在第二章第六节里,我们采用了一个假设:不同语言的功能总量相等,均可实现不同的交际目的。一种语言在功能上区别于另外一种语言的不同之处在于,不同的功能在不同语言的相应层面的分布和分配有所不同。例如,在英语中,从一定意义上讲,数这一范畴是由句法层面和词汇层面共同承担的。但在汉语中,除了在一些指称人的代词或名词后加"们"表示人称复数的含义之外,数这一范畴主要通过词汇手段表达。因此,在英语中,就相关名词数的标记来说,句子层和词汇层的在功能上是互补的。然而,在汉语中,对于普通名词来说,数的意义主要集中在词汇层。同理,在此我们假设在英汉两种语言中,事件的时间定位和事件行为主体与事件相关的位置的标记功能,均由两种语言的时间标记系统(包括时、体)所表征,并且:

一、这种标记功能的总量相等;

二、这种总量相等的功能在英汉两种语言中的分配或分布不同。

另外,在第二章第六节里,我们还提到 Givon 关于语言进化的观点。Givon 认为,人类机体的认知和交际能力是在一定语境中进化的。这种语境由一定的社会文化组织与为了共同的生存需要而相互合作的需要所决定。并且,社会类型会越复杂,它所提出的任务也就越复杂。而复杂的任务又会需要更复杂的交际信码(Givon 1984:1)。Martinet 也做过一个类似的假设:语言的进化取决于使用这个语言的群体交际需要的变化。这些交际需要的进化与这个群体的知识、社会和经济的进化密切相关。他并且指出,指明新的对象和经验的需要带来的将不仅是词汇量的扩大,而是从本质上来说,还有表达方式复杂性的增加(Martinet 1969:1860)。也就是说,他承认这样的预言:文化变化会导致语言变化,并且语言的变化远远超过词汇方面的增加。他还列举了新的介词、连词和包含这些介词、连词的短语作为更新、更复杂话语的例证(Perkins 1992:52)。Perkins 指出,不同领域的词汇量的增加与文化的复杂性相关,虽然他对此现象的解释有所不同。但是,这种关于句法结构的进化论仍然处于假设阶段,到目前为止,涉及句法结构与文化复杂程度相关性的研究主要还是直觉性的概括,而非理论的建构和假设的验定(Perkins 1992:55)。Perkins 开展了关于文化复杂性与指示系统(system of deicitcs)的相关性的统计研究,并且有力地证明了文化的复杂程度对这些文化中所使用语言的结构有显著影响这一假设。根据以上学者的研究,我们可以合理地假设:句法结构的细化可以通过越来越多的句法位置变得从属化这一事实显示或证明。进一步来说,在复杂的文化中,细化的句法比简单的句法功能更强。所以,文化的复杂性与句法的细化之间应当存在一种正相关关系。

第三,在前文中,我们区分了两类语法化:宏观语法化和微观语法化。前者涉及从篇章策略到句法结构的转换;后者涉及具体语法语素的形成和发展。同这一分类相适应,我们将这一部分命名为汉语时间标记系统的宏观语法化。因为,这一章关注的焦点之一是汉语时间标记系统是否经历了细化的过程。并且,这一过程是否引起了这种语言的句法结构的变化。

在这一章,我们将首先对英语和汉语的时间标记系统进行共时的对比研究。通过这一视角的研究,我们希望发现两种语言时间标记系统的不同之处。

然后,我们将对汉语时间标记系统的演进做一历时的分析。通过对汉语时间标记系统的历时研究,我们将发现汉语时间标记系统的发展是否存在一些细化的趋势,并证明汉语的时间标记系统是否正朝着接近英语时间标记系统的方向发展。

再次,我们将从翻译的角度对两种语言的时间标记系统进行对比研究。一方面,这个角度的研究将验证我们在这一章里所进行的共时对比的结果;另一方面,它将向我们展示,共时对比所发现的两种语言时间标记系统的特点中,有哪些是两种语言各自所特有的,哪些不是。

第四,从翻译的角度进行对比的结果将说明,在翻译过程中,是否源语言的时间标记系统会对目标语产生影响。

6.1 英汉语时间标记系统的共时对比

之前,我们已经指出,语言不仅在语言系统自身表现出一种层级结构,时间标记系统中同样存在层级结构。我们假设,这种结构由语篇层、宏观段落层、段落层、受话题支配的句列层、句子层、词汇层(时间状语)和词素层的时间标记构成。其中词素层的时间标记以语法语素的形式实现,并最终指向句子的动词。通过引入层级的概念,我们将时、体范畴纳入时间标记这个大的系统中考察。这个系统由不同语篇层次的时间标记(语篇话题、宏观段话题、段落话题、句列话题、句子话题等构成。当然,这里我们所说的话题专门指时间话题。)以及活动或事件的时间标记,即:时间状语和时、体标记构成。在这一部分,我们所说的时间标记系统是指用来对语篇的不同层次在时间信息方面进行赋值的手段。这一部分的共时研究,和对汉语时间标记系统的历时研究都基于时间标记系统这个概念。

我们之所以选择篇章－功能的方法,不仅因为这种方法的效果和方便,更因为这是语言学研究的根本任务的性质所决定的——这门科学的根本任务只能是理解和组织语言行为的事实的全部:不仅包括孤立的句子,而且包括完整的语篇(Stephen Wallace 1982 见 Givón 1982:207)。

在我们的研究中,我们将语篇中语言的时间标记分为三类:时间话题、时间状语和时、体标记(简称为 TA(tense and aspect marker))。

在进一步的研究之前,我们有必要对话题这一概念进行一番讨论。关于话题,有许多不同的理解。根据徐烈炯和刘丹青(1998)的观点,依据所属的语篇层面的不同,存在不同的话题。这是关于话题的看法之一。最广泛的关于话题的概念是将话题限定为名词或名词性短语。这就意味着,话题的概念在这里所指的是人、物、观念等。在下文我们还会对此做进一步的讨论。有些学者将话题的概念延伸到小句(clause)的层面(动词短语 VP 可以视为简单句的省略式),这样的话题就可以理解为整个命题。这种在概念上拓展的话题仍然位于句子的开头。从语义上来说,一些学者将这类话题作为背景事件。还有一批学者将话题的概念扩展到整个语篇,这样语篇话题就是语篇所讨论的内容。van Dijk 就持这种观点(徐烈炯,刘丹青 1998:8—11)。事实上,van Dijk 不仅提出了语篇话题,而且提出句列话题。句列话题就是一个语句序列的保持不变的话题(van Dijk1981:182)。

在我们的研究中,我们将依据这些关于话题的定义展开讨论,并明确下列不同的时间话题。

a. 时间话题是位于从句、句子和更高语篇层级起始位置的名词,向上依次分别是句列、段落、宏观段和语篇。这些时间话题为文本不同层次涉及的事件提供时间信息。

b. 实质上为篇章的不同层级单位提供时间信息的从句和句子。这些层级单位包括句列层、段落层、宏观段落层和语篇层。

像以其他事物为所指对象的话题一样,不同语篇层级的时间话题也可以看做是组织文本的篇章策略。但是,就句子的话题而言,有些语言学家认为,它既是一个语篇概念,同时也是一个句子概念(Lambrecht 1994;徐烈炯 & 刘丹青 1998:11;曹逢甫 1998:47)。我们同意曹逢甫的观点。他认为话题不是一个纯粹的句法范畴,将其限定在一个句法结构模型之内的尝试是行不通的。循以上作者的观点,我们在分析不同篇章层次的时间标记的过程中,将句子的时间话题作为保持篇章连贯的语篇策略来看。但在这同时,我们也将其作为一种句子层面的时间标记手段看待。

对指示时间的副词和名词进行计数和分析时,我们沿用徐烈炯和刘丹青的做法,将句子主语之前的指明时间的词视为时间话题,将位于动词前后表示时间的词视为时间状语(徐烈炯 & 刘丹青 1998:68—70)。这样一来,前一种指示时间的语言单位将被看做是语篇策略,而后一种则可以被看做是句法策略。就时、体标记来说,尽管承载时体范畴的是动词,时、体实际上属于句子层面,并且可以被视为使得说话者得以构建情境的一种方式(Saeed 2000:107)。所以,不用说,时、体标记词应该列为句子层面时间标记的手段。在我们的统计和分析中,涉及英语的时体标记,我们将计数现在时、过去时、将来时、完成体和进行体的不同标记。与之相对应,涉及汉语时,我们将计数汉语的时、体标记词,包括"着"、"在"、"正在"、"过"、"了"、"将"。

就指示时间的小句来说,如果它们只为一个短句提供时间信息,我们就将把它们视作与时间状语等同。如果它们为一个以上的小句提供时间信息,我们将把它们作为时间话题来计数。如果一个句子为一个句子或一个更大的语段提供时间信息,我们将把这个句子作为时间话题来计数。例如:

露沙回到家里,恹恹似病,饮食不进,闷闷睡了两天……(庐隐 1997:101)

在上面这个句列里,露沙是"露沙回到家里"的主语,"露沙回到家里"可回答"何时'露沙'恹恹似病,饮食不进,闷闷睡了两天?"这一问题。因此,我们可以将"露沙回到家里"作为一个时间话题。

在上文中,我们提到,我们将时间标记分为三类:时间话题、时间状语和时、体标记。在这个分类的基础上,我们再将这三类时间标记分为两个大的层面:语篇层(超句子层)的时间标记和句子层的时间标记。我们关注的重点是句子层的时间标记。本章的目的就是研究汉语的时间标记系统是否朝英语句子层的时间标记系统演进,并且如何演进。

6.1.1 研究方法

在这一部分,我们将采用统计分析的方法。使用这种分析方法,我们将首先对英语和现代汉语的时间标记系统做共时的对比分析。我们将各选取英语和汉语的若干篇文本,计算出每1万字里出现的时间标记的平均数。不仅在这个研究中,而且在随后的历时研究和从翻译角度进行的研究中,我们在进行分析时都将区分超句层面(语篇层)的时间标记和句子层面的时间标记。超句层面的时间标记包括篇章时间话题和宏观段落、段落、句列以及句子层的时间话题。句子层面的时间标记包括句子的时间话题、时间状语和时、体时间标记。根据这个分类,统计结果将显示在哪种语言里语篇层的时间标记使用得更多,哪种语言里句子层的时间标记使用得更多。换句话说,我们的研究将揭示,在哪种语言里,语篇时间标记被赋予更多的时间标记功能,在哪种语言里,句子时间标记被赋予更多的时间标记功能。这样一来,对英语和现代汉语时间标记系统的统计分析将为我们提供统计证据,以证明英汉两种语言中,哪种语言的时间标记系统更多地表现出语篇凸显的或语篇取向的时间标记的特征,哪种语言表现出句子凸显的或句法取向的时间标记的特征。

除此之外,英汉语不同语篇层次的时间标记的统计结果将显示,汉语中时间标记功能在不同语篇层面之间的分布是否与英语时间标记功能的分布有所不同,以及如何不同。

6.1.2 对比研究使用的语料

在共时对比中,我们选取了美国作家 Herman Melville 的中篇小说 *Bartleby* 和中国作家庐隐的《海滨故人》作为语料。我们之所以从记叙文里提取数据,是因为记叙文里的时间信息比在其他的体裁中更加重要,时间标记的使用也更加频繁。所以,两种语言时间标记系统的特征在记叙文中会更加明显地显现出来。因而,在叙述文中我们就更容易发现英汉语时间标记系统的不同之处。

两篇文本的字数如下:

Bartleby:75 页至 112 页,约 20,216 单词(北京:外文出版社 1989)。

《海滨故人》:56 页至 119 页,约 37,674 字(上海:上海文艺出版社 1994)。

6.1.3 统计研究结果

我们将出现在英语、汉语两个语篇 *Bartleby* 和《海滨故人》中不同语篇层次的时间标记列表如下:

时间标记层次 语言	DT	MT	PT	SST	ST	AT	TAM	TSS	TS
英语	0/ 10,000 words	15.8/ 10,000 words	18.3/ 10,000 words	15.3/ 10,000 words	34.6/ 10,000 words	93.5/ 10,000 words	663.3/ 10,000 words	49.4/ 10,000 words	791.4/ 10,000 words
汉语	0/ 10,000 words	6.4/ 10,000 words	15.7/ 10,000 words	52.6/ 10,000 words	24.4/ 10,000 words	81.6/ 10,000 words	131/ 10,000 words	74.7/ 10,000 words	237/ 10,000 words

表 4 汉英语时间标记系统的共时对比统计结果

注：
DT：语篇层的时间话题　　MT：宏观段落层的时间话题　　PT：段落层的时间话题
SST：句列层的时间话题　　ST：句子层的时间话题　　AT：时间状语
TAM：时体标记　　TSS：超句子层时间标记总数　　TS：句子层时间标记词总数

在下一部分,我们将以此表为基础对汉英语时间标记系统进行对比。

6.1.4　对统计结果的讨论

从上表中,我们可以看出,语料中的汉语叙述语篇每万字中句子层面的时间标记(句子层的时间话题、时间状语、时体标记)出现了 24.4+81.6+131=237；英语叙述语篇中出现了 34.6+93.5+663.3=791.4。通过对比,汉语叙述语篇每万字中超句层面的时间标记(语篇的时间话题、宏观段落的时间话题、段落和句列的时间话题)出现了 74.7 次,英语叙述语篇中出现了 49.4 次。

通过以上对比我们可以看出：

a. 汉语文本中语篇层(超句子层)时间标记的数量,也就是超句层时间话题的数量是英语文本的 1.51 倍。两种语言叙述语篇中时间话题数量的对比说明,汉语较英语来说,更依赖超句子层的时间标记。从这个意义上来说,在时间标记方面,汉语比英语更倾向于语篇层的时间标记。

b. 与之相反,英语叙述文本中句子层时间标记的数量是汉语文本中的 (791.4÷237=)3.34 倍。这一对比说明英语时间标记更多地分布在句子层面,也就是说,英语句子层面的时间标记系统比汉语更详细。

c. 在英语和汉语叙述语篇中,时间状语都是表征语篇所编码的活动或事件的时间信息的重要标记手段。在汉语和英语中时间状语的数量大致相同。准确地说,在汉语叙述文本中,每万字中时间状语的数目是 81.6；在英语叙述文本中,每万字中时间状语的数目是 93.5。基于以上事实,我们初步的结论是：可以说,在两种语言中,时间状语都是重要的时间标记手段。也可以说,在句子层面,在时间状语方面,英汉语在以各自的方式赋予事件时间信息方面没有太大差别。

d. 从以上统计研究的结果看,我们可以发现在汉语语篇中,在超句子层面的时间话题中,句列时间话题的数量既超过了宏观段落时间话题,也超过了段落时间话题。这就是说,汉语中对动词时间信息的阐释在许多情况下都以句列的时间话题为枢纽或参照。这一事实自然地在时间标记系统中赋予语篇层以优先位置。换句话说,汉语时间标记系统是句列凸显的。因此,这就进一步证明了"汉语是话题优先的语言"而不是像英语那样是主语凸显的语言(Chu 1998:248),或者说"汉语是语篇优先的语言"而不是像英语那样是句子凸显的语言(曹逢甫 1998:41)。根据我们所做的分析,在汉语时间标记系统中,句列的时间标记是整个时间标记系统的关键所在：

首先，语篇层的时间标记经常作为参照点来阐释更低层次的时间标记，即句子层的时间标记，包括句子时间话题；

其次，在汉语叙述语篇中，句列层的时间话题数量远超过其他超句子层的时间话题数量。

从以上分析中可以看出，对两种语言不同语篇层面时间标记的共时统计对比有一个显著的优点，即统计结果清晰地表明在哪些层面英汉语的时间标记数量大致相同，在哪些层次有所不同，并且在这些方面有多大不同。对英汉语句子中时间状语和时体标记的计数显示，时间状语和时、体标记对英汉句子都是必不可少的。

上表中我们的统计结果说明：

汉语的超句层（supra-sentential hierarchical levels）与英语的超句子层形成鲜明对比，汉语的超句层在语篇中以时间话题的形式承担了更多赋予事件/动词时间信息的职责或功能。

作为时间标记，在英语和现代汉语句子中，时间状语同等重要。

作为句子层面的时间标记，时与体的时间标记在英语中是按句子单位派给的。换句话说，时体时间标记对英语是强制性的。每个英语句子都被赋予至少一个时态标记或者一个时态标记和一个体标记。然而在汉语中，时、体标记的必要性程度要远低于英语。

总之，通过研究不同层面的英汉语时间标记，对两种语言为动词所表示的事件提供时间信息的方式有了一个全局性的把握。如果我们仅对两种语言句子层面的时间标记进行对比，是无法获得这种全面性把握的。除此之外，像汉语这种语言，在时间上对活动或事件定位时极大地依赖语篇层面的时间话题，如果我们把研究仅仅局限于句子的范围，那么对汉语时间标记系统的整体描写是很难实现的。

这一分析与研究也有利于对英汉语话题的本质和功能的深入理解，因而，能在一定程度上丰富有关语言学家（例如霍凯特、赵元任、李、汤姆森和曹逢甫等）对此问题所作的研究，并将话题问题的研究向前推进一步。霍凯特（Hockett）是使用话题这一术语的第一人，他用这个术语来指称一个与句法中的主语相类似、但用句法学的术语并不容易定义的语言学概念。并且他赋予话题新的含义，即：话题是说话人在述谓结构中所谈论的对象。赵元任在对汉语结构的分析中也采用了话题这一概念，并用它来解释汉语中主语的意义。在70年代，李和汤姆森（Li and Thompson）提出，汉语与英语这种主语优先的语言不同，汉语是话题优先的语言。曹逢甫着重强调了话题的语篇本质。屈承熹（Chauncey C. Chu）指出，话题和主语作用于系统的不同层面，即话题作用于语篇层面，而主语作用于句法层或句子层面(屈承熹 1998:248)。

总结以上所述可见,上述以往对话题所做的研究有一个共同之处:都是将话题与句子的主语相联系而进行研究。并且,他们重点关注的话题的功能是将小句和句子联系起来的能力。之所以有这种联系功能,是因为话题是小句或句子显然的和共同的关注对象。

与以往对话题功能和本质的研究不同,我们对时间话题的研究选择了一个不同的方向。我们不是把话题和小句或句子的主语相联系,而是与语言的时间标记系统相联系。确切地说,是与汉英语的时间标记系统相联系对话题的功能和性质所作的思考。

我们的初步研究已经显示,在获取关于小句和句子所表示的事件的时间信息方面,汉英语在时间话题的频率方面和时间话题的重要性方面存在不同。在英语中,时态标记是一个强制性的语法范畴。通常,每一个英语句子中必须要有一个时态标记。因此,事件或活动的时间信息通常被时、体标记以语法的形式传递给句子的动词。从这个意义上讲,我们有理由认为英语中存在句子自足的时态标记系统,或者说英语有一种句子取向的时间标记系统。

而汉语则应另当别论。首先,汉语语篇中并不是每个句子都有时、体标记(着、了、过等)。因此,时、体标记在汉语的句子层面不像在英语中那样有那么高的强制性;其次,在大多数情况下,汉语句子动词的时间信息只有通过不同层面时间话题的才能获得,除非所涉及的动词有自己的时间状语。话题从本质上来说是一个语篇范畴,至少不是一个纯粹的句法范畴(参见 Chauncey C. Chu 1998:248;曹逢甫 1998:47)。所以,我们同样有理由说,汉语有一种语篇凸显的或语篇取向的时间标记系统。

通过采用我们的研究方法,特别是通过对英汉语篇中的时间话题进行对比,我们得出这样一个结论:汉语的时间标记系统比英语更依赖于时间话题,从这个意义上来说,汉语的时间标记系统是话题凸显的。

汉语时间标记系统的话题凸显本质可总结如下:

a. 之所以说汉语的时间标记系统是话题优先的,一个重要的理由是,在一个具体的语境中,当时间话题伴随着时、体标记时,时间话题在决定动词描述的活动或事件的时间位置方面总是比时、体标记要给予更优先的考虑。这与李和汤姆森(Li & Thompson)的著名论断极为相似:"汉语普通话题的一个重要的语篇特性是当句中的话题不同于主语时,话题在决定后面句子中隐含的名词短语方面优先于主语(Li & Thompson 1981:102)。

b. 在汉语语篇中,不含时、体标记的由时间话题引导的句子很常见。在这样的句子中,只有一种方法来解释、确定动词所指示的活动或事件的时间信息.

即以引导相关小句和句子的时间话题为参照对动词时间信息加以阐释。

6.2 汉语时间标记系统演进的历时研究

上文中,我们已经假设,汉语的时间标记系统经历了一个细化的演进过程。也就是说,在历史上,人类文化的其他系统上变得越来越细化。与此相似,时间标记系统应当是也经历了这样的越来越详细化的过程。这就意味着,汉语经历了以下三方面的变化:

a. 就特定字数的语言单位而言,时间标记的数量在汉语发展的历史过程中有所增加。

b. 与此同时,拥有自己独立时间标记的最小语言单位在历史上会变得越来越短。

c. 第三种变化是前两种变化的必然结果,即表达活动或事件的最小的语言单位,即动词将从无到有、由少到多地拥有自己的具有时间标记功能或意义的词语。所以,总体上讲,带有这种时间标记的动词从古到今应该表现出不断增加的趋势。

但是,语法化的发生是缓慢的,其进程也是一个逐渐的过程。例如,根据Bybee等人的研究,will 的语法化发展贯穿了约1000年的历史(Bybee et al. 1994:24)。语言变化的机制和语言自身的语法的变化,只有通过很长历史时期在语言的使用过程中发生的一些小的、细微的变化才能揭示出来。语法化的来源和语法化中正在形成的范畴之间的对比有时并不能有效解释语言的变化及其变化机制。正如 Bybee 等指出的,要想更好地理解具体的变化是如何进行的和导致这些变化的机制,我们必须要看语法语素经历这些变化的历史阶段的语篇中这些语法语素的使用情况(参见 Bybee 1994:24)。也正像 Hopper & Traugott 指出的,语篇中具体语言形式出现的频率是语法化程度的最初证据。因此,统计证据在为语法化的发展提供实证证据方面是一个有用的工具(Hopper and Traugott 1993:110)。在这种情况下,获取风格上具有可比性的一定数量的语篇是必须的。并且,对似乎涉及早期语法化的各种现象进行统计研究也是非常必要的(Hopper and Traugott 1993:110)。以上学者提出的这种统计研究方法同样适用于对汉语时间标记系统的宏观语法化研究。也就是说,同样可以用以上所提到的方法研究以下问题,即:汉语句法层面的时间标记系统是如何发展和形成的;是否汉语这种语篇取向的时间标记系统正在朝着句子自足的时间标记系统的方向发展;并且通过赋予更多句法层的时间标记,包括句子时间话题、时间状语、时、体标记(如:着、了、在、正在、过、将),从而改变汉语的句法结构。

下面我们将从汉、唐、宋、明、清代和现代选取一些叙述文本进行分析。汉语正是在这些时期发生了大的变革(参见王力1980:35)。我们将计数这些文本中不同语篇层面的时间标记,并对不同时间标记的数量进行比较,因为正是这些时间标记组成了不同历史时期的时间标记系统。我们希望从中发现汉语时间标记系统发展的总的趋势。考虑到仅有为数不多的语言能有这样悠久的书写文本的历史(Hopper and Traugott 1993:112),并且这种文本的历史对于我们的统计研究是至关重要的,而我们能够有如此悠久的书面文献的历史,并且在不同的朝代都有相同体裁的语篇样本,实在是一种幸运的事。

6.2.1 研究方法

在这一部分,我们将对不同朝代汉语文本中不同语篇层的时间标记做历时的统计研究。我们参照Bybee等的做法,对不同朝代文本里的不同的时间标记进行统计分析。我们对时间标记的分类是基于语言的语言学层级之上的。具体来说,我们的分类包括:语篇的时间话题、宏观段落的时间话题、段落的时间话题、句列的时间话题、句子的时间话题、时间状语和时、体标记(如:着、了、过、在、正在)。从本质上说,以上时间标记都为动词所表示的事件或活动提供相关的时间信息。根据统计结果,我们将对叙述文本中语篇层和句子层时间标记的数量进行比较。通过分析,我们将可以发现是否汉语时间标记系统的发展,特别是句子层时间标记系统的发展是否有增加的趋势。如果发现句子层时间标记的数量有增加的趋势,这就证明汉语时间标记系统在历史发展中经历了一个细化的过程。并且像"着""了""过""将"这类时体标记的出现和增加可以看做是汉语时间标记系统细化过程所导致的结果的一部分。这种结果意味着:

a. 汉语正在朝句子自足的或类似英语的句子凸显的时间标记系统演进;

b. 汉语时间标记系统的语法化导致了汉语句法层面的本质性的变化,即:汉语句法结构变得复杂了。这种变化的表现是,经过漫长的语法化历程,汉语中越来越多的句子开始带有时间状语或"着""了""过""将"等时体、标记。

6.2.2 对比研究使用的语料

在历时研究中所选取的不同朝代的语料包括:

汉代:《史记》p.550—p.576,约20,176字,(长沙:岳麓书社,1988)。

唐代和宋代:《唐宋传奇》p.225—p.261,约24,300字,(上海:上海古籍出版社,1998)。

明代和清代:《二拍》p.409—p.418,约11,880字,(武汉:湖北人民出版社,

1996)。

《红楼梦》p. 393—p. 404，约 10,560 字(长沙：岳麓书社，1987)。

五四运动之后：《海滨故人》p. 56—p. 119，约 37,674 字(上海：上海文艺出版社,1994)。

6.2.3 统计研究结果

以下表格是不同朝代汉语语篇中时间标记历时统计结果。在表中,我们列出了反映不同朝代汉语发展的汉语文本中不同语言层面的时间标记数目。

时间标记 层次 朝代	DT	MT	PT	SST	ST	AT	TAM	TSS	TS
汉代	0/10000字	7.9/10000字	4.5/10000字	36.1/10000字	11.3/10000字	61/10000字	5.9/10000字	48.5/10000字	78.2/10000字
唐代和宋代	1.6/10000字	5.3/10000字	18.5/10000字	43.2/10000字	70/10000字	23/10000字	3.7/10000字	68.6/10000字	96.7/10000字
明代和清代	0/10000字	6/10000字	6.8/10000字	17.5/10000字	36.4/10000字	26.9/10000字	163/10000字	28.9/10000字	226.3/10000字
五四运动之后	0/10,000字	6.4/10000字	15.7/10000字	52.6/10000字	24.4/10000字	81.6/10000字	131/10000字	74.7/10000字	237/10000字

表 5　汉语时间标记系统历时研究统计结果

注：
DT：语篇时间话题　　　　　　MT：宏观段落时间话题　　　　　PT：段落时间话题
SST：句列时间话题　　　　　　ST：句子时间话题　　　　　　　AT：时间状语
TAM：时体标记　　　　　　　TSS：超句层时间标记总量　　　　TS：句子层时间标记总量

6.2.4 对统计结果的讨论

基于上表的统计结果,我们对历史上汉语时间标记系统的发展做一分析。

首先,从上表可以看出,从古到今,不同朝代汉语文本的各种时间标记的总量呈现增加的趋势。

下面列出的是每一万字的文本中各种时间标记的总数：

汉代：7.9＋4.5＋36.1＋11.3＋61＋5.9＝126.7

唐代和宋代：1.6＋5.3＋18.5＋43.2＋70＋23＋3.7＝165.3

明代和清代：4.6＋6.8＋17.5＋36.4＋26.9＋163＝255.2

五四运动以后：6.4＋15.7＋52.6＋24.4＋81.6＋131＝311.1

这一非常清晰的增加的趋势显示，汉语叙述文本由时间标记稀疏的文本朝时间标记密集型的文本发展了。换句话说，汉语的时间标记系统在其发展过程中越来越细化了，即汉语语篇的时间框架逐渐被切分成越来越小的框架。例如：一个语篇时间话题如果细化了，可以生成多个宏观段时间话题。如果再进一步细化，宏观段时间话题又可以被切分为更小的语言片断时间标记。这样，就有越来越多的段落获得自己的时间话题，语篇的时间信息则进一步细化。当这个细化过程的下一步发生时，句列又获得了一个局部的时间框架。最终，语篇时间框架的这种细化缩小到句子层面的时间信息。由此以后，语篇时间标记细化的历史就表现为越来越多的句子开始被赋予自己独立的时间框架这一特点。这样，具有独立时间框架的句子的比例逐渐上升。反过来说，时间标记系统越细化，特定语言片断所拥有的时间标记数目就越多。因此，汉语时间标记明显增加的趋势是汉语时间标记系统细化的一个显著标志。也是汉语句子结构复杂化的一个方面。

第二，最重要的是句子层面的变化。从句子层面时间标记总量的变化上看，我们可以发现，时间标记在这一层面也存在着明显的细化的趋势。以下分别是四个不同历史阶段汉语句子层面时间标记的平均数：

汉代：11.3＋61＋5.9＝78.2

唐代和宋代：70＋23＋3.7＝96.7

清代和明代：36.4＋26.9＋163＝226.3

五四运动之后：24.4＋81.6＋131＝237

从以上的计算结果看，从汉代到现代时期，句子层面时间标记的总量在增加。确切地说，现代汉语句子层面时间标记的数量是汉代的三倍。

句子层面时间标记数量的明显增加证明了这样一个事实：汉语对句子层面所作的时间标记正变得越来越细密。尽管汉语句子层面时间标记的密集程度还不像英语那么高，但是，汉语始终在朝着那个方向发展。我们在上文提到过，英语的时间标记系统是一种句子自足的时间标记系统。所以，可以说，汉语句子层时间标记的显著增加表明，汉语正由语篇取向的时间标记系统朝句子自足的时间标记系统发展。

关于汉语在句子层面的变化，时、体标记（TA：tense and aspect marker）的数量是应该考虑的一个重要因素。我们可以发现,四篇代表四个历史时期汉语不同发展状态的文本中时、体标记的数量分别为:5.9,3.7,163和131。通过这四个数字判断,可以看出,总体的趋势是句子层面时体标记的数量呈增加的倾向。

有人或许会发现,唐宋两代和现代的文本中时体标记的数量分别与汉代和清代相比并未增加,而是减少了。但这些并不影响上文提到的关于汉语语法化方面时、体标记系统发展的总趋势的论断。因为,在第六章,我们将会看到,在唐代和宋代之前,在现在我们使用的时、体标记(着、在、了、过、将)中,只有"将"作为现代意义的时间标记被经常使用。所以,唐宋之前时、体标记数量的波动只反映了时间标记"将"的使用情况。因而,就汉语时、体标记系统的总的发展趋势来说,直到唐宋之后,时、体标记的增加才变得真正重要起来。

从明清到现代,时、体标记数量减少的主要原因是现代的句子通常比明清的句子要长(参见王力 2000:217)。随着句子长度的增加,在相同字数内,句子的数量便随之减少了。而时、体标记通常以句子为单位进行配给,因此,从明清到现代,句子长度的增加导致时、体标记的减少是有可能的。而且,在这段时期内,汉语在其发展过程中,句子层面时体标记数目的减少并不表明句子层面时、体标记的语法强制性,即规约性的必然降低。

再次,汉语的宏观语法化还存在另一个方面,即时间状语——一种句子附加成分的发展和增加。

从共时的角度来讲,句子成分可以区分为强制性成分和选择性成分。主语、动词,宾语和补语通常是强制性成分,它们的存在使一个从句或句子合乎语法规则,而附加语通常是选择性成分。也就是说,如果省略或删除一个从句或句子的附加语也不会使从句或句子不符合语法规则。当然,附加语作为从句结构中的选择性成分,也可以随意地附加到任何从句,具有对从句所提及的动作或事件提供情景信息的功能,例如:关于时间(什么时候或多长时间),关于地点(位置和方向),关于方式,原因等方面的信息等等。附加语的功能通常由一个副词短语,介词短语或名词短语来实现(Jackson 1980:78)。从此项研究可以发现:从唐宋至现代,有一个明显的倾向,那就是时间状语的增加。我们所研究的三个历史阶段的抽样文本中,每10,000个词中时间状语的平均数分别为23(唐代和宋代),26.9(明代和清代),81.6(现代)。所以,很显然,自唐宋以降,时间状语的数量就呈现出明显的上升趋势。基于以上论证,时间状语是一种附加语,一种选择性成分,而自汉代以来汉语句子时间状语的增加事实上见证了一个宏观语法化的过程,这个过程使得汉语的句子更加充实。因为时间状语的增加实际上就是附加语——句子的选择性成分的增加。这使得汉语的句法越来越精细化。这里我们并没有包括汉代文本中时间状语的数量,因为对于时间状语,从汉代到唐宋两代的变化方向和接下来的历史阶段之间的变化方向相反。

下面,让我们再来看一下汉代和唐宋两个阶段每 10,000 字的叙事文本中时间标记的确切数量:

汉代:$7.9+4.5+36.1+11.3+61+5.9=126.7$

唐代和宋代:$1.6+5.3+18.5+43.2+70+23+3.7=165.3$

基于对这两个阶段抽样文本不同层面的时间标记所做的统计,我们发现在这两个阶段之间,变化的焦点集中在句子层面:唐代和宋代文本中的句子时间话题是汉代中的 6.2 倍。实际上,在从语篇取向的时间标记向句子取向的时间标记系统转变之路上,这是汉语时间标记系统语法化所跨出的一大步。迈出这一步之后,汉语语篇中更多的句子开始配有它们自己的时间标记。

至于时间状语的减少,可能是由于更多的非时间性主语的出现所致。从大量句子层面时间话题的出现可以推断,也应该出现了大量的非时间性句子话题,如果把它们插入先前的时间状语和动词之间,那么,先前的时间状语就成了变化后的句子的时间话题。请以下面的句子为例:

1) 大王事秦,秦必求宜阳、成皋。今兹效之,明年又复求割地。(《史记》,1988,岳麓书社,p.554)

如果将上面的例句改写如下,那么例句中的时间状语"今""明年"就变成了句子的时间话题:

2) 大王事秦,秦必求宜阳、成皋。今大王效之,明年秦又复求割地。

还有一个例子,就是"于是"在下面句子中的使用:

3) 文侯曰:"……子必欲合从以安燕,寡人请以国从。"于是资苏秦车马金帛以至赵。(《史记》,1988,岳麓书社,p.551)

4) 苏代过魏,魏为燕执代。齐使人谓魏王曰:"……王不如东苏子…"于是出苏代。(《史记》,1988,岳麓书社,p.560)

5) 于是燕王专任子之,已而让位,燕大乱。(Ibid)

在上面的例句中,"于是"在例句 3 和 4 中是时间状语,在例句 5 中很显然是时间话题,原因是在先前的时间状语和动词之间插入了主语。上面我们提到,从句子时间性话题的大量出现可以推断,应该也有大量非时间性句子话题的出现,如果考虑句子中的动词和后来出现的句子非时间性话题的关系,那么这些后来出现的句子话题就变成了这些句子的主语。所以,一种合理的解释是:在汉代和唐宋之间这一阶段,话题的语法化应该得到了很大的发展。一些话题变成了主语,这个过程是和"主语实质上就是语法化了的话题(Li & Thompson 1976:484)"这一论点相一致的。正如在上面例句中出现的情况一样,这些新出现的主语隔离了一些先前的时间状语并使它们成为句子的时间话题。这就是说,话题发展成主语对汉语时间标记系统的发展有一定的干涉。这也证明了语言各层级之间关系的系统性本质;并且,某一层面的变化极有可能会导致其他层面,乃至整个系统的相应变化。因而,对于语言任何一个层面的研究,都不能是孤立的,而应当兼顾语言系统的其他层面,至少是其临近层面。

句子不同部分的变化发展存在相互影响的关系。对类似这种现象,Givón主张这是语言系统解决自身问题的类型学性质的方法,即:语法的某一部分为表达不同语法意义所采用的方法必然受到在功能上相关的语法的其他部分所采用的类型学性质的方法的限制(Givón 1984:136)。而我们这里想要提出的正是:总的来看,汉语时间标记系统的发展受到话题转为主语的语法化变化的影响和限制。这里,我们涉及的是句子的时间性话题与非时间性的话题,以及主语和时间状语。当然,这里我们所关注的是它们之间的结构关系而不是功能关系。

总之,唐宋时期句子时间话题的增加和时间状语的减少可能是由于以下两个事实所致:

a. 由于汉语时间标记系统发展的总趋势是变得更加精细化了,于是出现了更多句子层面的时间性话题。

b. 由于新出现的主语的插入,一些先前的时间状语与动词分离。其结果是,原来的时间状语失去了作为时间状语的地位,而归属于时间话题的范畴。

在唐宋至明清这一段时间里,句子时间话题又在减少,但是与这种减少形成对照的是,时间状语和时体标记的数量都大大地增加了。

时间状语的增加和时间话题的减少表明,至少有一些先前的时间话题已经转变成了时间状语。这种变化不仅在结构上是非常重要的,而且在功能上也非常重要。从结构上来说,时间话题和其他种类的话题一样,不属于纯句法范畴(曹逢甫 1998:47;Chauncey C. Chu 1998:248),但时间状语却属于句法范畴。从功能上来说,时间话题为整个的句子和从句提供了一个笼统的时间框架,但时间状语所提供的时间信息却非常具体,只是将更多的关注限定在动词之上。尤为重要的是,就时间标记所统辖的语言单位的长短而言,这种从时间话题到时间状语的转变本质上是时间标记系统的进一步细化。

总的来看,从唐宋至现代,时间标记系统的时间标记功能正逐渐从时间话题向时间状语进行转变,所以,时间信息的重心已经从非典型性句法范畴的话题转向了典型性句法范畴的时间状语。

与此变化相平行的是,正如图表所示,时、体标记的总体数量也有很大程度的增加。

所以，总的来说，经过历时演变，汉语时间标记系统发生了如下的变化：

a. 句子层面时间标记的总数有所增加，超句时间标记也有所增加。这表明汉语时间标记系统发生了细化。

b. 许多过去的句子时间话题已经转变成时间状语。除此以外，还出现大量的时体标记。随着时间状语和时体标记的数量在句子层面时间标记中达到压倒性的数量，在句子层面，时间信息的焦点转移并集中到动词上。这种从时间话题到时间状语和时、体标记的时间标记功能的转移，可以看做是从语篇时间标记转变为句子取向的时间标记的另一种表现形式。

c. 句子层面时间标记总数的增加表明，汉语时间标记系统正在朝英语时间标记系统的类型发展，即朝句子自足或句子取向的时间标记系统发展。

总之，对取自不同历史阶段的汉语叙事文本抽样的历时对比分析证明了我们的假设，即在其历时发展过程中，汉语时间标记系统变得越来越精细化。从古代至现代，抽样文本的不同时间标记的总数一直呈现一种明显的上升趋势。而且，正如我们的假设，汉语不断从语篇取向的时间标记系统向句子取向的时间标记系统转化。句子层面时间标记的大大增加，时间话题向时间状语的转化，时、体标记总数的增加都能支持这一观点。

6.3　汉英语时间标记系统的对比研究——从翻译的角度

在这部分，我们将使用汉英叙事文本和它们各自的英汉译本作为样本。首先，我们将汉英原文进行对比，以考察汉英文本时间标记系统的特征是否像我们在共时对比中研究的文本一样具有相同的差异。然后，我们将对两个译本和它们各自的原文进行对比，以便初步弄清源语言是否能够，并且在多大程度上能够影响目的语，以及源语言的时间标记在什么层面上能够对目的语产生最大的影响。

6.3.1　研究方法

同 6.1 和 6.2 中所做的那样，在这一部分，我们也将采用数据分析的方法。对包括汉英原文和英汉译文的不同抽样文本在不同层面的时间标记进行计数。通过这部分的分析，首先来看汉英原文的时间标记系统所反映的差异是否和我们在 6.1 中的共时对比研究所发现的差异相同。其次，通过原文和它们译文的时间标记系统之间的对比，来看源语言的时间标记系统是否能够通过翻译对目的语产生一定的影响。

6.3.2 对比研究使用的材料

下面是我们从翻译角度对汉英时间标记系统进行统计研究所使用的材料。

两个英语原文文本(ET 1&2)及其汉译文本(CTT1&2):

ET1:*City Life*,pp.112—170,作者 Mary Gordon,约 8163 个词,选自《译林短篇小说精选》张柏然,杨仁敬等译,南京:译林出版社,2002。

ET2:*A Choice of Profession*,pp.2—46,作者 Bernard Malamud,约 7452 个词,选自《译林短篇小说精选》张柏然,杨仁敬等译,南京:译林出版社,2002。

CTT1:《城市生活》,pp.113—171,约 12,880 词.(同上)

CTT2:《职业的选择》,pp.3—47,约 13,800.(同上)

两个汉语文本(CT1&2)和其英语译文(ETT1&ETT2):

CT1:《丈夫》,作者沈从文,pp.227—269,约 10,260 字,选自《中国现当代名家短篇小说选》北京:外语教学与研究出版社,2002。

CT2:《湖畔儿语》,作者王统照,pp.1—19,约 3906 字,选自《中国现当代名家短篇小说选》北京:外语教学与研究出版社,2002。

ETT1:*The Husband*,译者 Gladys Yang,pp.231—273,约 9044 个词,选自《中国现当代名家短篇小说选》北京:外语教学与研究出版社,2002。

ETT2:*The Child at the Lakeside*,译者 Sidney Shapiro,pp.3—21,约 2856 个词,选自《中国现当代名家短篇小说选》北京:外语教学与研究出版社,2002。

6.3.3 统计研究结果

下表是英汉原文和它们各自译文中不同时间标记的统计结果

Level of time marking Text	DT	MT	PT	SST	ST	AT	TAM	TSS	TS
ET1	0	9	16	8	33	100	914	33	1047
ET2	0	11	12	7	19	127	751	30	897
Total	0	20	28	15	52	227	1665	63	1944
Average	0	12.4/ 10000w	17.4/ 10000w	9.3/ 10000w	32.4/ 10000w	141/ 10000w	1036.4/ 10000w	39.1/ 10000w	1209.8/ 10000w

续表

CTT1	0	10	18	18	38	113	90	46	241
CTT2	0	11	12	19	41	129	156	42	326
Total	0	21	30	37	79	242	246	88	567
Average	0	7.9/10000w	11.2/10000w	13.9/10000w	29.6/10000w	90.7/10000w	92.2/10000w	33/10000w	212.5/10000w
CT1	0	11	22	24	23	98	177	57	298
CT2	0	2	8	13	28	55	38	23	121
Total	0	13	30	37	51	153	215	80	419
Average	0	9.2/10000w	21.2/10000w	26.1/10000w	36/10000w	108/10000w	151.8/10000w	56.5/10000w	295.8/10000w
ETT1	0	22	30	16	33	99	759	68	891
ETT2	0	5	9	8	16	47	291	22	354
Total	0	27	39	24	49	146	1050	90	1245
Average	0	22.7/10000w	32.8/10000w	20.8/10000w	41.2/10000w	110/10000w	882.4/10000w	75.6/10000w	1033.6/10000w

表6 从翻译角度对汉英时间标记系统进行对比研究的数据结果

注释：

DT：语篇时间话题　　　　MT：宏观段落时间话题　　　　PT：段落时间话题

SST：句列时间话题　　　　ST：句子时间话题　　　　　　AT：时间状语

TAM：时体标记　　　　　　TSS：超句层时间标记总量　　　TS：句层时间标记总量

ET1 and ET2：英语原文1和原文2　　　　CTT1 and CTT2：英语原文1和2的汉译本

CT1 and CT2：汉语原文1和原文2　　　　ETT1 and ETT2：汉语原文1和2的英译本

6.3.4 对统计结果讨论

基于以上数据结果，我们将从如下的视角，主要是从翻译的视角来对英汉语时间标记展开分析。

比较英语原文和汉语原文的时间标记特征，我们发现：

a. 英语原文中超句层面时间话题的总数为 20＋28＋15＝63，汉语原文中超句层面时间话题的总数为 13＋30＋37＝80。英汉叙事原文中超句层面时间话题的平均数分别为每10,000词 39.1 和 56.5，这表明，汉语叙事文较之英语叙事文更加依赖超句时间话题来为文本中的动作或事件提供时间信息。这也再次表明：汉语叙事文比英语叙事文的时间标记更具有语篇取向的时间标记的特征。所以，此统计结果支持对汉英时间标记系统共时对比所得出的结论。

b. 英语原文和汉语原文中时间状语的平均数分别是每10,000词 141 和 108。这也证明：从本质上来说，汉语较之英语更少地使用时间状语作为时间标记。另外,英语叙事文的时体标记的数量比汉语叙事文的时体标记数量大得多。这些都显著地表明,英语的时间标记系统更加倾向于句子取向的时间标记。这也和我们在 6.1 中所做的分析相一致。

在超句层面上,英汉语时间标记系统之间的差异聚焦在句列层面。确切地说,它们的平均数分别为每 10,000 词中 9.3 和 26.1。而在英汉叙事文中另外两个超句层面,即宏观段落和段落时间话题的平均数分别为每 10,000 词中 12.4、17.4 和 9.2、21.2。考虑到两种语言时间标记系统之间差异的焦点,以及使汉语时间标记系统成为现在的情形的原因主要是因为,在句列层面上,汉语的时间标记数目远远超过了英语句列层面的时间标记数,我们有理由更确切地说,汉语的时间标记系统不是语篇取向的,而是句列取向的时间标记系统。

英语原文中超句时间话题的平均数和汉语原文的英译文中超句时间话题的平均数分别为 39.1 和 75.6,所以汉语原文英译文中的超句时间话题几乎是英语原文中超句时间话题总数的两倍。而汉语原文的时间话题的平均数为 56.5,英语原文的超句时间话题的平均数为 39.1。这就是说,汉语叙事文的英译文中超句时间话题平均数的大量增加,部分是由于在翻译的过程中源语对目的语的影响所致。就时间状语的数量来说也可以识别这种影响,汉语原文时间状语的平均数比英语原文低,每 10,000 个单词中确切的平均数分别为 108 和 141。与此相对应,汉语原文的英译文中时间状语的平均数也比英语原文的低,确切的数字为 110 和 141。所以,无论就超句时间话题或就时间状语的数量而言,作为源语言的汉语对作为目的语的英语所产生的影响都是显而易见的。

正如我们上面所言,英语原文超句时间话题的平均数比汉语原文超句层面的时间话题的平均数低,分别是 39.1 和 56.5。英语原文汉译本中超句层面时间话题的平均数是每 10,000 词中有 33 个,也比汉语原文的超句层面时间话题的平均数 56.5 低。所以,英汉翻译也显示,在翻译过程中,就时间标记系统而言,源语对目的语具有一定影响。

对比汉语译文和英语原文,我们发现:描述同一事件,汉语译文使用 (21+30+37+79=)167 个时间话题(包括句子时间话题),而英语原文只使用了 (20+28+15+52=)115 个时间话题。这就是说,译成汉语时,比英语原文添加了 52 个时间话题,而只向英语原文添加了 (242−227=)15 个时间状语。这表明,译成汉语以后,作为目标语的汉语必须在很大程度上诉诸于话语层面的时间话题来给英语原文中相同的动作或事件提供时间信息。而且,借助时间话题的程度比借助时间状语的程度还要高一些。

这一角度的对比首先对汉语更倾向于语篇取向的时间标记系统这一观点提供了更多的支持。其次,正如许多翻译家和研究翻译的学者(比如古今名)所指出的:英汉翻译中,对句子的翻译主要问题在于目的语,即汉语使用者对英语动词的时体意义的理解与表达。英语动词时体意义的准确翻译使动作/行为的发生时间和方式非常清晰,从而能够使读者理清它们所表示的不同动作和行为之间的关系。并且,为了保证译文的准确和连贯,在英汉翻译中,有必要使用一些副词和助词(古今名 1997:98—99)。例如:

> The English language is in good shape. It is changing in its own undiscoverable way, but it is not going rotten like a plum dropping off a tree.
>
> 英语<u>目前</u>的情况很好,它<u>正</u>按照它那不易为人觉察的方式<u>在</u>起<u>着</u>变化,而不是像一只树上掉下的李子那样<u>在</u>逐渐腐烂。(古今明,1997:99)

对比原句和译句,我们发现有两个副词"目前"、"正",两个介词"在"、"在"和一个助词"着"在汉语译文中添加到了原句上。然而,上述译界学者的观点尽管是对的,却还没有抓住英语时间标记系统汉译过程中的关键问题,更没有将英汉语时间标记系统汉译这一问题作为一个系统性的问题加以思考。因为,正如我们以上分析所显示的,更大的变化实际上发生在语篇或话语的超句层面。为了能使读者理清不同动词或它们所表示的动作之间的关系,除了英语动词时体意义的准确翻译,还要依靠更多的不同语言层面的时间话题。在我们所做的上述分析中可以看出,汉语译文引入了 15 个时间状语和 52 个时间话题。这从另一个侧面表明:汉语时间标记系统的优势是它的话语或篇章取向的时间标记手段——时间话题。

对英语译文和汉语原文在时间标记方面的统计结果表明,英语译文和汉语原文在时间标记方面的差异主要表现为:英译文超句层面的时间话题的平均数比汉语原文中的高,而且比我们在汉英语时间标记系统进行共时对比时英语原文的超句时间话题平均数也要高。这大概是因为汉语原文的影响。但即使如此,我们仍然能够看出,在两个层面上两种语言时间标记系统的一般特征保持不变:一个是句列层面,另一个是词汇层面,即时间状语的使用。这就意味着,在相同的情况下,汉语倾向于比英语使用更多的句列时间话题和时间状语。

事实上,如果我们对比英语叙事文的汉译文和汉语叙事文的英译文,就会发现源语言对目的语的影响是非常明显的。在这两种译文中,我们发现汉语原文的英译文中超句时间标记的平均数量超过了英语原文的汉译文。这个对比结果和这两种语言作为源语言使用时的情况正相反。这表明:在某种程度上,通过翻译过程,语言的转换完成了,但并没有完成时间标记系统的转换,或者至少这方面的转换是不完全的。在我们研究的汉英译文中,英汉语原文被译成它们各自的目的语,但是原文中超句层面的时间标记系统的差异却在译文中有所保留。

换言之，源语言时间标记系统的特征在某种程度上决定着翻译中目的语超句层面时间系统的特征。

总之，我们要指出的是：从翻译的角度对汉英语言时间标记系统的对比研究不仅支持两种时间标记系统共时对比的结果，而且还证实，在相同的情况下，汉语倾向于更多地使用话语层面的或话语取向的时间标记手段，即：时间话题和更多的时间状语。所以，总的来说，汉语的时间标记系统更倾向于语篇取向的时间标记，而英语则更倾向于句子自足或句子取向的时间标记，我们在这部分所做的分析进一步巩固了这一论点。与此同时，通过分别对比汉英译文和英汉原文，我们发现：通过翻译，源语言能够对目的语产生一定程度的影响。

6.4 小结

在这一章，我们从三个角度对汉英两种语言的时间标记系统进行了对比：共时角度、历时角度和翻译角度。通过对两种时间标记系统的共时对比，我们发现汉语更多地采用话语取向的时间标记系统，而英语却倾向于使用句子取向的时间标记系统。通过对汉语时间标记系统发展的历时研究，我们发现、证实了汉语时间标记系统随着历史发展变得越来越细化这一变化过程。这也是人类文化作为一个整体发展的普遍趋势。通过对汉语时间标记系统的历时研究，也证实了汉语正在从语篇取向的时间标记系统向句子取向的时间标记系统发展这一趋势。从翻译的角度对两种语言时间标记系统进行的对比研究进一步巩固了我们共时研究的结果。

总的来说，我们证实了在论文开始所提出的假设：大体而言，不同语言的功能大致相同，但这种总量相同的功能在不同语言层级上的分布可能会因语言而异。与汉语相比，英语更多地将时间标记功能集中在句子层面，而汉语较之英语却更多地依靠不同话语层面的时间话题，尤其是句列的时间话题，来标记时间信息。所以，我们说英语的时间标记系统是句子取向的，而汉语的是语篇取向的。然而，随着历史的发展，汉语的时间标记系统已经在向句子取向的时间标记系统转变和靠近。

除此以外，我们之前还讨论了宏观语法化现象。这种现象包括经过从话语语用策略到句法策略的转变，并进而产生新的、更加紧密的句法结构的变化。话语取向的时间标记向句子取向的时间标记的转化也应该属于宏观语法化的范围。因为我们在对汉语时间标记系统的历时研究中看到：越来越多的句子添加了时、体标记和时间状语，这种转变逐渐改变了汉语的句法结构。那就是，汉语时间状语和时、体标记的添加使得汉语句子结构更加复杂，更加完善。所以，我们也能够说,通过在这章所做的研究,我们解释了汉语时间标记系统的宏观语法化。在下一章,我们将转向汉语时间标记系统的微观语法化:时体语法语素的形成和演变。

第七章　英汉语时间标记系统的微观语法化
——英汉时、体语法语素的语法化

在这一章,我们将集中研究时体语法语素(gram)来源于一般的词汇语素的发展过程。前面我们已专门说明,这种语法化过程我们称之为微观语法化,因此本章也以此命名。一方面,这是因为,在本章中我们将研究的是语法化发展的结果:语法语素(gram);另一方面,也因为这些语素属于两种语言的时间标记系统。

语法化的研究已经证实:总体来说,表达抽象语法意义的语法语素是从表达具体意义的独立词项发展、演变而来的。语法化过程中所涉及的认知机制主要是隐喻和转喻。当然,具体语素的语法化或某个特定语法语素的具体发展阶段所涉及的主要认知机制会有所不同。在这一部分,我们将分析英汉语时、体语法语素语法化的路线和机制。在此基础上,我们将考察英汉两种语言时、体语法语素语法化的异同。最后,在本章的结尾,我们将尝试性地分析造成两种语言时、体语法语素语法化异同的深层原因。

在下文的分析中,除了对语义减损和泛化过程的关注,我们还将参照Bybee, Perkins, 和Pagliuca(Bybee, Perkins, & Pagliuca 1994:107)的做法,采用衡量语法化或词缀化的三种形式方面的尺度或标准。这三种形式化的尺度或标准分别如下:

1) 语音减损

语音减损可以体现在语音串的任何音段特征或超音段特征中。重音消失并减损成一个中性的音调是语音减损的早期标志。这种减损还同时伴随着元音的缩短和减损。辅音也能通过缩短、浊音化或次要特征的消失而减损。辅音和元音在语法化的过程中都有可能完全消失。语音减损的结果是,在语段的语音材料方面,语法化了的语言项目比未经语法化的语言项目要简短。随着词汇材料逐渐地语法化,它的语义蚀损也将反映在语音减损或形式缩短的程度上。在汉英语时、体语素的语法化对比研究中,我们将采用语音减损这一标准来判断相关语素的语法化程度。

2）自主性的消失

伴随着语音减损，进入语法化的词条还将经历自主性的消失，从而变得对周围的语音材料越来越有依赖性。准确地说，自主性的消失反映在三个方面：

经历语法化的词条将失去重音或非中性的音调。

语法化的词条将越来越倾向于与周围语音材料同时发音。

对周围语音材料依赖性的增加或周围材料对正在经历语法化的词条的影响的增加还可以体现在词条所形成的形素变体（allomorph）的数量上。

3）熔合

随着正在经历语法化过程的词汇单位在语音和语义上的减损，这种词汇单位愈加依赖其周围的语言材料，并逐渐与邻近的其他语法语素或词汇语素相熔合。即使这种熔合最终不能导致词缀化，也将可能导致相关语素的语音变化，当然这种变化受邻近语言材料的影响。邻近的语言材料不同，不同的形素变体就会出现（Bybee et al. 1994:7）。一些学者，如 Hopper and Traugott，(Hopper and Traugott 1993:5—6)，Bernd Heine(Heine 1993:55—56)，将这种正处于语法化路上，在语法化的整个过程中介于独立的、词汇性质的语言单位和语法化了的形式（即语法词缀 grammatical or inflectional form）之间的形式，称为附着形式或附着语素（clitic），而将从独立的词（autonomous word form）到屈折词缀形式（inflectional affix）的转变过程称为附着化（cliticization）。

为了衡量熔合或附着化的程度，Joan Bybee 等提出以下两个衡量的标志：

1）书写形式的合一

一方面，正字法中对语素的处理形式是词缀化或熔合化的最明显，也最有说服力的标志。如果语法语素在书写中与动词写成合一的形式，很可能总是有其充分的理由的。假如开放类的词出现在语法语素和动词之间，那么在书写中语法语素与动词就不会采取合写在一起的形式。另一方面，语法语素与词干之间的熔合过程（fusional process）也需要书写的词缀化或附着化。当然，正字法或书写方式是约定俗成的，其变化是缓慢的，所以就可能在有些情况下，语法化了的语言成分在各方面已经表现为词缀了，而书写时依然是像一个独立的词汇项目一样分开来写。但是，如果一个语法化过程中的语素写作附着的、与相邻词汇合一的形式，那么它就达到了更高的熔合程度，从而比不是写作附着与合一形式的形成中的语法语素语法化程度更高。

2）开放类词汇的插入与间隔

在经历语法化的语素与动词之间，是否有开放类词汇的插入与间隔发生也是显示一个语素是否为词缀的另一个可靠的标志。随着语法化的发展，形成中的语法语素的位置变化也越来越受到限制，从而越来越倾向于更频繁地出现在紧靠动词的位置，直到变得总是紧挨动词出现。如果不是这样的话，词缀化就不会发生。因此，即使在词缀化发生之前，对开放类词汇的插入与间隔的禁止也标志着形成中的语法语素与动词的熔合达到了一个很高的程度(Joan Bybee, et al. 1994:112—114)。

7.1 英语中时、体标记的语法化

在这一部分，我们将集中研究英语中时、体标记的语法化。我们关注的焦点是这些时、体标记语法化的词汇来源及其语法化的路径和机制。我们还将依据语法化的标准来判断两种语言相关语法语素的语法化程度。

7.1.1 英语中过去时标记的语法化

根据 Bybee 等人的看法，英语标记过去时的屈折词缀-ed 比用元音变换(ablaut vowels)的方式表现的过去时形式形成得更晚。这些作者认为，这个后缀很显然是在古英语时期之前形成的，由动词"do"(在古英语中为 dyde)的过去时发展而来。在古英语中，表示过去意义的元音变换形式和以后缀表示过去时意义的形式并存。但后来，后缀化变得更具有能产性，并被应用于英语中的新动词(Bybee et al. 1994:150)。

7.1.2 英语完成体标记的语法化

在这部分，我们将首先集中探讨英语完成体的核心意义。然后，我们将寻绎其语法化过程并努力考察它语法化的机制和路径。

7.1.2.1 英语完成体的核心意义

在研究世界上不同语言的时、体和情态意义表达式的语法化时，Bybee 等人将完成体称为先前体(anterior)，以区分于已然体(perfective)(Bybee et al. 1994:54)。在本部分的研究中，我们也将仿效这种方法，用先前体(anterior)来指称完成体。首先，我们必须弄清楚这种完成体的意义。Bybee 等人认为，普遍接受的对先前体的定义是"与当前有关的一个过去的动作"(Bybee et al. 1994:61)。所以，先前体的中心意义是某种情景发生在参照时间之前并且与参照时间的情景有关。先前体通常与英语的完成体(Perfect)互译，并经常与表示关系的副词"already""just"("已经")连用。先前体可以与过去或将来时的时态标记一起出现(Bybee et al. 1994:54)。除了完成体/先前体，还有另外三个体的概念与对英语完成体语法化的研究至关重要，所以在下文中我们将引用 Bybee 等人的对这几个体概念的定义(Bybee et al. 1994:54)。

结果体(Resultative):这种体表示一种状态是作为过去的一个行为、动作的结果而存在的。

已然体类(Perfective):已然体表示相关情景在时间上被看做是封闭的。这种体被用来叙述离散的事件的顺序,其中的事件是单独思考的,不与其他事件相联系。因此它常常被用来指过去发生的情景。

过去时(Past):过去意味着某种情景发生在说话时刻之前。

7.1.2.2 英语完成体(先前体)的语法化

关于 America has found a role 一类句子中 HAVE 完成体的来源,人们普遍接受的说法是:HAVE 完成体源自对下面两个句子 a 和 b 的再分析(reanalysis)。

America [VP [V has] [NP [Na role] [A found]]]

America [VP [has [V found]] [NP a role]]

在句 a 中,HAVE 是一个有完整词汇意义的标准动词,其基本意义的"拥有(possess)"。它是句 a 中动词词组的中心成分,它的宾语是名词词组"a role",由过去分词、表"找到"状态的 found 所修饰。

在句子 b 中,动词词组的中心成分是及物动词 FIND,a role 是动词语段 has found 的宾语。因此,在句 b 中,HAVE 变成语段中一个单纯的助动词。就实质而言,它是主动语态的及物动词 FIND 的复杂形式,而 V 则变成动词词组的中心成分。在英语的发展历史中,将句 a 转变为句子 b 的再分析法有可能也发生在其他类型的动词词组中(Denison 1993:340-341)。

总的来说,在日耳曼语系(包括古英语)中,有些动词的完成体不是由 HAVE,而是由 BE 构成的。这些动词都是不及物动词,常表示运动和状态的变化(Denison 1993:344)。Visser 将这种完成体称为表示结果的形式(Resultative Form)(同上)。在英语发展的历史中,相对于 HAVE 型完成体的使用推广,BE 型完成体的应用日渐减少,以至于在当今的英语中,BE 型完成体变得相当陈旧、过时(archaic)。甚至它已不被列为与完成体不同的体,例如,Quirk 等人称这种保存下来的 BE 型完成体为"假的被动式(pseudo-passive)"(Quirk et al. 1985:170)。这也表明,作为语法范畴的完成体在演化、发展过程中主要集中于 HAVE 型完成体了。

实际上,句子 a,America has a role found. 和像句子 He was come 这样的 BE 型完成体通常都被称为结果类完成体。这类完成体表示一个过去的动作处在结果状态。根据 Traugott(1972)的观点,古英语有两种表示结果的方法:一种是用不及物动词构成结果体,其结构是助动词 beo-"be"加与主语在数、格和性方面一致的形容词性分词;另一种是用及物动词构成结果体,其结构为助动

habb-"have, take, get"加与宾语在数、格和性上一致的形容词性分词。例如，就不及物动词而言，可以有这样的句子：He wœs gecumen，即"He was come."而在最早的古英语中，habb-加分词的结构只用于表占有关系的语境中。例如，在以下的句子中，habban 保留了原有的作为动词的词汇意义(Traugott 1972：94)。

Ic hæfde hine gebundenne. (I had him in a state of being bound.)

Bybee 等认为，现代的完成体/先前体是从上面所提到的早期的结果体(Resultative)发展而来的。在这一过程中，分词失去了它原有的修饰名词的形容词属性，不再修饰名词，而是变成了动词词组的一部分。这种变化反映在分词与主语或宾语在数、格和性上一致性的消失与词序的变化上。经此变化之后，分词总是出现在助动词之后(Bybee et al. 1994:68)。实际上，词序的变化不仅仅是分词性质变化的反映，也是这种变化的原因。Mitchell 曾提出一些关于分词屈折变化的演变和宾语及分词词序变化的相关性的统计证据。统计结果证实了这一预料的合理性：宾语－分词这一词序比分词－宾语词序（百分之十五）导致了更高比例（百分之二十七）的分词屈折变化(Mitchell 1985:710)。

现在，我们既然已经知道英语的完成体是从早期的结果体(Resultative)发展而来，那么在这一发展过程中又涉及什么样的语义变化呢？是否涉及到语法化过程典型的语义减损呢？结果类完成体意味着一个现在的状态作为之前的一个动作的结果而存在。相反，先前体的意义则是一种情形在参照时间之前发生，并且和在参照时间发生的某种情形相关，或者是一个过去的动作与现在的一个时刻具有一种宽泛意义上的相关性。所以，用 Bybee 等人的话来说就是，当结果类完成体发展成先前体时产生的语义变化可以看做是意义的一种普遍化或泛化(generalization)。在这一过程中，与结果类完成体阶段相关的一些语义上的具体特征也同时被损蚀掉(eroded)。并且，Bybee 等指出，这样一种意义的普遍化很可能发生在篇章语境中。在这样的语境中，表达结果类意义的完成体被用来为接下来的动作充当背景和条件(Bybee et al. 1994:69)。Hopper 的论断与此类似。Hopper 认为，与完成体相关的表示完成的意义是从叙事篇章中标明动作前后相继关系和连续关系的需要演化出来的。这就是说，相继和连续是一种话语概念：当这些动作是离散性的或有界的事件或动作时，完成体就表示对这些以完成体表示的事件赋予完成的(perfective)或完整的(completive)理解。这种理解可能会使得完成体的这种篇章功能经过语法化而成为一种体或时态(tense)：也就是说，由此进化而成的形式标记最后可以用来表达完成体、已然体，或者过去范畴的意义(Heine et al. 1991:240)。

从完成体语法化的过程来看，我们可以发现，从结果体(Resultative)向完成体的转化至少涉及三种机制：

1）再分析

关于英语的 HAVE 完成体在由结果体（Resultative）转化而来的语法化的过程中所涉及的再分析，我们在本部分开头已经阐述得非常清楚。再分析使动词 HAVE 从主要动词变成了助动词，分词 FOUND 变成了主要动词。

2）基于概念基础上的转喻

当结果体（Resultative）演变为 HAVE 完成体时，一个至关重要的语义变化就是 HAVE 的意义发生了由"hold"（保持，占有）向"possess"（支配，拥有）的转喻性质的转变（参见 Brinton 1988：§3.1.3）。可以说，这里的转喻变化实际上是建立在概念意义上的转喻。而这种基于概念的转喻又相应地是建立在获得并享有某物的原型性图式结构或认知框架之上的。这一图式一般由以下几个步骤组成，如下图所示：

(a) 保持/得到(hold/get) > (b) 占有/享有(possess/possession) > (c) 享有/这种财产的影响(enjoying/effect of this possesion)

（说明：这个图式表示，占有某物可以有三个步骤，或三个语义层次上的占有，它们分别是：现实的动作意义上的占有或得到、不具动作意义的占有关系、抽象意义的因拥有该物而具有的影响力）

当 HAVE＋名词词组＋分词这种结构被语法化为结果体（Resultative）以后，上述图式或框架中的原来表示动作（action）意义，即表示"夺取，保持或得到（seizing, holding or getting）"意义的(a)部分就被用来指代(a)的结果，也就是图式/认知框架的(b)部分，即语义的核心和重点不再是很强的、动作意义的占有，而是一种不具动作意义的占有关系（possess/possession）。这种基于概念意义的转喻实质上是用图式或认知框架的一部分转指图式或框架的另一部分，即用图式的(a)部分转指(b)部分。

当结果体（Resultative）演变成先前体/完成体后，同样的概念转喻推论也成立，即(a)用来指代(c)。这种转喻推论变得约定俗成时，语法化过程中的语义转变也就实现了。

3）基于语言形式基础上的转喻

据布朗和尤尔（Brown & Yule）的观点，语言"事实"也可以被看做是一种框架（Brown & Yule 2000:238）。前面我们已经定义过语言表达式的框架，即：语言更高层级的单位相对于其组成成分或从属单位构成有关的框架。如果我们的记忆中已经形成某个语言框架，那么当这个框架的某一部分出现时，这一部分就能唤醒对整个框架或框架中其他部分的知识或推论。用 Riesbeck & Schank 的话说就是，"我们对我们读到的或听到的事物的理解很大程度上是'以期望为基础的(expectation-based)'"(见 Brown & Yule 2000:242)。这里,语言框架的作用就是为转喻性推理提供这样一个期望的基础。当 Hopper 提出,完成体或过去范畴的标记有可能是被语法化了的"篇章作用"时(见 Heine et al. 1991:240),Hopper 等人所谓"被语法化了"的"篇章作用(discourse functions)"不过是一个特定语言项与语境中其他相邻的语言项相关的一种意义。总而言之,这种"篇章作用"是一种语境意义。语言项从它作为组成部分所构成的语境中获得这样一种意义。因此,相关的语言项和它的语境的关系对应于一个语言框架的部分与框架整体的关系。而这种部分与整体的关系是一种典型的转喻关系。既然这种转喻性推理是基于语言形式的框架之上的,我们认为,有理由着重指出,Hopper 等人所提到的这一类语法化认知机制可以被称为基于语言形式基础上的转喻。

下面,我们将运用语法化的标准来考察英语完成体的发展。
1) 语音减损

将现在的 have/has 与古英语中的 habban/hath 相比较,可以发现,在英语完成体的语法化过程中,have/has 的原初形式 habban/hath 经历了语音减损。因为,从正字法角度说,语法化了的形式变短了。而且,在从一个表示"夺取,抓住"意义的动词词项(拉丁文 caper)变成一个表示拥有的动词(拉丁文 habere,英语 have),然后又变成一个完成体标记(Heine et al. 1991:7)的过程中,完成标记"have"由一般的动词变成了助动词。在这个过程中,它也必然经历了重音的消失。所以,除上述语音变短之外,这种重音消失是语音减损的另一方面。

2) 自主性的消失

当表示"夺取,抓住"意义的拉丁动词"caper"变成完成体标记"have",它在很大程度上丧失了自主性,成为一个助动词。成为助动词的"have"只有在与动词的分词形式连用时才有意义。所以,从这个方面来说,尽管这个语法语素还没有变成一个真正意义上的词缀,它在语法化的道路上也已走得相当远了。

3) 熔合

"has"的附着形式(clitic form),即"'s"是18世纪初产生的(Rydén & Brorström 1987:32)。Denison 指出,从大约1600年开始,缩短(contracted)的助动词被首次记录下来。历史上关于 had 和 would 的缩略形式'd 曾一直存在争议。这说明至少 had 的附着形式(clitic form)出现得很早,很可能从大约1600年开始就存在了。当然,在现在的英语中"have"和"has"都有附着(clitic form)形式。所以,英语完成体在其发展过程中至少经历了一定程度的熔合或一定程度的附着化(cliticization)。

讨论过了先前体/完成体的语法化,现在我们看一看完成体、已然体和一般过去式三者之间的关系。

Bybee 等认为,有相当多的历史比较证据证明已然体和一般过去时都是由先前体/完成体演化而来。已然体(perfective)和一般过去时从先前体/完成体发展而来的历程在印欧语系中能够得到充分的证明(Bybee et al. 1994:85)。例如,日耳曼语和罗曼语都像古英语一样,通过将意义为"have"或"be"的助动词和一个主动词的过去分词形式相结合形成迂回式的,或解释、说明性(paraphrastic)的结果体/先前体(resultative/anterior)。但在近代德语和法语口语中,现在完成体已经取代了一般过去时,可以与表示过去某个特定时间的副词连用(Denison 1993:353)。Bybee 等也注意到迂回式(paraphrastic)结果体/先前体结构在近代日耳曼语中的发展趋势,它已经承载了新的不同意义。在近代英语中,结果体除了其原有的意义,即:除了表示一个作为过去动作的结果而存在的当前的状态以外,又有了新的意义:表示与当前有关的、属于经历和先前持续意义的用法。在近代德语口语中,相似的结构也扩展了原有的用法,也正在取代早先的过去时的作用。在口语中,这种复合的表示过去时意义的结构可以在不表示先前意义的简单叙述中使用。法语里的同源结构——复合过去时——也经历了类似的变化。在口语中,这种复合过去时的意义已经被泛化(generalized)为完成体,完全代替了早期的屈折变化形式的已然体/一般过去时(Bybee et al. 1994:85)。此外,除了印欧语系的语言,在其他语系中也有此类证据。比如在汉语、Ewe(一种非洲方言)和 Atchin 中,也有证据证明先前体、已然体或过去时(perfective/past)的发展演变。(参见 Li and Thompson 1982; Heine & Reh 1984:127—28; Capell & Layard 1980:74ff)

从语义上说,一般过去时和已然体非常相似。两者都可以用来表示一个已经完成的过去的动作,也都可以用于叙述过去事件的系列。二者的不同仅在于,一般过去时在语义上更笼统一些。因为,它可以用来表示过去时间里的情形,但不考虑情形的时间边界问题,即不考虑是否完成或结束的问题(参见 Bybee et al. 1994:84)。

一般过去时和已然体(perfective)相似的另一个证明是,有相当数量的历史比较证据显示,一般过去时和已然体是从同样的词汇来源发展而来,并且都经历了一个表示事件先前性(anteriority)的阶段。如前所述,一般过去时和已然体从先前体发展而来的历程在印欧语中得到了极好的证实。

总体来说,从结果体(resultative)到完成体/先前体(perfect/anterior),然后到已然体和一般过去时的语法化过程见证了一个持续的语义泛化(generalization)的趋势。在这个过程中,意义的一些具体特征被损蚀掉了。在从先前体/完成体到已然体,然后再到一般过去时的发展过程中,同样的语义损蚀也在继续。

小结:在本部分的讨论中,我们首先研究了英语 HAVE 完成体的发展及其语法化过程中所涉及的认知机制;其次,我们关注完成体到已然体,再到一般过去时的总体发展路径。正如 Bybee 等人所总结的一样,证明由先前体到已然体,再到一般过去时的发展演变路径的证据是非常充分的。并且,不同语系中都有这样的证据存在。这个事实也表明,由先前体到一般过去时或已然体的变化在语法化中是非常典型的(Bybee 1994:86)。从语义上讲,通过这个发展链,意义的泛化(generalization)是持续的,即从完成体到已然体,再到一般过去时,越来越多的意义成分被损蚀掉。

7.1.3 英语进行体标记的语法化

在本部分我们将关注现代英语进行体的核心意义及其语法化。

7.1.3.1 英语进行体的核心意义

现代英语的进行体由系动词和现在分词,如下句所示:

Jim was singing the Blues.

上句中 BE + V-ing 结构 was singing 的典型意义是动词所描写的动作正在进行的过程中,其中并不必然涉及时间的限制(Matthews 2000:297)。

7.1.3.2 英语进行体的语法化

在这一部分,我们将集中考察标记英语进行体的 BE + V-ing 结构的语法化路线。依照 Denison 的作法,我们将用当今的标记来表示从古英语时期至今整个进化历史中的进行体结构(Denison 1993:371)。

众所周知,现代的英语进行体形式是 BE + V-ing。但在古英语中,现在分词的形式通常是 V+ende,如 feohtende(fighting)。所以,现在的 BE + V-ing 在那个时期是 BEON/WESAN + Vende(Denison 1993:371)。除 BE(BEON/WESAN)之外,其他与 -ing 形式搭配使用并使其搭配结构在语义上最接近进行体的动词是一些不及物动词,包括 SIT/LIE/STAND 等(Denison 1993:385)。因此,正像 Scheffer 所说的那样,进行体是英语中土生土长的结构。当拉丁语被翻译成古英语时,又因拉丁语的影响而在书面的古英语中再次得到极大的巩固(Denison 1993:400)。

Visser 在对近代英语 BE + V-ing 进行体历史的研究中认为,这个体标记有多个来源。根据这位研究者的意见,近代英语 BE + V-ing 进行体结构的可能来源包括古英语中的 BEON/WESAN + -ende 进行体和类似 he is on hunting 中的介词短语形式。除此之外,还有一些存在争议的古英语 BE + V-ing 的实例。现在的 BE ＋ V-ing 进行体的形成与出现应当经历了上述不同形式同时存在、并存时间持续很久、但在最后合并成一体这样一个过程,其中涉及:

在进行体和其他结构中-ing 形式对-end(e)/ind(e)形式的取代始于南方,后传播到北方。

在 he is on hunting＞he is a(n)hunting＞ he is hunting 中所发生的主要是语音性质的变化,以及随后发生的最初具有名词性质的动词类补足成分-ing 形式对这种语音变化的吸收(见 Denison 1993:404,405)。

在-ing/-ung 之前加介词的结构在形式和意义上与进行体相似。这样的结构在古英语中不是特别普遍,但有类似例子,一般用介词 on。在中古英语中,除了在习语 BE on hunting 和类似的表达中,用 on 的例子非常少见。中古英语末期之前,表示进行意义的带 an 和 a 的介词结构也很少。有时会使用介词 at。但是,在构成此类介词结构时,in 是使用得最多的介词(Denison 1993:387)。Visser 的推测是,表达进行意义的 in 型介词结构有可能是受到法语结构 en chantant "in/while singing"的影响而传播开来的(见 Denison 1993:388)。

Jespersen 也提出将中古英语时期的介词结构与当今的英语进行体相联系的假设。他假定,在中古英语中,在动名词之前有一个表示地点位置的介词存在。例如在以下两个例子中:

He is on hunting.
He was a-coming home. (Jespersen 1949:168;又见 Bybee et al. 1994:132)

Bybee 等认为,在大多数方言中,这个介词已经被删掉了(Bybee et al. 1994:132)。

在另一部重要著作中,Jespersen 将进行体(progressive aspect)称为扩展的时态(tense)。关于英语进行体的来源,他也作了与以上讨论类似的判断。他坚持认为,在英语进行体的发展过程中"in"取代了表进行意义的结构中的"on"。而英语进行体的意义,如从 He is on hunting. 这样的句子到 He is in hunting. 这样用介词 in 的句子,所表示的意义都是 He is in the middle of the action of hunting . (Jespersen 1949:396)。换言之,这种体的核心意义是"主语正在做某件事情的过程中"。

概括来说,英语进行体的来源包括:

a. 古英语 BEON/WESAN ＋ Vende

b. 与-ing 形式搭配使用并使其在语义上最接近进行意义的是一些不及物动词,包括:SIT/LIE/STAND 等。

c. 古英语和中古英语中在-ing/-ung 之前有介词如 on, at, in 的介词短语结构。

d. 古英语中一些有争议的 BE + V-ing 结构。

比较当今英语进行体和这个结构的来源，在语法化方面我们得出以下几点结论：

首先，在当今的英语进行体中保留着地点来源的意义。

据 Denison 的看法，关于古英语进行体的具体功能和意义存在着不同的意见(Denison 1993:381)。例如，Scheffer 坚持认为，古英语进行体和近代英语进行体的总体功能一样，都是用来强调由具体语境设定的时间参照(Scheffer 1975:213)。但是 Bybee 等(1994)则认为，在古英语中 BE+V-ing 结构出现得并不频繁，而且这种 BE+V-ing 结构有一种意义与进行的意义大不相同。古英语进行体的分词有形容词属性。它表示的典型意义是习惯的或具有典型意义的状态，而不是就某一活动而言的积极的参与。另外，并且据 Bybee 等人的研究，Hatcher 对英语进行体的详赡的描写清楚地表明，当今进行体的意义由表示地点位置的词语来源发展而来(Bybee et al. 1994:134)。Bybee 等根据她们自己数据库中大部分进行体形式都以地点位置意义的表达式作为来源、非地点位置性的进行体极少这一事实得出结论，认为英语进行体应当有一个表地点位置的语法化来源(Bybee et al. 1994:135)。

从前述进行体的四种来源，尤其是从 b 和 c 来看，我们倾向于同意认为进行体的来源应当是表达地点位置意义的语言形式。

如今的英语进行体与其来源相比已有一定的变化发展，而且其运用范围在英语中也比在其他语言中更广泛(Comrie 1976:33；Hahl 1985:90)。然而，它现在所传达的远不仅仅是单纯的体的意义，而似乎是一种可以由表示地点位置意义的来源、由"主语正在做某事的过程中"派生而来的意义(Bybee et al. 1994:135；参见 Jesperson 1987:396)。这个事实，连同上文提到的 Scheffer 的论断，似乎都在暗示，"主语正处在状态中/处在动词表达的动作过程中"这一意义，作为进行体来源意义的语义要素之一，在它的发展中保留了下来。例如德怀特·鲍林杰(Dwight Bolinger)曾指出，英语进行体能很好地回答关于地点的询问，他给出了以下的例证：

Where is Lou?

He is taking a bath(having a nap, etc.)

不仅如此，考虑到上文提到的 Scheffer 的论断，当今进行体的功能/意义的来源实际上决定了这个结构语法化以后的意义。鲍林杰的例子可以算作是语法化来源中地点位置意义的沉淀物存在的一个证据。

值得顺便一提的是，通过跨语言的对比研究，Bybee 等发现她们数据库中绝大部分进行体形式都是来源于表地点位置的表达式。Bybee 等断定,进行体语法化的这个路线是一种世界范围的趋势,为了支撑这一结论,他们指出,Heine, Claudi, and Hunnemeyer 研究结果曾显示,非洲语言中有一百多种的进行体语法语素都以表示地点位置的语言表达式为语法化来源。地点概念可能用表达地点意义的动词性助动词、前置词或后置词,如 at, in 或 on 来表现。动词性助动词可以由某个具体的表示体位或身体姿势的动词如"sit""stand"或"lie"发展而来。或者这种助动词表示的含义也可以是"位于某个地点",不涉及具体的身体姿势,而意义仅为"在(be at)""呆在(stay)",或者也可以更具体一点,表示"住在(某处)(live 或 reside)"。Bybee 等认为演变为进行体的表示地点位置意义的结构很可能是"be in the place of verbing(正在做某事的地方)"或"be at verbing(正处于某种动作的位置)"(Bybee et al. 1994:130)。

总的说来,我们可以做出以下结论:英语进行体的语法化符合语法化的"来源决定原则",这个原则的基本内容如下:语法化来源结构所具有的意义与来自语法化过程的语法意义具有较为明确的关系。而且,语法化的早期意义对新兴的、逐渐出现的语法意义具有预示和确定作用(Bybee et al. 1994:12)。

其次,我们来看一下英语进行体语法化过程中所涉及到的认知机制。

1) 再分析

Brinton 提出,BE + V-ing 进行体的演变涉及到再分析。而且,Brinton 还认为,进行体的语法化与英语完成体的语法化相似。因为,be 和分词组合在一起构成一个统一的迂回表达式。毫无疑问,这一过程涉及到了再分析这种演变阶段。这个再分析的过程与英语中完成体所涉及的再分析是对应的,即:be 和-ing 形式的并接;be 的动词性意义的减弱;-ing 形式的动词性意义的凸显;以及如此形成的 be + -ing 结构经语义泛化而囊括不同种类的动词的过程(Brinton 1988:109)。

2) 隐喻

英语进行体的语法化涉及到两种隐喻性转义。第一种出现在典型的古英语进行体中。经过隐喻性转义,动词所表示的动作被当作是一种状态,或是动作主体所特有的一种特征或属性。经此转义,进行体具有了形容词性的意义。这种隐喻的过程就是典型的韩礼德派语言学家所称的形容词化(范文芳 2001:50)。第二种隐喻转义出现在带介词结构的进行体表达式中。此类进行体表达的典型结构是:BE + in/at/on +V-ing。介词典型的意义是指示空间位置,但在这类结构中它们却是被用动作/运动的语义认知域。在此发生了从一个认知域到另一个认知域的跳跃,即由空间域到行为或动作域的跨域过程(Bybee et al. 1994:25)。

3) 修辞创新

关于英语进行体的意义，Visser 认为，能够说明大多数、甚至全部进行体用法的核心功能是：扩展的形式（The Expanded Form），即进行体（progressive aspect）是 to be 的一种特定形式和 -ing 组合而形成的一种结构。说话者用这种结构将听者的注意力聚焦于现在、过去或将来某个时间点或某个时刻正在发生的动作的开始后的阶段（POST-INCEPTION PHASE）之上（见 Denison 1993：405）。从这个意义上来说，英语进行体的发展似乎是曾经的修辞选择的约定俗成。

下面我们将采用语法化的标准来考察英语进行体的语法化，看这个体标记是否在三个方面都实现了语法化。

1) 语音减损

无论是从古英语进行体 BEON/WESAN + -ende 到近代英语的 BE + V-ing 的发展来看，还是从介词短语性形式如 he is on hunting 到 he is a(n) hunting，再到 he is hunting 的演变来判断，在这个体标记的整个演变过程中语音减损都是很显然的。

2) 自主性消失

与古英语的进行结构 BEON/WESAN + -ende 相比，近代的进行体结构看起来在自主性方面并没有失去太多。

3) 熔合

与古英语的进行结构 BEON/WESAN + -ende 相比，近代英语的附着形式 I'm + V-ing /They're + V-ing/He's + V-ing 是朝熔合发展的后来的产物。

在这部分，我们考查了英语进行体的语法化，也对这个演变过程所涉及的认知机制作了一个总结。最后，通过将语法化的标准应用到英语进行体的演变过程，我们发现英语进行体的语法化经历了语音减损，也形成了附着形式，而这种附着形式是一定程度的熔合的标志。

7.1.4 英语将来时间标记的语法化

在这部分我们将集中研究英语将来时间标记的形成和发展。

章振邦等认为，在近代英语中，有五种表达将来时间的方法：

Will/shall + V

Be + going to + V

Be + V-ing

Be + to + V

现在时形式

(章振邦,张月祥 1997:503)

下面我们将主要关注表达将来时间概念的前三种手段的语法化。

7.1.4.1 英语将来时间标记的典型意义

Bybee 等认为,将来时的主要作用是相当于从说话者角度表明一种预言,这个预言即认为指称说话时刻之后发生的事件的命题中的情形为真。(Bybee et al. 1994:244)这个定义实际上抓住了将来时这个语法范畴的典型意义。

7.1.4.2 英语将来时间标记的语法化

首先,我们研究"be + going to +V"这个将来时间标记的语法化。Trask 认为"be going to"表示将来意义的用法发生在 19 世纪早期,而这个新的用法快速地扩展了它的范围。在这个结构作为将来时间标记被语法化之前,进行体形式中的动词 go 已经存在了几个世纪,而且在这个结构语法化之后 go 也保留了它最初的表示空间运动的含义。在"go"以这个意义使用的句子中,动词 go 后面可以接表示目的的不定式,如:I am going to visit Tom. 这个句子可以这样分析:

[I] [am going] [to visit Tom].

但是这样一个句子也可能是一个并不处于"去"某处的动作中的人所说的,那么此时这个句子就应该重新分析为下面的结构:

[I] [am going to] [visit Tom].

这样一来,be going to 这个结构就可以被理解成表示关于不远的将来的一种计划(Trask 2000:143;又见 Hopper & Traugott 1993:87-88)。所以从表示物力意义的运动的原始意义到语法化以后所表示的未来时间的意义,涉及到两种语义的"跳跃":

第一个跳跃是从空间域到时间域的转义跳跃。

第二个跳跃是从表示运动动词的意义到表示未来时间意义的转义跳跃。

第一个语义"跳跃"是通过隐喻转义的机制实现的,用空间域来表征或范畴化时间域。Heine 等人认为,通过语法化,从认知到语法的过程既有离散的方面又有连续的一方面。前者在性质上主要是心理的,使人想到一种隐喻的分析方法,而后者似乎在本质上属于语用性质的:它高度依赖语境,显示出一种出转喻性的结构(Heine et al. 1991:70)。按照这个观点,他们也认为第一个语义跳跃是建立在隐喻性转义基础上的。并且,Heine 等人认为,在动词性动作 going to (像在 Henry is going to town. 或 Are you going to the library?)和时间标记意义的 going to(像在句子 The rain is going to come.)之间存在一个语义转变的连续统(continuum)或链条。这个连统统或链条由具有细微差异的语义概念构成,譬如在 I am going to eat. 这个句子中,going to 有三重意义:运动,计划和表示将来的意思。换言之,从动词性运动意义的 going to 到作为时标记的 going to 是一个连续的过程而非离散性的跳跃。所以在这个结构的动词性意义和未来时间含义之间有一种转喻性联系(参见 Heine et al. 1991:71)。而且他们还认为,这种转喻产生的原因是一种篇章语用的操作(同上)。

关于这个结构的语法化,首先,如在上文中提到的一样,我们也认为发生了隐喻转义。至于这个过程中所涉及的转喻,我们在两个方面跟这几位作者的意见有所不同。我们认为:

a. 在这个过程中涉及到两种转喻,而非一种。一是基于概念基础上的转喻,另一种基于语言形式基础上的转喻。

b. 以上几位学者所讨论的转喻存在于源意义和语法化了的意义之间,尽管这种转喻对理解语法化的本质非常重要,但更关键的是有哪些转喻不但引发了新的语法意义,还引发了新的语法形式。而我们这种区分两种转喻的转喻模式能解决这个问题。

首先,基于概念基础上的转喻导致了将来时意义的产生。

转喻推理或转喻意义发生的条件是,在 A 和 B 之间有包容关系或邻近关系的条件下,当用 A 来指代 B 或者用 B 指代 A 时转喻就发生了(参见 Lakoff & Johnson 1980:35—40)。在讨论英语完成体的语法化时,我们提到过,人们可以把事件理解为完整的框架。而作为框架的整个事件可以包括事件的不同步骤和程序,如下图所示:

A(计划/欲望)>B(受欲望驱使而产生的动作)>C(欲望的实现)

框架中不同的部分 A,B,C 以及这个框架的整体之间可以形成一种转喻关系,因为 A,B,C 三者之间有邻近关系,而且它们被包容在整个框架之中。在一定的语境下,框架中不同部分之间以及部分与整体之间潜在的转喻关系可以被激活,结果就是框架中的一部分可以指代其他部分,甚至也可以指代整个框架。反之亦然。但是,很可能被提到的部分将激活的是关于在概念上与它最邻近的部分的记忆或知识,因而就有了语用性质的推理。这样,概念性转喻可以允当语用推理的心理认知机制,它以转喻的方式将对话者引导至事件框架先前或随后的部分。至于"going to",它既能引出计划,又能引出未来对计划的实现。这个表示将来意义的结构的语法化实际上就是对这个框架中未来部分 C 的语用推理的规约化。因此我们说,概念性的转喻是表示将来意义的结构"going to"的语义来源。

其次,基于语言形式基础之上的转喻导致了再分析过程。

根据 Brown and Yule 的观点，"going to"和"be going to"与表将来时意义的"going to"和"be going to"适合出现的语境形成一个语言事实。这个语言事实或语境可以被当作一个语言结构框架（Brown & Yule 2000:238）。所以表将来的结构"going to"或"be going to"本来是内在于语言环境中而不是本来固有的结构，所以，当这个结构被理解为象征未来的时间时，它是被用来代表这整个语言框架所具有的含义了。当然，人们对"going to"或"be going to"这样的结构和它们所属的语言框架之间频繁联系的认识对这种转喻推理极为重要。因此，我们说在这个结构的抽象化过程中涉及到建立在语言形式基础上的转喻。这种转喻与再分析的产生有关。

确切地说，这种转喻只是再分析产生的部分原因，因为这样的转喻只是为形成表达相同意义的一种更短、更简洁的表达式提供了一种途径，但它并不能回答为什么会发生这样的再分析，而不是其他形式的再分析。换言之，再分析为何不是以"be going"或其他方式发生，而偏偏是产生"be going to"这一结构式呢？这个问题可以从格式塔心理学中找到答案。根据顺接原则（good continuation），人们倾向于识别和寻找那些有规律、变化小的整体（赵艳芳 2001:98）。而根据闭合规则（rule of closure），人们倾向于将不完整的图形理解为完整的图形，如果一个熟悉的模式或图形的某一部分已经缺失的话，感知过程会将缺失的部分补上，从而使模式或图形完整（Westen 1996:156）。闭合规则把一个闭合的域看做是独立而稳定的。它更可能形成一个图形，并从背景中突显出来。邻近规则受闭合规则的制约。因为，如果某些项目形成了一个有规则的模式，那么这些项目会被理解成一个整体，而不包括邻近的项目（参见考夫卡 1997:196,218,271）。在下面的句子中"be going to"是作为一个稳定的结构出现的，但与其连用的项目却是变化的。

> I am going to eat.
> I am going to do my homework.
> The rain is going to come.
> He is going to teach in this university for a year.

如果我们用一种公式化的方法来代表"be going to"，用不同的符号表示上面句子中不同的动词，我们将得出以下一系列具有聚合关系的形式：

> Be going to A，A＝eat
> Be going to B，B＝do
> Be going to C，C＝come
> Be going to D，D＝teach

在以上四个表达式中,"be going to"结构看起来是个有着格式塔心理学闭合域特征的规则的模式,所以它被理解成一个整体,再分析把原来与不定式标记"to"紧密联系的动词去掉也就不足为怪了。

下面,我们看一下有将来含义的情态动词"shall"和"will"的演变情况。

Goosens 曾断言,"magan(may),*sculan and willan(will)"是在古英语中最先表现出认知用法的初步痕迹的,但是它们都不能算作是认知意义的确定的载体(Goossens 1982:79)。Traugott 对于认知意义的早期发展也持谨慎态度。他指出,古英语中用 magan, willan 或 scullan 来表达说话者对可能性的评价而根本不涉及其他意义的情况极少。而且,Traugott 还指出,在现代英语中,也只有主语是无生命的主体时,will 的主要意义才是表示预测。譬如,在 It will rain tonight. 这个句子中就是如此。但在古英语中好像并没有这种含有无生命主语的句子(Traugott 1992:196—7)。Goossens 则补充说,在中古英语中也很难找到情态动词认知用法的明显例子(Goosens 1982:78)。

然而,在古英语和中古英语中无主语的情态动词的认知用法却随处可见。不过随着英语里除了祈使句和省略句之外,主句应当有一个形式主语的要求越来越具有强制性,情态动词不带主语的认知用法也随之消亡了(Denison 1993:300)。

Bybee 等认为,shall 和 will 的未来时间意义来自这两个语法语素以第一人称作主语、表意向意义的用法。而这两个情态动词表示意向的用法由第一人称表义务和愿望的用法中推理而来(Denison 1993:287)。Bybee 等还提出了与表示愿望有关的将来时的推理路径:

愿望(desire)＞意愿(willingness)＞意向(intention)＞预测(prediction)(Bybee et al. 1994:256)

Bybee 等以近代英语中与 shall 和 will 相对应的形式 hafta 和 wanna 为例,对语用推理机制在能愿动词产生将来意义的语法化过程中所起的关键作用作了说明。像这些作者分析的一样,如果某人说,I hafta go now. 说话人希望听话人推测出他打算现在就走,除非收到另外的建议(Bybee et al. 1994:287)。这说明,一方面,意向意义已经约定俗成了;另一方面,说话人寻找一种"丰富了的理解(enriched interpretation)(König 1988:160)"来解释他为何要提起他的义务。这种寻常的推理会与 shall 和 will 一类表达式如此紧密地联系在一起,以至于最终能够将这些表达的原始词汇意义丰富起来。

我们重申,这种语用推理的基础是前面提过的概念框架。这个框架由下面

---

* 星号表示这个语言形式是不合语法的或未被证明是正确的。

所示的不同部分组成：

　　A：愿望/义务＞B：动作/运动＞C：愿望的实现

　　这个框架中不同的部分之间有某种互指关系。当提及其中的一部分时，这个框架就被激活，不需要额外的过程。比如，只要有某一部分被提到，则无需其他的处理，包括对其他部分的提及，其邻近的部分或成分，尤其是随后的部分就会被理解。这个框架把其他部分"牵扯（involves）"了进来（cf. Brown & Yule 2000:259）。从这个意义上说，概念框架将已给出的信息和推理连接了起来。

　　与前此所述一样，框架中的一部分又再一次与整个框架形成了一种转喻关系，一种建立在概念基础上的转喻，或称概念转喻。

　　除了上面提到的两种将来时标记，英语中还有第三种将来时标记：Be + V-ing 结构。英语中动态动词，尤其是表示运动的动词，如 go，come，leave，start，arrive 等的进行体可以用来表示将来的时间（章振邦，张月祥 1997：513）。

　　Bybee 等认为单纯的运动并不能演变成将来的意义。要引申出将来时意义，在原来表示运动的结构中必须有这样的语义成分："主体正在朝某个目标移动的路途中"。这里有两点非常重要，一是"朝……的运动"，另外一点是"主体已经在路上了，运动正在进行中"。因此，Bybee 等总结说，这个结构的显性的或内在的方面是表示进行的，现在的或未完成的（Bybee et al. 1994:268）。所以，英语的"be + V-ing"将来时间标记是典型地属于这种类型，即由表示运动的动词结构发展而来。一是因为有这样用法的动词通常有含有朝某个方向运动的意思，所以是"朝……的运动"；二是因为这些动词的进行体形式又暗示着动词所表示的动作正在进行中，所以"主体正在朝某个目标移动的路途中"。

　　关于这种将来时间标记的语法化机制，有人坚持说，由表示运动的结构到将来时含义的演化中涉及到隐喻转义（Sweetser 1988）。Bybee 等则说，这种将来时间标记的发展没有涉及隐喻。我们这里同意 Bybee 等的看法，因为是表示意向的功能在起作用。Bybee 等的论断支持我们的这种看法。Bybee 等的观点是，当说话人宣布他/她要去某地做某事时，他/她也在宣布做那件事的意向。像 be going to 结构的语法化一样，在有将来含义的结构 be + V-ing（例如 becoming/leaving/arriving 一类结构）的将来意义的发展和语法化过程中，建立在概念基础上的转喻或概念框架充当了这一类结构的语法化的认知机制。事件框架中表示计划或打算的部分和表示实行计划的过程的部分用来指代这种打算的未来的实现。

　　Bybee 等指出，在能够辨别出词源的将来时语法语素中，作为将来时语素来源的运动动词比其他动词或任何类型的词汇材料都显得更为突出。在研究中，Bybee 等发现，有十种语言的将来时间标记的是从"来"或类似的动词发展而来。

另有十种语言的将来时语法语素是来源于"去"这一词源（Bybee et al. 1994：267）。从运动动词意义到语法化为将来时标记的发展中，起作用的基本认知机制就是由空间域到时间域的隐喻转义，即用空间里的运动来指代时间中的运动（Cf. Sweetser 1988；Emanation 1992）。

英语中还有一种将来时间标记：预期未来（expected future）。英语中预期的未来通过现在时、现在进行体或"be to"结构加适当的时间表达来表示，如下面的句子（Bybee et al. 1994：250）：

> We fly toTokyo on Wednesday.
> We're flying to Tokyo on Wednesday.
> Maria is to sing at the party tomorrow night.

由于这一类时间表示法或一般意义上的时间标记对具体时间表达的严重依赖性，我们认为，这种将来标记并非高度语法化了的将来时间标记，因此在本研究中也不会将它们列入我们的主要研究范围。

关于英语将来时间标记的语法化，Bybee 等发现有这样一种趋势：will 正在代替 shall，而 be going to 正在代替 will（Bybee et al. 1994：296）。这种变化表明，英语将来时标记的语法化方向与大量语法化领域的研究者们所发现的跨语言的普遍趋势是一致的。例如，Trask 曾指出，从跨语言的角度讲，意思是"去"、"来"、"想"和"必须"的动词往往发展成表示将来时间的语法标记。西班牙语中，人们不是用象征未来的旧的屈折形式"cantaré"，而更喜欢用"voy a cantar"来表示将来，这个形式翻译成英语几乎就是"I'm going to sing"。在法语里，对应的形式 je vais chanter 虽然不像在西班牙语中应用的那么频繁，但是作为将来时间标记使用得也越来越广泛（Trask 2000：144）。在所有这些语言中，动词"去"都被当作将来时间标记语法化了。由空间域到时间域的隐喻转义正在发生，或者已经发生。与此类似的是，通过跨语言比较，Bybee 等总结说，将来时语素的词汇来源非常之少，而且不同语言之间非常一致。将来时语法语素最常见的词汇来源是运动动词结构，比如"come"和"go"。其次就是"be"和"become"形成的结构，而与"be"和"become"相关的意义组成结构的动词意义的核心。表示施事者的愿望和义务的词项也是将来时语法语素常见的语法化来源，但不像上面提到的前两种那样频繁（Bybee et al. 1994：253）。由此，这些作者的发现似乎引出这样一个结论：在不同的语言中，表示运动的词是将来时语法语素语法化时最可能的词源选择。在这些动词中，那些表示最宽泛的运动意义的又是最可能的，比如意义是"去"和"来"的词。在某种程度上，这似乎是不同语言里将来时语法语素演变的一个普遍的特征。将来时标记"be going to"和"be ＋ V-ing"的发展，以及"shall""will"和"be going to"之间的竞争都与语法化的这种普遍性相一致。

总结以上分析可见,英语将来时间标记的语法化中所涉及的认知机制包括:

1) 隐喻

"be going to"这一结构在从空间意义向将来时间意义的转换中涉及到隐喻性转义。

2) 转喻

英语将来时间标记的语法化还涉及到转喻,包括建立在关于世界的概念基础上的转喻和基于语言形式基础上的转喻。具体地说,在将来时间标记"be going to"的语法化中两种转喻都涉及到了。而在 shall 和 will 的表示预测和将来时间的演变中起作用的主要是以概念为基础的转喻。

3) 再分析

在作为将来时间标记的"be going to"结构的发展过程中,再分析的发生是形成新语言表达式的关键。

下面,我们将用语法化的标准对英语将来时间标记的发展做一分析,从语音减损、自主性消失和熔合这三个角度,看看在英语将来时间标记的语法化过程中都发生了哪些变化。

1) 语音减损

在将来时标记"be going to"的发展中,涉及到一种典型的语音减损。像 Bybee 等分析的那样,与完整形式"be going to"相比,后来发展的"gonna"中,第一个元音是由原本完整的形式[əw]减损成中性元音(shwa)的;其中的中辅音是表进行意义分词的鼻辅音和 to 中的[t] 共同发音的残留。通过语音减损,在原来的三语素短语中产生了压缩或内部熔合(Bybee et al. 1994:6)。从 shall 和 will 的完整形式到附着形式('ll)的变化过程中也有语音减损发生。

2) 自主性消失

像以上所做的分析一样,在将来时间标记"be going to"的发展历程中,原来自主的表示运动的动词"go"失去了它的自主性。不定式标记"to"也失去了自主性。所以当更简短的形式"gonna"出现后,自主性的消失就达到一个更高的程度。shall 和 will 变为附着形式('ll)的过程也表现了部分自主性的消失。

3) 熔合

如上文所述,在"gonna"的形成过程中发生了内部熔合,shall 和 will 的附着形式则是部分熔合或一定程度熔合的例子。

总结前文,通过对英语时、体标记,主要是体标记的语法化的研究,我们发现,这些语法语素的语法化发展过程都涉及到的重要的认知机制包括:由空间域到时间域的隐喻转义(如在将来时间标记的演化中)、由空间域到动作或动作过程抽象域的隐喻转义(如在进行体的演变发展中),以及这些英语语法语素的语法化中都存在的转喻机制。我们的发现与他人的不同之处在于,我们区分了两种转喻,而不是一种。其中一种是基于概念基础上的转喻,或称作概念转喻;而另一种转喻是基于语言形式基础上的转喻。前者是语用推理产生的认知机制和认知基础,在语用推理中概念模式将原始意义和推理意义联系在一起。后者导致了再分析和减损或缩短了的语言形式。这种转喻从语义上将新产生的、缩短的形式与原来的完整形式联系起来。因此,实际上,在语法化过程中,尤其是再分析、附着化和熔合的过程中,基于语言形式基础上的转喻为缩略形式的产生提供了语义的"启动资金"(参见李志岭 2006;2008)。

7.2 汉语时/体标记的语法化

根据 Li & Thompson 的观点,近代汉语的体标记包括持续体(durative aspect)标记"着"和"在",已然体标记(perfective aspect)"了"和经历体(experiential aspect)标记"过"(Li & Thompson 1989:185)。在这一部分,我们将对汉语这些体标记的语法化作一简要的分析。我们将集中于这些语法语素语法化的词汇来源、路径和认知机制。然后将利用语法化标准来对这些语法语素的语法化程度做一个总体的判断。同时,我们也将简单地对汉语体标记和英语的时、体标记的语法化作一对比,以期发现它们之间在什么程度上有所异同。最后,我们将比较两种语言语法化的特征。我们预期将发现,汉语的语法化有不断发展和扩展开来的趋势。这一点也像其他学者(如 Bybee 等)所发现的那样,语言的语法化是语言中一种广泛的趋势。因此,我们也希望通过我们的研究对关于人类语言普遍性的知识有所丰富。

7.2.1 汉语体标记"着"和"在"的语法化

如上所述,根据 Li & Thompson 的观点,汉语中的"着"和"在"是持续体的标记。但是 Chauncey C. Chu 发现了这两种体标记意义上的一些不同之处。我们的分析中也采用了他对这两种体标记的区分。在本部分,我们将首先处理这两种体标记的核心意义,然后分析它们语法化的路径和认知机制。

7.2.1.1 "着"和"在"作为体标记的核心意义

"着"和"在"都传达了动作正在持续的意思。Chauncey C. Chu 认为,"着"后缀表达了一种持续的视角。在这个意义上,说话者视某个具体事件的进行最为凸显。同理,"在"也可以表示说话者视某个具体事件的进行最为凸显。但 Chauncey C. Chu 并不把词缀"在"当成一个体标记。原因如下:首先,"在"不像其他的体标记一样,它更像是一个前缀而非后缀。其次,它能被高度地重音化

(Chu 1998:15)。Li & Thompson 将"着"和"在"都当作是持续体标记,我们也认为二者都是体标记。至少在关于汉语语法化的研究中我们有充分的理由把"在"包括在体标记的范围里。因为,第一,"在＋动词"结构与现在的英语进行体标记的来源之一 in/at/on ＋ V-ing 的结构很相似;第二,它在现代汉语中的功能与 in/at/on ＋ V-ing 在英语进行体的功能相似;第三,重音的消失只是语法化达到相当高程度的语言项目的特征之一。因此"在""能被高度地重音化"不能作为一个重要的理由来否认"在"正处于语法化的路上。

"在"与"着"确有不同。例如,它们之间一个非常显著的不同就是伴随"在"的从句比与"着"连用的从句在语法上更独立。像 Chauncey C. Chu 所言,这种独立性的一个明显表现就是伴随"在"的从句可以独立存在,并可以充当如"他们在干什么?"这类问题的答案(Chu 1998:15)。

此外,与 Li & Thompson 不同,Chauncey C. Chu 将"在"定义为进行持续体,而"着"则是非进行持续体。他将两者分别简称为进行体和持续体。根据他的定义,"在"作为一个进行体标记,表示"连续和非静态的结合",(Chu 1998:49)"着"作为持续体表示连续但是非进行状态(参见 Chu 1998:49)。这就是说,持续体(durative aspect)是"进行持续体(progressive durative)"和"非进行持续体(non-progressive durative)"的总称。

我们采用 Chauncey C. Chu 的定义,为了确保对"在"与"着"两种体标记的不同点有明确的认识,我们在这里引述 Bybee 等对持续体和进行体的定义:

持续体/连续体(durative/continuous):视一个单独的情形正在进行并持续了一段时间。英语进行体是限于动态动词的连续体。比如,可以说 I am reading,但不能说 I am knowing the number。

进行体(progressive):动作与参照时间同时发生,意思是"在……的过程中"。这比英语的进行体限定得更严格,因为英语进行体可以用来指在参照时间并不处于进行状态的事件(Bybee et al. 1994:317)。

在下一部分,我们将追踪汉语中这两种体标记的发展历程。

7.2.1.2 "着"和"在"作为体标记的语法化

首先,我们来分析作为体标记的持续性"着"的语法化。按照王力的观点,"着"最初写作"著"。"著"读作 zhù,意思是"明显的、显著的",而读作 zhuó 的意思则是"穿衣"或"附着在某物之上"的意思。王力指出,体标记词"着"(zhe)是从发音为 zhuó,意思为"附着"的"著"发展而来的(王力 2000:94)。在下面的部分,我们将重点分析从"附着"的"著"到表示"某动作在一段时间内持续或延伸"的持续体标记"着"的发展过程。

按照王力的研究,最初,发音为 zhuó 的"著"是一个完全动词,意思是"附着"

或者与"附着"相关的意思。例如：

> 风行而著于土上。（《左传·庄公二十二年》）
> 甘露如饴蜜者，著于树木，不著五谷。（《论衡·是应》）
> 惟著意而得之。（《楚辞·九辩》）
> 长恐祖生先我著鞭。（《晋书·刘琨传》）
> 纷纷忽降当元会，著物清明似月华。（《李建勋和太宗元日大学登楼》）

（见王力2000:94—95）

在上述例句中，发音为zhuó的"著"都表示"附着"或者相关含义，而且在句子中作为谓语独立使用。这说明，用作"附着"的"着"是一个纯粹的动词。

在东汉时期，已经有迹象显示出现动词"著"的抽象意义。先前的完全性动词不是充当谓词了，而是放在动词后面，和动词一起构成使成式结构，如：

> 今钟鼓无所悬著……如此必有所悬著。（《论衡·雷虚》）

在上述例句中，"著"已经不再独立使用，它要和主要动词连用表示动词的结果。确切地说，它给出了动词所导致或指向的位置。

南北朝之后，"著"开始虚化（实际上就是语法化理论所说的语义的损蚀（erosion）和泛化（generalization））。一方面，它不再作为谓语使用；另一方面，它还在某种程度上保留了原来"附着"的含义，尽管它要和动词连用，因而失去了原先作为完全动词的作用。在这种情况下，动词加"著"字构成类似使成式的结构。这种"著"字一般只用于处所状语前面，并且常常和"前"、"后"、"中"、"边"等相呼应（王力2000:95）。这样，原先作为完全动词的"著"就起到了一种指示主要动词（或动词表示的动作的）位置的作用。如：

> 长文尚小，载著车中，文若亦小，坐著膝前。（《世说新语·德行》）
> 寄君藤无叶，插著丛台边。（《吴均诗》）
> 雷公若二升碗，放著庭中。（《三国志·魏志·曹爽传注》）
> 以绵缠女身，缚著马上，夜自送出门。（同上）

王力认为，在这些句子中，"著"有近似"在"的意思，因为附在某个位置也就是在某个地方的意思。而且，王力指出，和"在"不同的是，"著"要和前面的主要动词作为一个意群一起连读，即所谓连上念；而"在"要和下面表示位置的名词一起连读，即所谓连下念。这一点是二者的部分本质性差异（王力2000:95）。

后来又出现"著"的一种新用法，表示一种静态。如：

> 堆着黄金无买处。（王建北邙诗，见王力2000:96）

正如王力分析的那样，在类似的句型中，"著"仅表示一种静态，不表示持续

状态。作为持续状态讲的"著"是在北宋形成的,例如:

见世间万事颠倒迷妄,耽嗜恋著,无一不是戏剧。(《朱子语类集略卷二》,见王力 2000:96)

擂著鼓,只是向前去,有死无二。(同上)

在宋元话本和明朝的小说中,"著"表示持续状态的用法越来越多。而且"着"也在这一时期出现。在宋、元时期,"着"已经像在现代汉语中一样被用作的体的标记了(王力 2000:97)。

似担百十斤担相似,须硬着筋骨担。(《朱子语类集略卷二》见王力 2000:97)

又指着心曰:"这里不可欺也。"(《五代史评话·晋史》见王力 2000:97)

驾着渔船一直过江逃难。(《元曲·楚召公》)

王力指出,当在这些句子中出现体标记词"着"的时候,动词+"着"+名词的结构起状语的作用,如在下面的句子中:

驾着渔船(状语)一直过江逃难(动词)。

和王力不同,石毓智认为真正的体标记词"着"是在元朝之后出现的(石毓智 2001:147),如:

见他战笃速惊急列慌慌走着。(元刊·陈季卿悟道竹叶舟 见石毓智 2001:147)

冯妈妈他老人家,我央及他厨下使着手呢。(《金瓶梅·三十八回》见石毓智 2001:147)

王夫人正坐在凉榻上摇着扇子。(《红楼梦·三十三回》见石毓智 2001:147)

所以,对于体标记词"着"出现的确切年代似乎有些争议。但这并不是此处我们最关心的问题。我们主要关注的是,这一汉语体标记词语法化的来源、路径、机制和程度,而不是准确指出它作为体标记出现的时间。

总之,王力认为"着"作为体标记继承了"著(zhuó)"这个词表示位置的含义。石毓智也认为体标记词"着"是从含有"著"的存在句产生的。在这些句子中,"著"起到指示动词所导致的位置的作用(石毓智 2001:147)。这实际上与王力的断言相同。王力认为,体标记词"着"(zhe)发源于读音为 zhuó,意思为"附着"的"著"(见王力 2000:94)。如上例所述,王力认为,表示位置、处所的"著"zhuó 也是源于意义为"附着"的"著"。

根据石毓智的观点,在现代汉语中,"着"-zhe 有四种用法。

a. 进行时，也就是说，在参照时刻，动作正在进行中。如：

  他们正吃着饭呢。

b. 持续体，也就是说，这种状态将持续或存在一段时间，如：

  门开着呢。

c. 显示存在，用于存在句中，如：

  墙上挂着一幅画。

d. 两种事件的共存，如：

  坐着讲。（石毓智 2001:144）

下面我们考察持续体标记词"着"-zhe 的一些典型用法。

首先，在复合句中，即含有两个动词的句子中，一个动词和"着"连用，另外的则不和"着"-zhe 连用。和"着"连用的动词表明该动作在一段时间内持续，这样就为其他动词标志的事件提供了一个事件空间（Frawley 1992:314）或临时背景和框架（参见 Li & Thompson 189:219；Chu 1998:55）。这种用法就同时使相关动词附属于另外的动词。这种语法使"着"-zhe 和进行时的体标记词"在"-zài 形成对比（参见 Chu 1998:15）。这种用法表明，至少在一个时间点上，和"着"连用的动词所表示的动作会和另外的动词所指示的动作同时存在。

  有一个时候，他狠狠地看着我们，目光充满仇恨。
  我躺着，望着窗棂上的窟窿。
  他一边思索着，一边不停地往前走着。
  她听着收音机织毛衣。
  小狗摇着尾巴走了。

第二，在简单句中，"着"（zhe）表示持续或进行的意思，但通常和"正"连用，表明和参照时间同步。如：

  几只鸟在树上不停地飞着。
  当时，一面红旗在山顶上高高地飘着。
  小王现在正洗着衣服呢。（见李铁根 1999:21）

但是，正如 Chauncey C. Chu 所指出的，在语法上，含有在-zài 的从句比含有"着"（zhe）的从句更具有独立性（Chu 1998:15）。所以，简单句中作为持续或进行体标记的"着"比"在"（zài）的应用范围更受限制，如在以下句子中：

  张三拿着报纸*。
  张三在拿报纸。

张三跳着＊。
张三在跳。

在上述例子中，和含有体标记"在"（zài）的两个句子相比，带星号的句子通常不太容易被接受。

第三，行为动词可以带上"着"（zhe），以表示动词所描写的行动对某一实体的处置。动词表示的行动，即对实体处置的结果是动作所产生的状态会存在或继续，或者相关实体在某位置或某状态的存在将在一段时间延展。如：

门开着。
玻璃上写着几个大字。
墙上挂着一幅画。
门口停着一辆汽车。
钱在银行存着。
她在地上跪着。
他穿着军大衣。

在这种用法中，体标记"着"对前面的动词有一种静态化（stavizing effect）的效果，也就是说，使非状态动词具有了静态属性（Chu 1998:54）。

第四，"着"可以和某些动词，尤其是表身体姿势的动词连用，表示对一种静态的、不变的身体姿势或状态要求。如：

拿着。
站着别动。
在这儿等着。

在这种表达式中，"着"（zhe）用来强调对动词所表示的动作或状态的维持。更直接地说，这种用法中，"着"的静态化效果有强调命令或要求的作用。

事实上，"着"在现代汉语中还有另一种重要的用法，但发音不同，读作 zháo，表示"附着到某物"，或"到达某地方"，如：

看着了。
打着了。
找着了。

尽管在词典中它被看做一个不同的词素，但这种用法对理解体标记"着"（zhe）的语法化有很大启发意义。所以，我们将把"着"的这种用法纳入体标记"着"（zhe）从完全动词"著"发展而来的过程来考察体标记"着"（zhe）的语法化历程。

讨论了体标记词"着"(zhe)语法化路径以后,下面我们将讨论它的语法化所涉及的认知机制。

在我们看来,体标记"着"(zhe)的演变形成过程涉及以下不同的认知机制。

1) 隐喻

最初,现代汉语的持续体标记"着"(zhe)的来源是"著"zhuó,其意义是附着于某物之上,如:"著于地"、"著于树木"、"著物"等。后来,"著"不再表附着于某物而是开始表示"著"前面的动词所导向的空间位置。

从物质性实体到空间,这是抽象的第一步。这里涉及到一个从实体性的物质域到实体性不太强的空间域的隐喻性跳跃。然而,发生这种语义跳跃之后,语法化来源的主要语义要素,即附着于物的意义继续保留,尽管像王力分析的那样,表示位置意义的"著"(zhuó)与介词"在"有相近似之处。

随后出现第二步意义的抽象化。当动词＋"着"(zhe)[助词]＋空间副词的结构发展为动词＋"着"(zhe)的结构以后,表示位置含义的"著"也就派生出持续或体含义的"着"。于是,第二部抽象化就发生了,从而使实现了从空间域到时间上的持续或时间上的延伸。因此,另一个隐喻性跳跃也就发生了。

这就是说,在体标记"着"语法化的过程中,发生了两次隐喻跳跃。

2) 转喻

从"载著车中/放著庭中/缚著马上"等句子中的定位含义衍生出了"堆着黄金"、"擂着鼓"、"指着心"、"驾着船"这样的结构。在此过程中发生了再分析,并且这也是新结构产生的关键。再分析的结果是语法化的来源"著"已经从语义上发生了转变,即不再和后面的语言项目发生关系,而是和它前面的动词发生联系。同时,原来表示位置含义的"著"不再指示位置,而是表示一种静态、不变或更直接地表示动作持续的状态。对一个物体或位置附着的动作或状态必然涉及动作中不间断的力量输入,或者至少附着动作的功能必须保持。换言之,由最初的"著",到后来的"着",这其中涉及到语义的转变:由最初的表示位置的意义和表示附着的含义,到后来表示某种动作的持续或状态的继续。这种语义演变和用结果表示或指示原因的用法是平行的。就本质而言,这是一种转喻性推理。

由此形成的表示持续意义的"动词＋'着'(zhe)"的结构是这种转喻推理的规约化。这种转喻推理是以我们对典型情景,即概念框架的知识为基础的。

3) 再分析

在现在的持续体标记"着"(zhe)的发展历程中发生了再分析。在以上关于体标记"着"(zhe)的演变的考察中可以发现,最初有像"'著'(zhuó)[动词]＋名词"这样一个结构。

后来,"着"(zhe)的来源的句法特征受到了再分析的影响,产生了像在"载著车中/坐著膝前"中的"动词 ＋ '着'（zhe）［助动词］＋ 空间副词"这样一个结构。这个再分析的结果就是动词"著"（zhuó）不能再独立地扮演谓语的角色。而且，在这个新的结构中，它在语义上已不光与后面的成分相联系，并且与其前面的动词也有联系。也就是说，在再分析之后，在"动词 ＋ '着'（zhe）［助动词］＋ 空间副词"这个结构中，"着"（zhe）表示动作附着于空间处所，这意味着一种空间定位和动作的稳定性。

后来，通过对表示处所含义的"动词 ＋ '着'（zhe）［助动词］＋ 空间副词"的结构所做的另一个再分析，形成了"动词＋'着'（zhe）"的结构，表示动作的稳定性或动作的位置、目标和指向。这个新的语言结构从包含"动词＋'着'（zhe）"这一片段的"动词＋'着'（zhe）［助动词］＋ 空间副词"的结构中获得其意义。前者和后者形成了一种基于这两个结构的语言形式基础上的转喻关系。所以，在从"着"的处所含义到其作为体标记的含义的演变中，再分析起到了桥梁的作用。这个再分析的认知机制是基于语言形式基础上的转喻。

除此之外，再分析的结果是"着"（zhe）在语义上不再与它后面的句子成分：宾语或空间副词，如"载著车中/坐著膝前"，或"他打着一只鸟。"的"车中"、"膝前"、"鸟"（《世说新语·德行》见王力 2000：95），而是与它前面的动词在语义上联系紧密起来。如在"擂着鼓"中，与"着"（zhe）联系紧密的是动词"擂"，而不是它后面的宾语"鼓"。

持续体标记"着"（zhe）从原来的实意动词"著"（zhuó）发展而来的过程是一个分化过程。例如，除了现代的体标记"着"（zhe）之外，从同一个来源还产生了意思是"穿"的"着"（zhuó）；意义是"碰触或接触"或"动作已经导致了某种宾语或结果"的"着"（zháo），如"看着了/打着了/找着了"；以及表示计划、阴谋的"着"（zháo）。很显然，"着"（zháo）继承了其词汇来源"著"（zhuó）大部分核心意义，而表示碰触或接触的"着"（zháo）是其来源的原有意义的泛化，即"附着"意义的泛化。

总体上说，由原来的具体动词"著"（zhuó）到表处所的"著"（zhuó），再到体标记"着"（zhe）的发展历程大体上见证了抽象化的增加。

现在我们将应用语法化的几个标准来判断这个体标记语法化的程度。

1）语音减损

持续体标记"着"（zhe）是现代汉语中的助动词之一。与它的词汇来源（表"穿上"的具体动词"著"（zhuó））相比，它是非重读或中性音调的。这说明，经过语法化之后，不只发生了语音的轻音化、音调的中性化，其音节结构也缩短了。在其原来的具体或实义动词的形式中，元音是一个复合韵母，但在语法化的形式中,元音变成了单韵母(罗正坚 1996:116)。所以,在语音上讲,作为语法化过程的结果,它的语音材料被减损了。这种语音减损是语法化过程的典型特性。

2) 自主性消失

体标记"着"(zhe)的来源是一个完全动词"著"(zhuó)。最初,"著"(zhuó)可以独立充当谓语。在"著"(zhuó)表处所的用法时,如在"载著车中/坐著膝前"中,"著"(zhuó)的自主性已经减弱了。在"摇着鼓/驾着舟"中,"着"(zhe)表示动作的持续/连续。在这种用法中,"着"已经丧失了大部分的自主性。功能上它已依附于其前面的动词。这就是说,它已经变成了语法化来源"著"(zhuó)的一个附着形式了(clitic form)。这也是语法化的一个典型特征。语义和语音上的减损如此之大,以致于演变出了一个新的书写形式来表达新的意义。

3) 熔合

前面已经提过,现代的体标记"着"(zhe)的来源是一个完全的的实义动词"著"(zhuó)。当它有了像在"载著车中/坐著膝前"中的表处所的意义后,"著"就和其前面的动词连读在一起了(见王力 2000:95)。这是熔合的第一个标志。但是,在这种用法中,熔合并非是强制性的,有时非处所的宾语可以出现在动词和"著"之间。如:

　　辄舍饭著两腮边(《世说新语·德行》)
　　埋玉树著土中。(《世说新语·伤逝》)
　　酒,正自引人著胜地。(《世说新语·任诞》)

但是,当"著"变成"着"(zhe),语音上它失去了重音;语义上已经发生减损,并因此附着于动词。从横组合关系上来说,其他成分能够出现在动词和"着"(zhe)之间的情形越来越少。如今,在现代汉语中,它们之间已不能插入任何成分。而这表明,作为持续体标记的"着"(zhe)与它前面动词的熔合程度已经发展得相当高了。

研究了持续体标记"着"(zhe)的语法化,下面我们来看进行体标记"在"(zài)。

最初,进行体标记"在"(zài)的语法化的来源词"在"(zài)是个实义动词,意思是"存在,活着"。例如:

　　父在观其志,父没观其行。(《论语·学而第一》)
　　父母在,不远游,游必有方。(《论语·里仁第四》)

王力认为,"在"(zài)的介词用法出现在晋朝之后。因此,进行体标记"在"(zài)经常代替"於"使用,这是"在"(zài)的介词用法的一个标记。

也就是说,最初,"在"(zài)这个词能独立地充当谓语,但后来语义上弱化了,或被语法化成一个介词,变成表示空间、时间或其他关系的一个词或一个句法成分(参见 Matthews 2000:293),即:"在"(zài)这个原来的动词再不能充当谓语并独立使用了。它失去了表示"生存和存在"的具体意义。"在"(zài)后来获得的较为抽象的典型意义是"处于某物,例如空间或时间的……内部、表面、某位置"或"占据空间、时间、或某物的内部、表面、或位于一个位置/地点"。因此,经过语法化之后,"在"(zài)的意义从表"生存/存在"的具体动作域变成一个不太具体的空间域,甚至变成一个非常抽象的时间域。这个语义变化实质上是一个跨域的隐喻跳跃。

但在我们的研究中,我们最为关注的是具体实义动词"在"(zài)的源始意义和现代汉语中进行体标记"在"(zài)的意义之间的关系。作为进行体标记的"在"(zài)的典型意义是"处在动作中间"。换言之,当用于动词时,进行体标记"在"(zài)表示主体处于活动/动作的内部,并因此将活动/动作等同于空间。所以,此处也有一个从空间域到动作域的隐喻跳跃。描述空间的表达被用来体现活动/动作的轮廓。体标记"在"(zài)指向了"事件在其发生时所从属的时间框架中"(see Frawley 1992:294)展开的方式,即事件正在过程之中,而主体正处于事件当中。

对现代汉语进行体标记"在"(zài)的语法化语义演进历史作了简单的综述之后,我们将转向这个体标记语法化的两个具体方面:"在"(zài)语法化的认知机制和语法化程度。

像前面的分析所示,体标记"在"(zài)的语法化中主要涉及到的认知机制是隐喻。这个体标记的演变过程中发生了两次隐喻性转义。一次是由表示生存和存在的具体意义到抽象的空间和时间意义的隐喻性转义;另一次转义变化是由空间意义变成进行意义,即表示事件/动作正处在过程之中这一概念。

至于这个体标记的语法化程度,我们发现,虽然与其来源相比这个体标记的语义发生了很大的变化,但却没有发生多大的语音减损,甚至原有的声调也保持不变,虽然在句子中用作体标记时它不再像被用作动词时那样被重读。

而从语义上看,与其来源相比,作为体标记的"在"(zài)很多原有的语义内容在现在的体标记中已经被侵蚀掉,以至于它已经不能单独地起谓语的作用。在这个意义上说,"在"(zài)通过语法化失去了原有的自主性。原来的自主性的消失可以看做是附着化的标志,因此可算作是朝熔合迈出的一步。除此之外,我们没有发现任何其他的熔合的痕迹。

总结体标记"在"(zài)和"着"(zhe)的语法化,我们认为:

首先,根据 William Frawley 的观点,假如时间点是在一个更大的区间之内的话,那么进行体对一个事件的编码,或进行体本身,是立足于某一内在的视点在时间上拉长了被编码的这一事件。这就意味着在将事件由内往外扩展的过程中,进行体形成一个附加的"事件的空间"来适应另外一个同步发生的事件。如下句所示(Frawley 1992:294):

  Maria bumped her head while Tom was walking.
    A   B

在以上句子中,句子 B 为句子 A 提供了背景或时间框架。

对于汉语的持续体和进行体来说,这个结论也同样成立,如:

  说着,他笑起来,似乎年轻了许多。(见龚千炎 2000:90)
  你陪着小王等客人。(见李铁根 1999:62)
  她追着汽车跑了一段。(同上)
  她指着照片怒冲冲地问我……(同上)
  她在听收音机。
  我进来时,他在听收音机。

在上面的句子中,"在"(zài)和"着"(zhe),尤其是在"在"(zài),作为持续体标记从它们依附的动词所标志的事件内部拉伸了这个事件,由此制造出一个"事件的空间",来适应另一个同步发生的事件。

另外,Frawley 还指出,因为进行体由内扩展事件,所以进行体经常被认为是一种对动态事件的静态化操作(Frawley 1992:314)。因此,在许多语言中,进行体在形式和功能上与静止位置的标记类似(Traugott 1982)。例如,在英语中,即使是现在的英语进行体还是与像 is a-doing(is in doing)这样明显表示静止位置的结构存在历史性的关联。在法语中,表进行的 en train de 的意思是 in the process of (Frawley 1992:314)。这个观点也同样适用于汉语中典型的持续体和进行体标记"着"(zhe)和"在"(zài)。体标记"着"(zhe)和"在"(zài)都表示动作的状态,而且这个状态在一段时间内是不变的,尤其是持续体标记"着"(zhe)。这两个表示动作状态的体标记的不同是"着"(zhe)隐含着动作的一种无边界的、不变的状态,而"在"(zài)的语义重点是状态正在进行中。另外,体标记"在"(zài)像英语中的进行体一样,无论从共时的角度还是从历时的角度看,都与静止位置的标记密切相关。

第二,持续体和进行体标记"着"(zhe)和"在"(zài)的语法化来源都是具体的完全动词。与英语进行体标记的历程一样,都经历过表处所/空间意义的阶段,与大量其他语言中的进行体标记的发展趋向也表现出一致的倾向:进行体语法语素倾向于由含有处所意义的语言项目发展而来。

第三,与英语进行体的发展类似,体标记"着"(zhe)和"在"(zài)的语法化中也涉及到隐喻、再分析和转喻的认知机制。

最后,同样重要的是,英语的进行体与汉语的持续体和进行体标记"着"(zhe)和"在"(zài)的语法化又有不同之处。英语的进行体无论与汉语的"着"(zhe)相比,还是与"在"(zài)相比,都是更专门化的进行体标记。虽然有的英语进行结构有表示将来的作用,但是它们的将来含义可以说只是次要的作用或边缘性的作用。无论"着"(zhe),还是"在"(zài),都没有达到这种专门化的程度。比如,"着"(zhe)和"在"(zài)有和它们作为体标记功能同样重要的其他作用。这是"着"(zhe)和"在"(zài)作为体标记比英语进行体语法化程度低的一个重要表现。至于"着"(zhe)和"在"(zài)的语法化程度,考虑到语法化中涉及到的机制,前者比后者更复杂一些。"着"(zhe)的语法化中牵涉到隐喻、转喻和再分析,"在"(zài)的语法化涉及到的主要是源始意义的隐喻转义。

我们在此结束对汉语持续体标记"着"(zhe)和进行体标记"在"(zài)的语法化分析。下面,我们将研究汉语经历体标记"过"(guò)的语法化。

7.2.2 "过"(guo)作为体标记的语法化

"过"(guo)通常被看做一个经历体(experiential aspect)标记(Li & Thompson 1989:226;戴耀晶 1997:57;王力 2000:99)。我们采用这个观点。在这部分,我们将关注现代汉语这个体标记的语法化。我们还会研究在这个体标记的发展中所涉及的认知机制。如在前面不同部分中一样,我们也将对这一体标记的语法化程度作一判断。

7.2.2.1 经历体标记"过"(guo)的核心意义

Li & Thompson 认为,"过"(guo)作为经历体标记的意思是就某一参考时间而言,一个事件已经经历过了。如果这个参考时间未经明确,那么"过"(guo)表示至少在某个不定的时刻(通常是过去的时间)经历过相关事件(Li & Thompson 1989:226;戴耀晶 1997:57)。王力认为经历体标记"过"(guo)表示比已然体标记"了"(le)更强的过去意义(王力 2000:99)。在下面的部分,我们就追踪这个体的意义的发展历程。

7.2.2.2 "过"(guo)作为经历体标记的语法化

"过"(guo)最初是一个实义动词,表示"通过"的意思。作为动词,它与"走"的概念有关。它的意思是经过、穿越、通过一个地方或空间。它表示从一个地方到另一个地方的运动。例如:

> 乘白马而过关。(韩非子)
> 西过高阳。(史记)

在晋朝,"过"(guò)这个词仍然主要被用作动词,指穿过空间的移动。为了证明这个猜测,我们通读了晋朝时期的《搜神记》,发现了下面这些使用词语"过"

(guò)的句子:

> 舟过宫亭庙而乞灵焉。
> 孟乃以手中白羽扇画江水,横流,遂成陆路,徐行而过。过迄,水复,观者骇异。
> 凡人受胎,皆从南斗过北斗。
> 子至咸阳,道过镐池……
> 后三日,有人过,闻儿啼声,收养之。
> 宁封子,黄帝时人,有异人过之。
> 此是驴山郡使,暂来过我。
> 故郡有罪人,徙之禁旁,不过十日尽死。
> 母老子弱,情事过切,乞蒙放恕。
> 如书佐、铃下,各以微躯化为蛇乌,不亦过乎?

从上面的句子中我们发现,在《搜神记》中,"过"(guò)这个词仍是主要被用作表示空间移动的谓语,如在"舟过宫亭庙"、"徐行而过"、"过迄"、"皆从南斗过北斗"等。但在某些用法中,这个实义动词已经历了一些泛化,与空间有关的语义成分被侵蚀了,剩下的只是表示经过、路过的核心意义,如在"有异人过之"、"暂来过我"中;有时只剩下路过、越过的含义,包括越过一个限度,如在上引句子中的"不过十日尽死"、"情事过切"、"不亦过乎"等结构中。

石毓智的研究表明,动词"过"(guò)的用法后来扩展到不仅指通过、经过一个空间,而且还指经过一个时间点或时间段。他给出了以下的例子(见石毓智2001:142):

> 过廿一日到莱州界崂山。(入唐求法巡礼行记)
> 杜鹃,你休得叫过通宵。(张协状元)

在上面提到的动词"过"(guò)的用法中,包括我们对《搜神记》的研究和石毓智的研究,我们最关心的是它已经被用来表示"移动"或"经过"时间了。在这个用法中,"过"(guò)经历了一个其他语语法素发展的典型过程,即由空间域到时间域的隐喻转义。这个隐喻转义是"过"(guo)作为体标记用法出现的语义基础。

在隋、唐和五代朝时期,动词+"过"(guò)的结构出现了,"过"(guò)作动词的补足语,如:

> 楚将见汉将走过,然知是斫营汉将,踏后如赶无赖。(程湘清1994:59)
> 乃伏棺号泣,火遂飞过,越烧西家,一时荡尽。(同上)
> 放过楚军。(同上)

这个结构出现时,"过"(guò)的意义发生了一个关键性的变化,那就是它已经在语义上与其前面的动词相关了,而不仅像最初那样,只是作为实义动词充当谓语的主要成分,如"乘白马而过关"、"不过十日尽死"。这样,"过"(guò)被插入在动词和宾语之间,从而将动词表示的动作和空间/时间点连在一起,造成下面这样一个异质的路线:

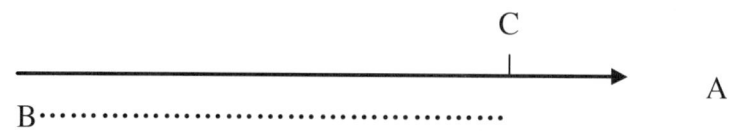

图15　空间和时间的异质的合并路线

注:
A:带箭头的横线代表包括参照点在内的总的运动路线。
B:导致"过"(guò)这个点的动作。
C:在合并的路线上"过"(guò)这个点所在的位置。

换言之,"过"(guò)在结构"动词+'过'(guò)(补足语)"中表示两种情形的经过:一种是主体移动所导致的对运动路线上C点所表示的空间/参照点的经过;另一种是主体正在通过引起经过或通过那个参照点这一结果的动作。这种阐释是由"过"(guò)充当前面的动词的补语这一事实所决定的。行为主体所经历的这个动作就是"过"(guò)前面的动词所表示的行为。正是"过"(guò)的这部分意义被凸显并且约定俗成化为经历体的意义。参照点是主体行进路径中的一个点,而通向这个点的方式就是"过"(guò)前面的动词所指示的动作或行为。如此一来,两个连贯衔接的隐喻就构成一条异质的路线。

关于跟随在"过"(guò)之后的成分,通常是一个表示空间概念的项目,"过"(guò)的意思是经过、通过。而关于"过"(guò)前面的动词,它表示动词所象征的动作的结果,而这个动作正在经过"过"(guò)的宾语所显示或隐含的参照的时间点或地点。也就是说,动词所表示的动作中在语义上被"过"(guò)所控制或修饰的部分扩展到,并超出"过"(guò)后面的宾语所隐含的空间或时间。因此,从推理上讲,"过"(guò)所指涉的动词表示的行为超越与动词有关的参照时间。

同时,我们认为,这个结构似乎是建立在像似性原则基础上的,即动作动词所表示的行为的顺序和作为行动结果的"通过"这二者被映射到语言结构上去了。

王力认为,"过"(guò)用作经历体标记的用法首先出现在唐朝时期。宋朝时期,这种用法的例子逐渐增多。例如:

第七章 英汉语时间标记系统的微观语法化

> 每日读书,只是读过了,便不知用心去体会。(《朱子类语集略卷五》)
> 看过了后,无时无候,又把起来思量一遍。(同上)
> 须事事理会过,将来也要知贯通处。(同上)(王力 2000:99)

石毓智提出,到元明时期,"过"(guò)已经变成了一个真正的体标记(石毓智,李讷 2001:143)。这与王力的观点并不矛盾,它只是说明这个词作为体标记的语法化跨越了一个很长的历史阶段,它是慢慢演进并逐渐过渡而来的。

所以,我们赞同王力的结论,因为在上面所提到的句子中,"过"(guò)不代表任何明显的空间运动,它表示的只是作为动作结果的、对"过"(guò)前面的动词所表示的行为的"通过或经过"。

前举例子中"汉将走过/火遂飞过/放过楚军"中的"过"(guò)作补语。与这种用法相比,"只是读过了/看过了后/须事事理会过"中的"过"(guò)没有真正属于自己的空间点或空间作为参照。换言之,"过"(guò)不能再自然地与后面跟随的成分建立起联系。这种与"过"(guò)作补语用法的差异和变化对于"过"(guò)向体标记意义的发展是非常重要的。因为,像现代汉语中作为体标记的"过"(guò)一样,"只是读过了/看过了后/须事事理会过"中的"过"(guò)只有通过并依赖其前面的动词才能与随后的成分建立联系,因此它在语义上与动词越来越紧密相连。它不光在语义上变成其前面的动词的附属品,在语音上也经历了减损的过程:当用作助动词时,它是非重读的。所以,它渐渐失去了自主性。除此之外,在像"只是读过了/看过了后/须事事理会过"这样的结构中,"只是读过了/看过了后/须事事理会过"中的"过"(guò)继承了其作补语用法的一些意义。也就是说,"只是读过了/看过了后/须事事理会过"中的"过"(guò)表示行为主体正在通过动词所表示的动作。因此,有理由认为"过"(guò)在这些结构中已经泛化成现代的经历体标记"过"(guò),表示事件/动作已经经历过或主体已经通过整个事件过程这一意义。

基于上述分析,在隋、唐和五代时期出现的"动词+'过'(guò)"结构用"过"(guò)作为动词补语的用法对于现代体标记"过"(guò)的发展是非常重要的。它为后来的经历体标记提供了结构来源。后来通过类比,"过"(guò)的这类用法也扩展到其他不同类别的动词中去。我们还想顺便指出,在动作动词+"过"(guò)结构和用非动作动词的同样的结构中,涉及空间移动的动作被视作等同于毫不涉及空间的动作。这里的认知基础是类比,而类比的基础是隐喻。

除此之外,石毓智还指出,现代汉语体标记"过"(guò)的发展经历了"动词+宾语+'过'(guò)"这样一个阶段(石毓智,李讷 2001:143)。在明朝时期这样的结构也依然可见,如:

> 那婆娘提醒他了他当初曾担水过这句话。(冯梦龙:醒世恒言·两县令

竟议婚孤女)

我又不是不曾担水过的,两只手也会烧火。(同上)

在这两个句子里,动词后的宾语将"过"(guò)与动词分隔开来。即使在这些句子里,"过"(guò)也已经与作为体标记的"过"(guo)功能相似了。从句法上看,这些句子里的"过"(guò)肯定经历了一个再分析的过程,从而进化成现代的"动词+体标记'过'(guo)"的句法结构。正是通过这个过程,"过"(guò)靠近了动词。这个再分析的过程可能有两个动因。一个是"动词+'过'(guò)补语"结构和"动词+宾语+'过'(guò)"结构之间的类比的影响。另一个动因是,正像Bybee(1985)所指出的,语义上与动词联系更紧密的成分比其他成分倾向于与动词靠得更近,从而成为动词的附着形式,甚至与动词熔合成一体。相关成分的出现顺序在一定程度上与它们和动词的关联程度有关(见 Hopper & Traugott 1993:141-142)。总之,通过"动词+宾语+'过'(guò)"的再分析可能也产生了一些现代的"动词+'过'(guo)体标记"结构。

已经分析了现代体标记"过"(guo)的发展历程,我们现在研究一下这个体标记语法化的认知机制及其语法化的程度。

由我们前面的分析可以发现,下列机制参与了体标记"过"(guo)的语法化过程:

1) 隐喻

前面我们已分析过,在"动词+'过'(guò)补语"结构中,"过"(guò)实际上指出两种"经过"行为:一是主体通过或经过一个地方或空间/时间点;二是主体经历了由"过"(guò)前面的动词所表示的动作。因此,"动词+'过'(guò)补语"结构中包括两个通过或经过的"动作",因而产生了由空间/时间参照点和动词表示的动作所并合的异质的路线。这个合成的隐喻由两个连贯的隐喻组成:参照点被当作是路线上的一个点;动词所表示的动作被当作引至那个点的路径。

通过类比,"过"(guò)的使用范围扩大、语义不断泛化。其结果是"过"(guò)既可用于像"汉将走过/火遂飞过/放过楚军"这样的"动词+'过'(guò)补语"结构,其中的动词为动作动词;也可用于像"只是读过了/看过了后/须事事理会过"这样的结构,其中的动词为非动作性的动词。在与"过"(guò)连用方面,非动作性的行为与"走/飞/放"之类动作性行为就等同起来。这里涉及一个隐喻性的认知域的等同,这一隐喻使两种动作被视作等同。

2) 再分析

"动词+名词+'过'(guò)"结构被"动词+'过'(guò)"这一结构驱逐的过程应当涉及了由类比所激发的再分析和一条普遍规则,即与动词意义联系更密切的成分与动词倾向于靠得更近。

3）类比

"动词+'过'(guò)"结构由首先出现在隋、唐和五代时期的"动词+'过'(guò)补语"结构中的动作动词向非动作动词的扩展从本质上讲是一个类比过程。

最后,我们采用语法化标准从以下几方面对"过"(guo)的语法化程度作一分析:

1) 语音减损

在现代汉语中,"过"(guò)作为体标记是不重读的,并且失去了声调。所以,与它的来源实义动词"过"(guò)相比,它经历了一些语音的减损,虽然减损的程度不像体标记"了"和"着"一样高。体标记"了"和"着"不只失去了重音和声调,而且,这两个体标记的语音材料都减少了。但与它的来源,即实义动词"过"(guò)相比,体标记"过"(guo)的音节结构却基本保持未变(罗正坚 1996:116)。换句话说,从语音上讲,它没有像其他两个汉语体标记一样受到减损。所以至少就这点来说,体标记"过"(guo)的语法化程度不如另外两个体标记"了"和"着"的语法化程度高。

2) 自主性消失

"过"(guò)用作动词补语的用法形成以后,就已经开始失去自主性,不再像是一个独立的成分,而是作为动词的附属物。有了体标记的意义,失去重音,它就失去了更多的自主性,越来越朝着附着化的方向前进。

3) 熔合

"过"(guo)作为体标记,甚至"过"(guò)做动词补语的用法的在语义上对动词的依赖性,以及"动词+'过'(guò)"对"动词+宾语+'过'(guò)"的替代,都见证了熔合的不断发展。然而,由于汉语书写系统的稳定性,"过"(guò)语法化以后的正字法形式与这个体标记的来源保持了一致。这一点与"在"和"了"的情况完全相同,与"着"类似。

研究了体标记"过"-guo,下面我们将转向已然体标记"了"(le)。

7.2.3 汉语中已然体标记"了"的语法化

在这一部分,我们将追溯现代汉语中已然体标记"了"的语法化过程。在之前的章节中,我们已经讨论了现代汉语中其他主要"体"的标记。下面,我们仍将先阐述已然体标记"了"的核心含义,然后再看一下它是如何通过语法化从它的历史来源演化而来。最后,我们也将总结一下"了"这一体标记语法化的认知机制和语法化程度。

7.2.3.1　已然体标记(perfective aspect marker)"了"的中心含义

根据 Chauncey C. Chu,已然体标记"了"主要用于指示有界的情况 (bounded situation),语义的重点在于某种情况的结束点(endpoint)(Chu 1998:61)。Shi (1991:95,见 Chu 1998:61)认为,"已然状态(perfectivity)是将有界的情况看做是在相对先前时间发生的结果。"Smith 认为"已然体语素(perfective morpheme)'了'代表的是封闭的非状态动词的情形……已然体(perfective aspect)本身包括瞬间事件(instantaneous events)的点、持续事件(durative events)的起点和终点(见 Chu 1998:61)。" Chauncey C. Chu 主张,一个有界的或封闭的情况是一个不管时间方面如何都把它视作一个整体的情况(见 Chu 1998:62)。Li & Thompson 对已然体标记"了"的意义的定义是:已然体标记"了"(le)表明一个事件是被看做整体或是从总体的角度来看的。而且认为,如果在时间、空间、和概念上讲某事件是有界的,则该事件是被当作一个整体看待的。准确地说,要确定一个事件是否是有界的,他们列举了四种方法,即:一个事件可以通过以下四种途径而成为有界的:

A:成为一个量化的事件(quantified event)

B:属于一个明确的或特定的事件(definite or specific event)

C:因为动词的语义而在内在本质上是有界限的事件

D:在一个序列中是首先发生的事件(Li & Thompson 1989:185)

在研究普通话中已然体时,Li & Thompson 区别了作为助动词/体标记的"了"和作为句子尾部小品词"了"。他们认为,要描写动词的体标记"了"(le),作这样一个区分是非常重要的(Li & Thompson 1989:185)。

然而,在研究汉语语法,包括汉语的体标记的认知基础时,石毓智把通常所说的已然体标记"了"(le)与句末的"了"(le)看做同一语素出现在不同句法位置上的变体或同位语素(石毓智 2000:20)。我们在研究汉语已然体标记"了"的语法化时,采用石毓智对这两个传统上看来有区别的语言项目的处理方法,但主要研究出现在动词之后的已然体标记"了"的语法化问题。

接下来,我们将追溯现代汉语中已然体"了"的语法化过程,并研究其研究语法化的机制和语法化程度。

7.2.3.2　已然体标记"了"(le)的语法化

根据王力的研究,"了"字直到秦朝之后才开始出现。《说文解字》中提到了"了"(liǎo),意思是"缠,绕",与现在作为已然体标记的"了"(le)的语义完全不同。魏晋之后,"了"有了一种新的语义,意思是"知道,明白"的意思。但还是跟现在作为已然体标记的用法没有关联(王力 2000:91—94)。

王力认为,当今已然体标记"了"(le)的来源应该是表示"结束,完成"意思的

"了"(liǎo)。这种用法早在东汉时就出现了(同上)。比如：

人远则难绥，事总则难了。(仲长统《昌言·损益》)

《广雅·释古》曾将"了"(liǎo)的意思解释为"完成"。这就很好地证明，早在晋朝之前"了"(liǎo)这个词已经有"结束，完成"的意思。"了"(liǎo)字的这种解释比"知道，明白"的意思早得多。

"了"(liǎo)字的"结束，完成"的意思在晋朝之前的书面语中已经被广泛使用，这时它的功用是一个全动词，跟以下句子中"了"的用法相同比如：

管事未易了也。(《晋书·傅咸传》)
且有小市井事不了。(同上)
鸡虫得失无了时。(杜甫：缚鸡行)
为客无时了，悲秋向夕终。(杜甫大历二年九月三十日诗)

而且，在唐诗中已经有很多"了"(liǎo)不再用作动词，而是作为它之前的动词的补语。这就表明，"了"(liǎo)的抽象过程已在进行之中。比如：

半啼封裹了，知欲寄谁将？(孟浩然闺情诗)
二三豪俊为时出，整顿乾坤济时了。(杜甫洗兵马诗)
何日桑田都变了，不叫伊水向东流。(李商隐寄远诗)
春风为开了，却拟笑春风。(李商隐嘲桃诗)

很显然，在这些诗中，"了"还是表示"结束，完成"的意思，但是与"管事未易了/且有小市井事不了"中的"了"的用法有所不同。在"管事未易了/且有小市井事不了"中，"了"字是一个独立的谓语。而在"封裹/整顿乾坤/济时/变/开"等主动词之后的"了"(liǎo)则不是独立的谓词，而是动词的附属或补充成分，主要强调这些行为的界限或终点。所以，从功能的角度来说，"了"在上述句子中已经依赖于主要动词了；而且，从结构上看，它也附着在主要动词之上。因此，从功能和结构两个角度来看，它已经与当今作为已然体标记的"了"(le)用法相似。有时在散文中，"了"也被写作"已了""既了"。比如：

太子作偈已了。(《八相变文》见王力，2000:92)
思惟既了，忽于众中化出大树。(《降魔变文》同上)

而在下面这几个句子中，总的来说，"了"已经像词的后缀，依附于动词之后。下面的句子来自唐朝方言性的文学作品中。

吃了张眉竖眼，怒斗宣拳。(《茶酒论》见王力 2000:92)
今已偿了，不得久住。(董永行孝，同上)
任伊铁做心肝，见了也须粉碎。(维摩杰经菩萨品变文，同上)

总结以上所论,我们可以得出这样的结论,上面的论述揭示了"动词＋了"这一结构演化的线路。在这一结构中"了"被用作后缀,与当今作为已然体标记的"了"(le)的意思很相近。石毓智也认为,作为已然体标记的"了"来自"动词＋了"的结构(石毓智 2001:139)。

除上述演化路线之外,已然体标记"了"(le)还有一条演化路线。沿着这条变化路线,"动词＋名词＋了"这一结构演变为"动词＋了＋名词"。循此线发展,"了"(le)最终也变成了已然体标记。

根据王力的研究,"动词＋名词＋了"这一结构最早出现在晋朝。比如：

> 珍又每见根书符了,有所呼召,似人来取。(《神仙传·刘根》见王力 2000:93)

晋朝之后,"动词＋名词＋了"这一结构一直延续到宋朝。例如下面这几个句子：

> 作此语了,随即南行。(伍子胥变文,见王力,2000:93)
> 杀子胥了,越从吴贷粟四百万担。(同上)
> 尽头呵责死尸了,铁棒高台打一场。(地狱变文,同上)
> 刻石了,多刻数本,为人来求者多。(欧阳修,见王力 2000:93)
> 九龙咸伏,被抽背脊筋了……(大唐三藏取经诗话第七,同上)
> 也须是做一件事了,又理会一件。(朱子语类四纂卷一,同上)
> 印第一个了,印第二、第三个。(同上)
> 王朴诣阙献备边第一策了,世宗欣然纳之。(五代史评话·周史 同上)
> 歇几日了,天子须来也。(宣和遗事亨集 同上)

通过上述例子可以看出,"动词＋名词＋了"在几个朝代中一直存在。在这些结构中,"了"的意思与现在作为已然体标记的"了"的意义非常相近。也就是说,"了"(liǎo)将"动词＋名词"所表示的事件视为一个有界限或有终点的事件,也是一个整体性事件,而且将强调的重点置于事件的终点。但是,在这一结构中,宾语把"了"与动词分开了。从这一角度看,"了"还没有被充分语法化。如果"了"要作为已然体标记,还需要与动词更近一些。也就是说,"动词＋名词＋了"这一结构还需要经历重新分析的过程才成为"动词＋了＋名词"的结构,就像在"等闲妨了绣工夫"中一样。(欧阳修:诉衷情词,见王力 2000:93)而像"等闲妨了绣工夫"这样的结构在南唐时期已经存在了。

> 林花谢了春红,太匆匆。(李煜:乌夜啼词 见王力 2000:93)

但是,尽管这种结构出现了,"动词＋了＋名词"与"动词＋名词＋了"的结构相比很少见。石毓智在 400,000 字的唐朝和五代文学作品中,通过数量统计发现,"动词+了+名词"结构很罕见,只有两个例子,而"动词+名词+了"结构却在数量上远远超过前者。而且,在"动词+名词+了"结构中,约 70% 的不但有宾语,而且还有其他修饰成分把动词和"了"分开(石毓智 2001:139-140)。所以,可想而知,"动词+了+名词"与"动词+名词+了"两种结构曾有长期的竞争。

王力提出,在宋朝的一段时期里,"动词+名词+了"和"动词+了+名词"两种结构共存并有过竞争。但是到后来,后者的数量上升,这就意味着之前我们分析过的再分析过程的确发生了。正像从"动词+名词+过"到"动词+过+名词"的转化也一定曾涉及再分析的过程一样。王力断言,在元朝之后,这种再分析的演化结果是"动词+了+名词"结构驱除了"动词+名词+了"结构。人们不再说"做一件事了。"而开始说"做了一件事。"因此,从那以后,表示"结束"意思的"了"liǎo 字不仅在意义上,而且在句法位置上,都成为现代已然体的标记了。譬如在以下句子中:

郑滑二州河决,淹了十余万家。(五代史评话·周史 同上)
使敬塘偷了好马一匹骑坐逃去了。(五代史评话·晋史 同上)
更添了几声……(姜夔词,见王力 2000:93)
如今都放坏了学生,个个不肯读书。(朱子语类四纂卷一,同上)

正如我们在以上句子中可以看到的,从"动词+名词+了"结构到"动词+了+名词"结构的演化同汉语时间标记系统中总体上趋于细化的趋势是一致的。可以做出这样的结论:在"动词+名词+了"结构中,从语义的角度来说,"了"字与整个谓语结构相联系。而在"动词+了+名词"结构中,从语义的角度来说,"了"字主要是与之前的动词结合在一起。从某种意义上说,我们可以说,这种转化是从句子为取向的"了"到以动词为取向的"了"的转变。

分析了从动词"了"(liǎo)到当今作为已然体标记的"了"(le)的两条发展路线之后,接下来讨论一下"了"(le)这个体标记的语法化认知机制和语法化程度。

首先,我们总结一下作为完成体标记"了"(le)的语法化机制。根据我们上述对已然体标记"了"(le)的语法化路径的分析,"了"(le)的主要语法化机制如下:

1) 隐喻

王力举出下面的例子来说明用"了"(liǎo)表示"结束,完成"的用法:

管事未易了也。(《晋书·傅咸传》)
且有小市井事不了。(同上)

鸡虫得失无了时。(杜甫:缚鸡行)
为客无时了,悲秋向夕终。(杜甫大历二年九月三十日诗)

在上面所引王力的例子中(王力 2000:91),这些句子的主语是典型的动词或者名词化的动词短语。当名词如"小市井事"和动词短语如"鸡虫得失/为客"被同样对待时,从本质上来看涉及到了隐喻,通过隐喻,物体和行为被等同对待。当"了"用于动词之后作为动词的补充成分,表达行为的完成和结束时,除其他的变化之外,这一隐喻看起来仍在起作用。

2) 类比

从"动词+名词+了"结构到"动词+了+名词"结构的演化中,与"了"作动词补充成分的结构"动词+了"的类比是一种起作用的动因。

3) 再分析

上文已经提到,在历史上,准确地说是宋朝,"动词+名词+了"和"动词+了+名词"两种结构曾经并存。我们可以从石毓智(石毓智 2001:139—140)的数据统计中得出这样的结论,在唐朝和五代时期,"动词+名词+了"在数量上远远多于"动词+了+名词"。但到了元代,"动词+了+名词"驱除了"动词+名词+了"结构。这种变化表明,从"动词+名词+了"结构到"动词+了+名词"结构的变化中,"了"字越过宾语直接来到动词之后。这种变化从本质上来说是再分析的过程。

4) 像似性原则

在已然体标记"了"语法化过程中,像似性原则是指,现实中事物和观念之间的联系通常在一定程度上决定与之相对应的语言表征之间的关系。像似性原则至少在两个阶段对体标记"了"的发展起到了作用。一个阶段是"动词+了"结构的形成过程。在这个结构中,表征动作的词先出现;其次出现动作的结束"了"。结构中词的顺序与动作、行为的时间顺序对应。换言之,"动词+了"结构中词的顺序反映事件发展的时间顺序;反之,也可以说是时间顺序映射到了语言陈述中。第二个阶段是指"了"字在"动词+名词+了"结构中越过宾语接近动词的变化。根据像似性原则,从语义的角度来说关系越近的语言项目在句法结构上往往就越紧密地结合在一起。这一认知规律也许在某种程度上推动了"动词+名词+了"结构的再分析。

最后,我们把语法化的标准应用到已然体标记"了"的演化中,对"了"的语法化程度进行一个总的判断。

1) 语音的减损

作为已然体标记"了"的语法化来源为完全动词"了"(liǎo)。比较一下已然体的标记"了"和它的演化的来源,从语音学的角度,我们可以看到,已然体标记

"了"失去了重音和声调,变为轻声。而且,相对于来源词来说,"了"(le)的语音材料也有所减少。我们可以看到,liǎo 中的复合韵母 iǎo 在长度上被缩短的同时也被简化为 le 中的 e。

2) 自主性的减弱

当今的已然体标记"了"字来源于动词"了"(liǎo)。"了"(liǎo)的意思是"结束,终结",本来用作谓语。在这种情况下它独立行使功能,发挥作用。但是,当它成为体标记,就不再独立充当谓语了。相反,它为主要动词起辅助作用,用来明确动词所表示的行为的相关阶段为封闭的或有界行为或事件终点。这样,"了"就失去自主性,成为主动词的卫星成分。换言之,经过语法化之后,原先的完全动词变为附着形式。

3) 熔合

当完全动词"了"获得一种新的功能,即:表示动词所表示行为的结束或行为有界限的之意并以这种意义使用时,它就直接来到主动词之后,出现在动词及其补充结构"动词＋了"中。此外,"了"还沿着另一条线发展,通过"动词＋名词＋了"结构的再分析,"了"又在"动词＋了＋名词"结构中与动词结合在一起。

最后还要指出,在现代汉语中"了(liǎo),完,掉,成,好,着(zháo),住,到"都可以放在主动词之后表达与已然体意义相近的意思。但是,从语义的角度说,他们都是词汇项目,还没有像"了"le 那样被蚀损或语法化。也就是说,它们的语义内容都比典型的语法语素复杂。那些典型的语法语素中不属于语法语义的成分大部分通常会被蚀损掉,因而伴随出现语法语素的意义和使用的泛化。从语法化的角度分析一下这个问题,可以说:"着,了,过"最初是词项,后来在关于不同语法功能的竞争中存留下来,并成为专门的体标记(龚千炎 2000:54)。汉语中作为已然体标记的"了"的发展显示了语法化的典型特征。比如:

首先,在"了(liǎo),完,掉,成,好,着(zháo),住,到"中"了"liǎo 是最笼统,最具概括性的,就像英语里"go, walk, run, saunter, roam, race etc."中的"go"一样。

其次,"了"演化为已然体标记的过程见证了一些主要的语法化原则,及其特有的一些特点。譬如,伴随语法化的深入,相关语言项目的语义会出现泛化,新的用法的也会逐渐扩散。在这同时,语法化了的语法语素逐出可以在同样句法位置出现的其他可供选择的词项。

接下来,我们将讨论现代汉语中将来时间标记的语法化。

7.2.4　汉语将来时间标记"将"(jiāng)的语法化

在本部分,我们深入讨论一下现代汉语中最典型的将来时间标记"将"

(jiāng)的语法化。

7.2.4.1 将来时间标记"将"(jiāng)的含义

"将"(jiāng)这个词可以被用作将来时间的标记,以表示行为在未来发生(参见龚千炎 2000:59)。当"将"(jiāng)被这样使用时,它的意思是行为将要或即将发生。在接下来的部分中,我们将讨论这个词的将来意义的发展。其中会涉及到词语"行"(xíng)和"行将"的发展。它们从本质上来说同现代汉语中"将"所具有的将来含义的发展是一样的。

7.2.4.2 将来时间标记"将"(jiāng)的语法化

根据罗正坚(1996)的研究,"将"(jiāng)的将来解读是由全动词和实义动词将"将"(jiāng)演化而来,其本意是"行进"的意思。在《诗经》中,"将"(jiāng)字被用在下面的句子中。

> 子之昌兮,俟我乎堂兮,悔予不将兮。《诗·郑风·丰》

根据最早的完整注解本《毛诗故训传》,"将"(jiāng)字在这个句子中是"走或行的意思(将,行也)"。孔颖达这样释义这个句子:今日悔我本不共是子行去也。同样是把"将"(jiāng)理解为"行走"或"去"的意思(见罗正坚 1996:100)。在另一本古汉语词书《广雅·释诂一》中,"将"(jiāng)也被理解为"走或行"的意思(将,行也)。还有另一个来自《诗经》的例子:日就月将(《诗经·敬之》)。在这个句子中,"将"(jiāng)也是"走或行"的意思。

但在春秋战国时期,"将"(jiāng)已经被用来表示将来的含义。比如说在《论语》中:不知老之将至云尔(《论语·述尔》)。在这里,"将"(jiāng)已经被用来表示将来的含义。

下面这些例子也是来自春秋战国时期的文献。

> 叟不远千里而来,亦将有以利吾国乎?《孟子·梁惠王上》
> 君将若之何?《左传·隐公六年》
> 天将降大任于斯人也。《孟子·告子下》
> 将恐深。《韩非子·喻老》

这就证明,早在春秋战国时期,"将"(jiāng)已经被用来表示将来的意思,即用来标记将来时间。

自此以后直到当今的现代汉语中,"将"(jiāng)一直被这样使用。在下面的所有例子中,"将"(jiāng)都具有表示将来时间的意思。

> 将以实箧豆。明·刘基《卖柑者言》
> 将以有为也。宋·文天祥《〈指南录〉后序》
> 柳条将舒。明·袁宏道《满井游记》

在古汉语中,还有一个实义动词"行"(xíng)。该词最初意思是"走",后来也有了表示将来的含义。比如,在《史记》中有这样的句子:行略定秦地(《史记·项羽本纪》)。这句话的意思是"即将夺取秦国的土地"。在这句话中,"行"(xíng)就是"将或即将"的意思。

下面的例子取自中国历史上的两个不同时代,"行"(xíng)这个词保持了"将或即将"的意思。

行年四岁,舅夺母志。《晋·李密·陈情表》

行与卿等诀别。《新编五代史平话》

另外,"行"(xíng)还被用作表示将来的语素构成复合词,比如:行危;行至;行且;行年;行休;行将等等。

总之,"将"(jiāng)和"行"(xíng)最初都是实义动词,意思是"去,走或行"。而且从本质上说,它们的本意都是空间的运动。但是,当它们有了将来的意思时,它们经历了隐喻性的转义:从空间域转到了时间域。也就是说,表示空间运动的"将"(jiāng)和"行"(xíng)变成了表时间运动的"将"(jiāng)和"行"(xíng),表示将来的意思。这个过程与"going to"从空间域到时间域的经隐喻转义过程而获得将来时间意义的发展很相似,甚至完全一样。"going to"作为在语法化过程中从空间域到时间域的隐喻性转义的例子经常被引用。"将"(jiāng)和"行"(xíng)从空间解读到时间解读的过程潜在着认知过程,这与英语中的将来时间标记"going to"是非常相似的。准确地说,"将"(jiāng)和"行"(xíng)经语法化成为将来时间标记的发展过程是基于以下框架之上的。

A:计划/意图＞B:前往某地或采取行动实施计划/意图＞C:计划/意图的实现

以本框架为基础,B部分(即前往某地这种行为)能够以转喻指称接下来的C部分(计划/意图的实现)。"将"(jiāng)和"行"(xíng)表示将来时间的解读实际上是这一转喻推论的规约化。当然,"将"(jiāng)和"行"(xíng)一直在表示动词的将来时间的功能方面存在竞争,而且通过竞争"将"(jiāng)把"行"(xíng)从这一句法位置基本驱除出去了。

同英语中表示将来时间的手段一样,汉语中表示动词将来时间的手段也包括一些表示意愿的表达方式,如:要,想,将要(参见龚千炎 2000:103-4)。在这些词的表示将来意义的用法的发展中,上述认知框架扮演至关重要的角色。这跟"将"(jiāng)和"行"(xíng)的将来意义的发展是一样的,不同的是转喻的喻体不是B部分而是认知框架的A部分。因此在汉语中"要/想/将要"的将来时间意义的发展中潜在的认知机制同英语中"will/shall"的认知机制是一样的。

讨论完汉语中将来时间标记的语法化之后,下面,我们转向这个时间标记的语法化的认知机制并对其语法化程度加以判断。

基于上面的分析,在"将"(jiāng)和"行"(xíng)的语法化过程中,下面的认知机制一直起着作用。

1) 隐喻

通过比较来源词的语义和作为将来时间标记的"将"(jiāng)和"行"(xíng)的语法含义,可以看出,在语法化过程中发生了从空间域到时间域的转喻性转义,其中涉及一个转喻性的语义"跳跃"。这个过程跟英语中"going to"的语法化过程发生的认知变化相似。

2) 转喻

在"将"(jiāng)和"行"(xíng)作为将来时间标记的语法化过程中,以转喻为基础的语用推理起到了连接语法化来源词的意义和语法化目标意义的桥梁作用。这里涉及的转喻以认知结构的一部分为本体,以紧随其后的另一部分为喻体。另外,在汉语中,能愿动词的将来时间解读的发展过程同英语中"going to"的语法化主要涉及的认知机制也是一样的。

在结束这一部分时,我们将对现代汉语中动词将来时间标记语法化的程度作一判断。其中,主要讨论它们中最重要的将来时间标记"将"(jiāng)。我们将从三个方面做一下判断。

1) 语音减损

同体标记"着"(zhe)、"了"(le)、"过"(guo)相比,"将"(jiāng)没有发生语音减损。因为同语法化来源词相比,它既没有重音或声调的丢失,也没有语音材料的减少。

2) 自主性消失

我们再次比较一下"将"(jiāng)和"着"(zhe)、"了"(le)、"过"(guò)的语法化。在自主性方面,持续体标记"着"(zhe)达到的语法化程度最高。因为,作为体标记的"着"(zhe)已经与它的来源词完全不同,所以语法化程度最高。"了"(le)在语法化程度方面紧随其后,在形态上尽管跟它的来源词没有区别,但是在语音上已经与来源词明显不同,而且越来越依附前面的动词。经历体标记"过"(guo)在语法化的过程中只失去了重音和声调。所以,不论是在语音方面,还是形态方面,与其他三个语法语素相比,将来时标记"将"(jiāng)在语法化方面从它的来源词发展到现在走过的语法化路程最短。到现在为止,不论在语音方面,还是正字法的形态方面,"将"(jiāng)与它的来源词还是相同的。所以我们可以说,在"在"(zài),"着"(zhe)和"了"(le),"过"(guo)和"将"(jiāng)中,不论从语音学还是形态学角度看,将来时间标记"将"(jiāng)是受语法化影响最小的。"将"(jiāng)这个语法语素看起来好像仅仅迈出了语法化过程的第一步,也就是籍隐喻转义从空间域转到时间域。但是,这种语义的转化非常彻底,"将"(jiāng)的来源词的语义"去,前行"的意思在现代汉语中已经完全消失。因此,从语义角度看,将来时间标记"将"(jiāng)的来源词的自主性完全消失了,所以,它不能再独立地作谓语表达"去,前行"的意思。

3)熔合

作为一个语法语素,根据上述两个方面的发展,与汉语的其他三个语法语素比较,将来时标记"将"(jiāng)所达到的熔合程度最低。与它的来源词相比,"将"(jiāng)已失去语义的独立性,不能再独立行使谓语的功能。相反,在现代汉语中,当它被用来表示动词所指行为的将来时间定位时,它已经依附于后面的动词。从这个意义上说,可以说将来时的标记"将"(jiāng)与动词已经形成了一定程度的熔合。但是,"将"(jiāng)与主要动词熔合的程度没有"着"(zhe)、"了"(le)和"过"(guo)的程度高。

作为这一部分的小结,需要指出的是,汉语将来时间标记与英语将来时间标记在以下方面有相似之处。

a. 在两种语言中,都有一个主要的将来时间标记是由原来表示空间运动的完全动词演化而来。它们分别是"将"(jiāng)和"going to"。这一事实表明,在两种语言中将来时间标记的语法化都符合一个普遍性的、具有制约意义的规则:语法化的规则表明,语言中的将来时间标记大都是从表示空间运动的动词发展而来。

b. 在汉语和英语中都有从表达能愿意义的语言形式演化而来的将来时间标记,分别是"要"、"想"、"将要"和 shall/will。

对汉语时、体语法语素的研究使我们想起了 Bybee 等人的断言:语言的类型学差异会对语法化程度产生影响。这些影响的证据可以在这样的事实中找到:有些语言的语法化走得不像其他语言那样远。特别是,孤立语的语法化程度不像融合语(fusional language)、屈折语(inflectioanl language)或粘着语(agglutinating language)的语法化程度那样高。汉语这样的孤立语不但不大量使用词缀,而且也没有像综合语那样有具有抽象和概括意义的语法语素(Bybee et al. 1994:118)。而且,这些学者还认为,汉语和其他孤立语的稳定性证明了语言类型对语法化的限制。但是,语言类型的限制仅限于语法化的程度或一种特定语言的语法化能走多远。而从总体上看,在语法化的发展过程、形式和语义方面,不同语言语法化的本质性属性还是相似的(Bybee et al. 1994:121)。我们对汉语时、体标记语法化的研究实际上为这些学者的观点提供了支持。我们可以看出,汉语的体标记在语义损蚀(erosion / bleaching)和语音的减损方面(phonetic reduction)语法化的程度很高,但是在熔合(fusion)方面比英语中的

"-ed, be ＋ V-ing, going to，shall/will 、have/has ＋ -ed"等时、体标记的熔合程度低很多。"-ed, be ＋ V-ing, going to，shall/will, have/has ＋ -ed"可以分别缩略为"-ed, 's/'re ＋ V-ing, gonna, 'll, 's/ve ＋ V-ed"等附着形式。两种语言在语法化方面熔合程度的差异至少部分地是由两种语言的类型学差异所致。

下一部分，我们将深入讨论这一问题。

7.3 英汉时、体语素语法化的异同

语法化本质上来说是一个有完整的词义的"根语素"获得一个更加抽象的功能性意义或语法性意义的过程(Matisoff 1991，见范文芳 2001:11)。在这一章中，我们研究了英汉时、体标记的语法化。通过研究我们发现，在语法化方面英汉语的时、体标记有很多相似之处，尤其是在体标记方面。下面，我们将在几个方面阐述英汉时、体标记语法化的相似之处。

语法化来源的相似之处：

1. 正像我们在这一章已分析过的，英、汉语时、体标记的来源词大部分都是具体的实意动词。

2. 英、汉语进行体标记都以表示空间位置的表达式为语法化来源之一。而且，这两种语言的进行体非常相似，都是把"行为主体正处于动作中间"作为核心意义。

3. 英、汉语都以运动动词作为将来时标记语法化的来源之一。而且，两种语言中将来时标记的来源词在语义上是基本相等的。比如：汉语中将来时标记语法化的来源词是"将"(jiāng)和"行"(xíng)，意思是"去，前行"；而英语将来时标记的主要语法化来源之一是"go"。另外，两种语言都有能愿动词作为将来时标记的语法化来源。它们分别是汉语的"要"、"想"、"将要"和英语的 shall/will。

4. 英语的完成体标记语法化来源是一个由拉丁语单词 caper 演化而来的、以"捉住、抓住"这一语义表示"占有、拥有"这一抽象意义的实义词性质的词汇单位(Heine et al. 1991:7)。尽管汉语的已然体标记"了"不是来源于有同样语义的词，但是汉语已然体的否定可以通过"没/没有"来实现。比如：这本书他看完了。/这本书他还没/没有看完。这个事实证明，"占有"这一意义与英语完成体和汉语已然体均有关联。

语法化机制的相似之处：

下面是英汉语时、体标记语法化过程中所涉及的认知机制的相似之处。

1) 隐喻

作为重要的认知机制，隐喻在英汉语语法化过程中都有很重要的作用。比

如说在英语将来时标记"going to"的语法化和其他运动动词演变为将来时间标记的语法化过程中,以及英汉语中表示位置的表达式发展为进行体标记的语法化过程中,隐喻都起到语义转移的认知基础的作用。

2) 转喻

转喻作为认知机制在英汉语时、体标记的语法化中也起到了关键作用。比如,在英语完成体标记的语法化的过程中,在能愿动词演变为将来时间标记的语法化过程中,转喻的作用都很重要。"着"和"了"分别作为持续体和已然体标记的语法化也是如此。正如我们对这些体标记的语法化过程所作的分析所显示的,在这些体标记语义的发展中起重要作用的是基于认知框架之上的概念转喻。我们认为这种转喻是建立在概念基础上的,与另一种转喻有本质的不同。这另一种转喻我们称之为基于语言形式之上的转喻。

3) 再分析

再分析是另一个在英汉语语法化过程中都起作用的认知机制。比如,在英语"going to"和"have/has ＋ V-ed"结构的语法化的过程中;在汉语"过"和"了"等的语法化过程中,再分析的发生都是语法化必不可少的一步。前此,我们也已得出了明确的结论,再分析过程以基于语言形式的转喻为基础。

4) 类比

在"going to"作为将来时标记的发展过程中,类比也是一个重要的认知机制(Hopper ＆ Traugott 1993:88)。比如,在从"动词 ＋ 名词＋了"和"动词＋ 名词 ＋过"到"动词＋了＋名词"和"动词＋过"的演变过程中,类比发挥了重要作用,特别是对新语言形式的扩散和规约化作用非常大。

5) 像似性原则

在讨论英语中不同语法语素出现的顺序,包括时、体和语气时(TAM),Bybee等认为,不同语法语素的顺序和它与所修饰的动词的语义方面的关联程度有关。比如:在"would be going"结构中,是时＋语气＋体＋动词的顺序,这时"体"离动词最近,而这又是因为,体的意义是动词本身所固有的(Hopper ＆ Traugott 1993:143)。这一原则本质上来说就是像似性原则:语义相近的部分必须被安排得近一些(Ungerer ＆ Schmid 1996:252)。在汉语语法化过程,这一原则在"动词 ＋ 名词＋了"和"动词＋ 名词 ＋过"结构演化到"动词＋了＋名词"和"动词＋过"结构的过程中发挥了作用。

当然,除了相似之处外,两种语言的语法化过程也存在着差异。下面,我们将集中讨论一下其中的一个差别:语法化程度的差别。正如之前我们讨论具体语法语素的语法化时所作的那样,下面仍将在三个方面进行比较。

1) 语音减损

在英语中,在"gonna"作为将来时间标记和 have/has 作为完成体标记的发展过程中,在'll 缩略形式或附着式的发展中,都发生了语音减损。这是语法化过程中一个典型的步骤。而且,正像我们已经注意到的,这一过程在汉语语法语素的形成过程中也发生了。但是,在汉语语法化过程中,只有"着"字有较大的语音减损,并成为一个新的正字法形式。"过"和"了"在语音减损方面程度也很高,但是语法化之后的形式在书写形式方面与语法化来源相比保持不变。这可能是两种语言的文字系统的差异造成的。英语的文字是字母文字,所以英文的拼写与发音更为接近;而汉语的文字是表意文字系统,汉字的书写与词的意义更为相近,而不是与词的发音总是保持一致关系。因此,英语词的形态变化与词的语音变化比汉语更为接近。英汉两种语言的语法语素也是这样。

2) 自主性消失

"gonna"和"'re,'ll,'s/ve"等附着形式的形成是英语相应的语法语素在语法化的过程中失去自主性的标志。在汉语的有关语素中,"了"(le)和"着"(zhe)的语音变化在自主性的消失方面与英语中的're,'ll,'s/ve 的发展很相近。但是,即使就这两个语音减损比较多的汉语语素而论,由于汉字在很大程度上不随音变而变形,所以这两个语素的形态稳定性比英语高。结果是,"了"和"着"在失去自主性的程度方面也不像英语语法语素那样彻底。也许是汉语孤立语的本质和汉语的书写系统共同导致了汉语语法化在自主性消失和熔合性方面低于英语语法化的事实。下面将对这方面作一集中分析。

3) 熔合

Bybee 等提出了考察熔合的两个指数。一是是否被语法化的词项能与动词合写在一起,比如英语过去时的标记-ed 可以与动词合写为黏着的形式;shall/will 可以写作'll 这一附着形式。另一个指标是开放性词类能否在动词和时体标记之间插入。换言之,也就是语法化了的成分靠近动词的程度如何。把这两个熔合的指标和在本章刚开始时讨论的语法化衡量标准应用到英汉语微观语法化的对比研究中,我们发现汉语中没有一个语素可以与动词合写作英语那样的黏着形式。所以,从这个角度说,汉语的时体标记总体上没有英语的语法化程度高。除其他原因外,有两条原因与汉语时体标记的语法化事实有关。一条是:汉语从本质上来说是孤立语,因为"孤立语过去是根本不用词缀的"(Croft 2000:39),也许,这种语言需要花费更多的时间才能形成动词和语法标记之间的熔合(参见 Bybee et al. 1994:118)。另一个原因是汉语有独特的书写系统。这种书写系统有很高的稳定性,对语音在历史上的变化有一定的抵制性。汉字确实也记录话语,但在记录言语的同时,汉字的形态不像字母文字那样随着语音的改变而改变。相反,很大程度上,词的发音发生变化但是词的书写形式可能在很长的时期内不会改变。总的来说,汉语书写系统改变的步伐远远慢于其语音的改变。汉语时体语素的语法化,比如"zài""le""guo""jiāng"就是这种情况。也就是说,尽管它们经历了语音上的减损(音调和重音的缺失),但是他们的书写形式没有改变。它们没有随着语音上的减损而在形态上发生相应的减损,而英语与汉语不同,英语助动词就随着语音的变化而形成不同的书写形式,如从"going to"到"gonna"所发生的改变。

但是,依据熔合的另一个指标,也就是开放性词类能否在动词和时体标记之间插入这一指标,在我们研究的几个汉语语法语素中,"着"和"过"禁止开放性词类在动词和它们之间的插入。这就表明,这两个汉语语法语素与主要动词已经达到很高程度的熔合。只不过还没达到可以合写的程度。

所以,从语法化的角度来看,英汉语的时、体标记,尤其是体标记之间,相似之处多于不同之处。二者之间尽管存在着差别,但只是程度之别,而不是本质上的差异。

7.4 小结

在本章中,在分别研究了英汉两种语言时、体语法语素的语法化之后,我们比较了英汉语时间标记系统的微观语法化。本章的研究表明,两种语言时、体标记的语法化在语法化来源和语法化机制方面有很多相似之处。英汉两种语言在微观语法化方面的差别主要是语法化程度之别。汉语的时、体标记在语法化程度方面低于英语时体标记的语法化。这一事实至少部分地是由汉语孤立语的本质和汉语书写系统的特点所导致的。

第八章 结论

在本研究中,基于语言的层级系统和语法的层级系统,我们提出了这样的观点:时间标记系统也是一个层级系统。这个系统由篇章、宏观段、段落、句群的时间性话题加上句子的时间性话题,还有时间副词,向下延伸到表示时和体的语法标记。因此,时和体实际上可以被看做是语言时间标记系统的两个层级。

我们提出这样的假设:不同语言作为整体的功能是大致相同的。但这相同的总体功能在不同语言相应层级的分配则有可能是不同的。在特定的语言中,如果在某一功能方面某一层级有所不足,则这种不足会由其他的某一或某些层级来补偿。这说明,语言间关于某种特定功能的不同不是有还是没有某功能,而是该功能在相应层级分配的不同。

Givón 和 Martinet 都提出,人类的认知、语言和交际的发展是在一定的社会文化语境中进行的,文化的模式越复杂,文化所提出的任务也就越复杂,而这又反过来需要更为复杂的交际信码,即更为复杂的语言系统。这种更复杂的语言系统并不仅仅指词汇量的扩大,而是从本质上讲也包括话语的复杂程度的增加(Cf. Givón 1984:1;Martinet 1969:186)。Perkins 研究了指示功能的发展变化,并且很清楚地证明了这样的假设,即文化的复杂程度影响相关文化中所使用的语言的结构。在 Givón 和 Martinet 所提出的理论以及 Perkins 所作研究的基础上,我们提出这样的假设:汉语的时间标记系统在历史发展过程中也经历了一个细化的过程。正如 Perkins 所指出的,句法结构的细化可以通过句法方面的变化得到证明,即是越来越多的句法位置变得可以从句化了,并且,句法结构细化的增加在复杂文化中比在不太复杂的文化中起的作用更大(Perkins 1992:168,190)。在我们的研究中,采用篇章和功能的研究方法,我们统计了英汉两种语言的时间标记系统中不同层级时间标记的平均数量,以探讨这两种语言时间标记系统的不同之处以及汉语时间标记系统是否在历史发展中经历了一个细化的变化趋势。

另外,我们还区分了两种不同性质的语法化:宏观语法化和微观语法化。前者指的是历时过程中句法结构的发展变化,后者指语法语素的形成与发展,即 grams 的形成与发展。

深入探讨了语法化的动机、途径和机制之后,我们着重研究了英汉两种语言的时间标记系统的语法化。在第六章中,我们对比了英语与汉语的时间标记系统。我们还从宏观语法化的角度对汉语时间标记系统的历时发展进行了历史考察。在第七章中,我们从微观语法化的角度考察了英汉语时间标记系统的语法化历程,即英汉语言中作为时体标记的语法语素的发展变化。

8.1 主要研究结果

8.1.1 句子取向的时间标记系统 vs.篇章取向的时间标记系统

通过对英汉语言中时间标记系统的共时对比研究,以共时研究中对英汉语时间标记的统计结果为基础,我们发现,在英语篇章中,句子层面时间标记的数量远远多于汉语句子层面的时间标记。但是,涉及到句子层面以上的时间标记,情况恰恰相反,即汉语篇章中句子层面以上的时间标记数量比英语篇章句子层面以上的时间标记多。基于这一统计结果,我们得出如下结论:汉语的时间标记系统是一种篇章取向特征凸显的时间标记系统,即汉语更多地倾向于使用篇章中的时间话题,尤其是句子层面以上的时间话题来标记动作和事件的时间信息。与汉语相反,英语的时间标记系统主要是以句子为取向的,更多地依赖句子层面的时间标记手段,包括句子的时间话题、时间状语和时态以及体的标记。尤其是在时态方面,英语是句子自足型的,一般每个英语句子本身都具有时态标记。然而,对于汉语的句子,通常需要通过句子以上的时间话题来确定句子中动词的时间定位。

英汉两种语言时间标记系统的共时研究结果证明了我们所提出的假设,即:就一种具体的功能来说,语言的不同层级之间是相补的。正像我们从英汉两种语言的时间标记系统中已经看到的,汉语中句子之上的层面所承担的标记时间信息的功能比英语中句子以上层面所承担的多。然而,在句子层面则恰恰相反。汉语句子更多地依赖句子以上层面来确定句中动词的时间定位,而英语句子在对动词提供时间信息方面在很大程度上是自足的。

8.1.2 汉语从篇章取向的时间标记系统向句子取向的时间标记系统的转移

通过对汉语时间标记系统的历时研究,我们分析了不同历史时期汉语语篇中时间标记数量的变化趋势。我们发现,汉语的时间标记系统经历了从篇章取向型时间标记系统向句子取向型时间标记系统的转移。关于这一点的证据是,从汉朝到现代,汉语句子层面的时间标记变得越来越精细了。我们还可以从这样一个事实中找到证据,即:经过历时的发展,由于时间副词和时体标记(TA markers)的增加,越来越多的时间信息朝句子中的动词集中,而这正是像英语这样的句子自足型的时间标记系统的典型特征。这种向句子取向型的时间标记系统的转移证明了我们的另一假设,也就是,在发展过程中一种语言的时间标记系统倾向于变得越来越精细。汉语时间标记系统的这种发展变化我们称之为汉语时间标记系统的宏观语法化,因为它加入了修饰语和选择性要素来显示更多的句子时间信息。这样一来,就增加和改变了汉语句法结构的复杂性。因此,时间标记系统宏观语法化的结果就是使这种语言的时间标记系统从篇章取向型转向句子取向型。这就是说,汉语的时间标记系统在向句子取向型发展。然而,它还没有走得像英语时间标记系统那样远。

8.1.3　英汉两种语言中时、体标记语法语素语法化的异同

在第七章中,我们研究了英汉两种语言中时体标记语法语素语法化。研究结果表明,从语法化的角度来看,英语和汉语存在很多的相似之处,这种相似之处尤其体现在时体标记语素语法化的来源和语法化机制方面。

英汉两种语言时体标记语素的语法化的差异主要表现为语法化程度的差异,具体表现在三个方面,即,语音方面的减损(phonetic reduction),音节方面的熔合(fusion)与相关语言单位自主性的降低(loss of autonomy)。总体来说,汉语时体标记语素的语法化程度比英语相关语素语法化的程度低。

另外,通过我们的共时对比研究和从翻译角度进行的研究,我们发现,到目前为止,英语语篇话语中时体标记(TA markers)的平均数量远比汉语中的多。这一事实说明从语法化的一个具体方面看,即在规则化或强制化(obligatorification)的程度方面(参见 Croft 2000:235),英语时体语素比汉语时体语素达到了更高的语法化程度。

8.1.4　英汉两种语言中时体语素语法化程度不同的成因

在第七章的结尾,我们分析了造成英汉两种语言语法化程度不同的可能性原因。根据我们的研究,相对于英语而言,导致汉语时间标记系统语法化程度相对较低的原因有可以是汉语作为孤立语的属性和汉语本身的书写系统,即汉字的属性。

8.1.5　转喻在语法化中的作用

在第五章中,探讨语法化机制的时候,我们区分了两种转喻:一种是以概念为基础的转喻或基于概念(或本体与喻体之间)的相互包容与邻近关系的转喻;

另一种是以语言形式语言片断之间的包容或邻近关系为基础的转喻。通常,这种以语言形式为基础的转喻用较短的形式来代表或激活对于较长的语言形式或片断的记忆,进而唤起关于一般由较长的语言形式或片断所代表的事物的记忆。

隐喻和转喻都被认为是语法化进程中的重要认知机制。学者们一般公认这样的观点:在语法化的初期,当语义从具体范畴向抽象范畴转移时,隐喻起着颇为重要的作用。而转喻的功能是在语用推理和字面意思之间起到桥梁和连接作用。我们发现,起这种桥梁作用的转喻事实上就是我们所称的以概念为基础的转喻。这种转喻跟现有语言形式或语言片断的语义变化密切相关,而一般不导致语言形式的变化或新语言形式的产生。在大多数关于语法化的研究中,以语言形式为基础的转喻几乎被完全忽略了。然而,通过研究,我们发现,在语法化进程中以语言形式为基础的转喻也是一种重要的认知机制(参见李志岭 2006)。

在再分析和缩略附着形式(clitic form)的形成和发展中,这种转喻起到了认知基础的重要作用。再分析和缩略附着形式(clitic form)形成的最重要环节是原语言形式变短或发生语音材料的减少。而在这一过程中,以语言形式为基础的转喻提供了连接旧形式与新形式的语义认知基础,从而使再分析和语音形式缩减这两个语法化的关键步骤得以实现。在这种转喻引出新语言形式的过程中,语言形式的意义基本不变,变化的是语言形式本身,一般由繁变简。

我们的研究说明,隐喻和基于概念的转喻在语法化初期起重要作用,并且在语法化的过程中将语法化相关语素或语言形式的源义和目的义连接起来。更重要的是,我们的研究揭示了这样一个事实:当语法化达到相关语素发生语音缩减和缩略附着形式(clitic form)出现这一阶段时,以语言形式为基础的转喻起着至关重要的作用。隐喻和基于概念的转喻将不同的意义连接起来,但并不影响其形式;然而,以语言形式为基础的转喻可以将语言形式缩短或简化,并将这两种形式联系起来,但并不影响其意义。

8.2 英汉语言时间标记系统的异同

在我们的研究所得出的发现的基础上,我们得出这样的结论:共时地看,英汉语言时间标记系统的不同在于汉语时间标记系统是篇章凸显的,而英语时间标记系统在很大程度上是句子凸显的。

换句话说,汉语中的时间标记系统实际上是宏观时间标记与微观时间标记相结合来实现动词时间信息标记的,前者指不同篇章层面的时间话题,后者指"将"、"着"、"了"、"过"、"在"等时体标记。而英语的时间标记系统是句子凸显的,即:英语句子层面的时间标记在很大程度上是自足的。

对汉语句子层面的时间信息标记而言,不同篇章层面的时间标记是必不可少的;而对英语句子层面的时间信息标记而言,不同篇章层面的时间标记是补充性的。这是两种时间标记系统的本质性差异。

在古代,汉语语篇/话语的时间标记系统中只有很少的时、体标记。发展到明、清两代,然后再发展到现代,时体标记的数量已经增加到每一万字中约一百五十个。同时,时间副词的数量也增加了。因此,总的来说,汉语时间标记系统的发展呈现这样一种趋势:句子层面的时间标记增加了很多。发展到现代,在汉语不同种类的时间标记中,句子层面的时间标记实际上占了大多数。

从汉语时间标记系统的这种变化来看,从历时的角度讲,汉语经历了从篇章取向的时间标记向句子取向的时间标记的变化和发展。这说明,通过汉语时间标记系统的宏观语法化,这两种时间标记系统的差异缩小了。尽管到现在为止,这两种语言的时间标记系统仍然差异很大。

就体范畴而言,体是时间标记系统的一个特殊的层级。从语法化的角度来说,英语和汉语的体范畴有很多共同之处。这两种语言的体标记大都有相同的语法化来源和认知机制。从本质上说,英汉两种语言体标记系统的不同只是语法化程度的不同。

我们的研究还有助于进一步认识话题这一范畴在汉语中的重要性。我们已证明,时间话题,尤其是句群层面的时间话题,在汉语时间标记系统中起着非常重要的作用。从这种意义上说,汉语的时间标记系统又是"话题凸显"的。国内外有很多学者已经提出,与英语为代表的主语凸显的语言不同,汉语是话题凸显的语言。然而,和其他学者不同的是,我们不是针对主语来提出并讨论话题的。我们是从语言的时间标记功能这一角度来研究话题这个范畴的。因此,我们的研究提出了汉语话题研究的一个新视角。

8.3 本研究所存在的局限与对未来研究的思考

我们的研究所存在的第一个局限在于,一方面,由于时间的限制,我们没有深入研究其他可能对汉语时间标记系统的形成与发展产生影响的一些因素。例如,我们没有对明、清时期白话文学的兴起与导致白话地位提升的社会历史原因等展开研究。在汉语时间标记系统的发展变化中,这些方面还有待于进一步的研究。

在 6.3 中,从翻译角度对英汉两种语言的时间标记系统的对比研究表明,翻译时,源语言确实对目标语言产生影响。但是,考虑到本研究的主要目的是研究英汉两种语言的时间标记系统及其发展过程有何异同,我们没有顺着这个发现进一步探讨在新文化运动前后西方文学著作的大量翻译引进对现代汉语时间标记系统的发展所产生的影响,更没有对这种影响的程度进行深入分析。因此,还可以在这方面对汉语时间标记系统的发展做更多的研究。

另外,对英汉两种时间标记系统微观语法化方面的对比研究还有大量工作可做。譬如,根据 Givòn 的研究,就确立时间序列上的参照点(point-of-reference along sequential time)而言,体的语义空间总会涉及一些时态(tense)因素(Givòn 1984:272)。根据这一主张,可以对汉语中体的标记是否包含时态要素进行研究。也可以研究这种要素是如何发展的。还可进一步拓展研究范围,对汉语时间标记系统微观语法化的其他方面进行拓展性研究,比如研究英汉语言时间标记系统中相应的体标记在细微的语义方面及其分布方面的异同。

参考书目

Bolinger, Dwight &. D. A. Sears. 1981. (3rd ed.). *Aspects of Language* [M] New York: Harcourt, Brace, Jovanovich.

Bolinger, Dwight. 1993. *Aspects of Language* [M] Beijing: Foreign Language Teaching and Research Press.

Breal, Michel. 1982. George Wolf. ed. and translator. *The Beginnings of Semantics: Essays, Lectures and Reviews* [M] Stanford: Stanford University Press.

Brinton, L. J. 1988. *The Development of English Aspectual Systems: Aspectualizers and Post-verbal Particles.* [M] Cambridge: Cambridge University Press.

Bussmann, Hadumod. 2000. *Routledge Dictionary of Language and Linguistics* [Z] Beijing: Foreign Language Teaching and Research Press.

Bybee, Joan L. and William Pagliuka. 1985. *Cross Linguistic Comparison and the Development of Grammatical Meaning.* In Jacek Fisiak ed. 1985. *Historical Semantics, Historical Word Formation.* Trends in Linguistics, Studies and Monographs 29. [M] Berlin: Mouton de Gruyter.

Bybee, Joan. et al. 1994. *The Evolution of Grammar—Tense, Aspect, and Modality in the Languages of the World* [M] Chicago and London: the University of Chicago Press.

Bybee, Joan. Revere Perkins and William Pagliuka. 1994. *The Evolution of Grammar— Tense, Aspect, and Modality in the Languages of the World.* [M] Chicago and London: the University of Chicago Press.

Capell, A. and J. Layard. 1980. *Materials in Atchin, Malekula: Grammar, Vocabulary and Texts (Pacific Linguistics Series D no. 20)* [M] Canberra: Australian National University.

Cang, Roland Chiang-Jen. 1977. *Co-verbs in spoken Chinese* [M] Taipeh: Cheng Chung Press.

Chu, Chauncey C. 1998. *A Discourse Grammar of Mandarin Chines.* [M] New York: Peter Lang Publishing Inc.

Comrie, Bernard. 1985. *Tense* [M] Cambridge: Cambridge University Press.

Coulson, Seana. 2001. *Semantics Leaps—Frame-Shifting and Conceptual Blending in Meaning Construction* [M] Cambridge: Cambridge University Press.

Croft, William. 2000. *Typology and Universals* [M] Beijing: Foreign Language Teaching and Research Press.

Crowley, Sharon & Hawhee, Debra. 1999. *Ancient Rhetorics for Contemporary Students* [M] New York: Longman.

Cruse, D. Allan. 2000. *Meaning in Language*. [M] Oxford: Oxford University Press.

Denison, David. 1993. *English Historical Syntax: Verbal Constructions* [M] London and New York: Longman.

Dijk, Teun A. van. 1997. *Discourse as Structure and Process* [M] London: Thousand Oaks. New Delhi.

Driven, Rene. 1985. *Metaphor as a Basic Means for Extending the Lexicon*. In Wolf Paprotte and Rene Dirven Ed. *The Ubiquity of Metaphor*. pp. 85 — 119 [M] Amsterdam: Benjamins.

Dubois, John A. 1985. *Competing Motivations. In Iconicity in Syntax*. Ed. John Haiman: 343—66 [M] Amsterdam: John Benjamins.

Dubois, John A. 1985. *Competing Motivations. In Iconicity in Syntax*. [C] Ed. John Haiman: 343—66. Amsterdam: John Benjamins.

Emanation, Michele. 1992. Chagga 'Come' and 'Go'. Metaphor and the Development of Tense-aspect [J] Studies in Language 16:1—33.

Fleischman, Suzanne. 1983. *From pragmatics to grammar: Diachronic reflections on complex pasts and futures in Romance* [J] Lingua 60:183—214.

Fludernik, Monica. 1996. *Towards a 'Natural' Narratology* [M] London and New York: Routledge.

Fray, William. 1992. *Linguistic Semantics* [M] Lawrence Erlbaum Associates, Inc. Publishers.

Freeborn, Dennis. 1998. *From Old English to Standard English* [M] Beijing: Foreign Language Teaching and Research Press.

Genette, Gerard. 1983. *Narrative Discourse* [M] Ithaca, Newyork: Cornell University Press.

Givón, Talmy. 1979. *On Understanding Grammar* [M] New York/San Francisco/London: Academic.

Givón, Talmy. 1984. *Syntax: A Functional-Typological Introduction* [M] Amsterdam/Philadelphia: John Benjamins Publishing Company.

Goossens, L. 1982. On the Development of the Modals and the Epistemic Functions in English. In Ahlqvist, A. (ed.) 1982. *Papers form the 5th International Conference on Historical Linguistics. (Current Issues in Linguistic Theory*, 21) pp. 74—84. [C] John Benjamins, Amsterdam/Philadelphia.

Haiman, John. 1983. *Iconicity In Syntax* [M] Amsterdam/Philadelphia: John Benjamins Publishing House.

Halliday, M. A. K. 1994. *An Introduction to Functional Grammar* [M] Beijing: Foreign Language Teaching and Research Press.

Halliday, M. A. K. 2000. *An Introduction to Functional Grammar* [M] Beijing: Foreign Language Teaching and Research Press

Heine, Bernd & Mecthild Reh. 1984. *Grammaticalization and Reanalysis in African Languages* [M] Hamburg: Helmut Buske Verlag.

Heine, Bernd. 1993. *Auxiliaries: Cognitive Forces and Grammaticalization* [M] New York/Oxford: Oxford University Press.

Heine, Bernd. Claudi, Ulrike & Hunnemeyer, Friederike. 1991. *Grammaticalization—A Conceptual Frametwork* [M] Chicago and London: The University of Chicago Press.

Herring, Susan C. 1988. "Aspect as a discourse category in Tamil" [J] *Berkeley Linguistics Society* 14: 280—92.

Hockett, Charles F. 1958. *A Course in Modern Linguistics* [M] New York: Macmillan.

Hopper, Paul J. 1979. "Aspect and foregrounding in Discourse." In Givón 1979. *Discourse and Syntax. Syntax and Semantics* 12. [C] New York: Academic. pp. 213—41.

Hopper, Paul J. et al. 1993. *Grammaticalization.* [M] Cambridge: Cambridge University Press.

Hopper, Paul Jean. 1982. *Tense-Aspec: Between Semantics & Pragmatics* [M] Amsterdam/Philadelphia: John Benjamins Publishing Compoany.

Hopper, Paul. 1987. "Emergent Grammar" [J] *Berkeley Linguistics Society*, 13:130—57.

Hopper, Paul. 1987. Emergent Grammar. In *Proceedings of the Thirteenth Annual Meeting of the Berkeley Linguistics Society.* Ed. Jon Aske et al 139—57. [C] New York: Academic Press.

Jackson, Howard. 1980. *Analyzing English: an introduction to descriptive linguistics* [M] Headington Hill Hall. Oxford OX30 BW. England: Pergamon Press Ltd..

Jespersen, Otto. 1949. *A Modern Grammar of English on Historical Principles.* Vol. 4 *Syntax.* Part 3. *Time and Tense* [M] London: Allen and Unwin.

Jespersen, Otto. 1962. *Selected Writings of Otto Jespersen* [C] London: George Allen & Unwin Ltd.

König, Ekkehard et al. 1988. "Clause-Integration in Conditionals, Concessive Conditionals and Concessives in German and Dutch." In: John Haiman et al (eds.) *Clause-Combining in Grammar and Discourse* [C] Amsterdam: Benjamins, 101—134

König, Ekkehard. 1988. *Concessive Connectives and Concessive Sentences: Cross-linguistic Regularities and Pragmatic Principles.* In John Hawkins ed. 1988. *Explaining Language Universals* [C] Oxford: Blachwell.

Lakoff, George & Johnson, Mark. 1980. *Metaphors We Live By* [M] Chicago and London: The University of Chicago Press.

Lamendella, J. 1976. "Relations Between the Ontogeny and Phylogeny of Language: A Neo-recapitulationist View" S. R. Harnad et al eds. *The Origins and Evolution of Language and Speech* [C] New York: New York Academy of Science.

Langacker, Ronald W. 1977. "Syntactic Reanalysis". In C. Li. Ed. *Mechanisms of Syntactic Change* [C] Austin: University of Texas Press. 557—193.

Lehamann, Christian. 1982. *Thoughts on Grammaticalization: A Programmatic Sketch*. Vol. One. Arbeiten des Kölner Universalien-Projekts 48. [M] Cologne: Universität zu Köln. Institut fur Sprachwissenschaft.

Lehmann, Winfed P. 2000. *Historical Linguistics: An Introduction* [M] Beijing: Foreign Language Teaching and Research Press.

Leith, Dick. 1983. *A Social History of English* [M] London: Routledge & Kegan Paul Ltd.

Li, Charles N. & Thompson, Sandra A. 1989. *Mandarin Chinese: A Functional Reference Grammar* [M] Berkley. Los Angeles. London: University of California Press.

Li, Charles N. and Sandra A. 1976. Thompson. *Subject and Topic: A new Typology of Language*. In Charles N. Li ed. 1976. *Subject and Topic*. 457—90. [M] New York: Academic Press.

Li, Charles N. and Sandra A. Thompson and R. M. Thompson. 1982. *The Discourse Motivation for the Perfect Aspect: the Mandarin Particle Le*. [C] In Hopper 1982: 19—44.

Lyons, John. 1977. *Semantics*, 2 volumes. [M] Cambridge University Press.

Martinet, Andre. 1969. *Elements of General Linguistics* [M] Translated by Elisabeth Palmer. London: Faber and Faber LTD.

Matthews, P. H. 2000. *Oxford Concise Dictionary of Linguistics* [Z] Shanghai: Shanghai Foreign Language Education Press.

Mitchell, B. 1985. *Old English Syntax*. 2vols. [M] Oxford: Clarendon.

Nanny, Max & Olga Fischer. 1999. *Form Miming Meaning* [M] Amsterdam/Philadelphia: John Benjamins Publishing Company.

Palmer, F. R. 1986. *Mood and Modality* [M] Cambridge, London: Cambridge University Press.

Perkins. D. Revere. 1992. *Deixis, Grammar, and Culture* [M] Amsterdam/Philadelphia: John Benjamins Publishing Company.

Quirk et al. 1972. *A Grammar of Contemporary English* [M] London: Longman.

Quirk, Randolph et al. 1985. *A Comprehensive Grammar of the English Language* [M] Longman and New York.

Robins, R. H. 2000. *Generalinguistics* [M] Beijing: Foreign Language Teaching and Research Press.

Ronald, W. Langacker. 1999. *Grammar and Conceptualization* [M] Berlin/ New York: Mouton de Gruyter.

Ronald, W. Langacker. 1987. *Foundation of Cognitive Grammar. Vol. I & II*. [M] Stanford University Press.

Saeed, John I. 2000. *Semantics* [M] Beijing: Foreign Language Teaching and Research

Press.

Sapir, Edward, 1921. *Language: An introduction to the study of speech* [M] New York: Harcourt, Brace& World.

Seaton, Brian. 1982. *A Handbook of English Language Teaching Terms and Practice* [M] London and Basingstoke: Macmillan Press Ltd.

Slobin, Dan Isaac. 1979. *Psycholinguistics* [M] Scottt, Foresman and Company. USA.

Svorov, Soteria. 1994. *The Grammar of the Space* [M] Amsterdam/Philadelphia: John Benjamins Publishing House.

Sweetser, Eve E. 1988. *Grammaticalization and Semantic Bleaching* [J] Berkeley Linguistic Society 14:389—405.

Sweetser, Eve. 1990. *From Etymology to Pragmatics—Metaphorical and Cultural Aspects of Semantic Structure* [M] *Cambridge* University Press.

Taylor, John R. 1989. *Linguistic Categorization: Prototypes in Linguistic Theory* [M] Beijing: Foreign Language Teaching and Research Press.

Taylor, John R. 2001. *Linguistic Categorization: Prototypes in Linguistic Theory.* Beijing. Foreign Language Teaching and Research Press.

Thompson, Sandra and Mulac. 1991. In Elizabeth Traugott and Bernd Heine (eds.) *Approaches to Grammaticalization*, Vol 1, 149 — 187. [J] Amsterdam: John Benjamins.

Trask, R. L. 1996. *Historical Linguistics* [M] Beijing: Foreign Language Teaching and Research Press.

Traugott, E. C. *Syntax.* In *The Cambridge History of the English Language.* Edited by Hogg, W. M. Hogg, et al 1992:168—289. [C] Cambridge University Press.

Traugott, Elizabeth Closs, Rebecca La Brum, and Susan Shepherd, eds. *Papers from the 4th International Conference on Historical Linguistics* [C] Amsterdam: Benjamins.

Traugott, Elizabeth Closs. 1972. *A History of English Syntax* [M] New York: Holt, Rinehart and Winston.

Traugott, Elizabeth. 1982. From Propositional to Textual and Expressive Meanings: Some Semantic and Pragmatic Aspects of Grammaticalization. *Perspectives on Historical Linguistics*: 245 — 71. Ed. By W. Lehmann and Y. Malkiel. [C] Amsterdam: Benjamins.

Ungerer, Friedrich, Schmid, Hans-Jorg. 1996. *An Introduction to Cognitive Linguistics* [M] Edinburgh Gate: Addison Wesley Longman Limited.

Van Dijk, T. A. 1997. *Discourse as Structure and Process* [M] London. Thousand Oaks. New Delhi: SAGE Publications.

VanDijk, T. A. *Text and Context* [M] London: Longman.

Van Els, Theo, Bongaerts, Theo, et al. 1984. *Applied Linguistics and the Learning and Teaching of Foreign Languages*, Edward Arnold (Australia) Pty Ltd, Australia.

Wardhaugh, Ronald. 1986. *An Introduction to Sociolinguistics* [M] Oxford UK: Basil Blackwell Ltd.
Westen, Drew. 1996. *Psychology: Mind, Brain, & Culture* [M] New York: John Wiley & Sons, Inc.
Wu Guo. 1998. *Information Structure in Chinese*. Beijing: Peking University Press.

艾耶尔, A. J. 语言、真理与逻辑. [M] 上海:上海外语教育出版社, 2006.
巴埃弗特拉, S. 圣经的叙事艺术[M] 上海:华东师范大学出版社, 2006.
柏格森. 1997. 时间与自由意志. [M] 北京:商务印书馆.
曹逢甫. 1995. 主题在汉语中的功能研究. [M] 北京:语文出版社.
陈平. 1988. 现代汉语时间系统的三元结构[M] 中国语文.
程湘清. 1994. 隋唐五代汉语研究[M] 济南:山东教育出版社.
戴耀晶. 1997. 现代汉语时体系统研究[M]杭州:浙江教育出版社.
邓守信. 汉语动词的时间结构.《第一届国际汉语教学讨论会文选》1986. [C] 北京:北京语言学院出版社.
丁声树. 1999. 现代汉语语法讲话[M] 北京:商务印书馆.
范文芳. 2001. *A Systematic-Functional Approach to Grammatical Metaphor*[M] 北京:外语教学与研究出版社.
高名凯. 1948. 汉语语法论[M]北京:商务印书馆.
龚千炎. 2000. 汉语的时相时制时态[M] 北京:商务印书馆.
古今明. 1997. 英汉翻译基础[M]上海:上海外语教育出版社.
古文观止. 1983. [C] 济南:济南齐鲁书社.
海德格尔, M. 存在与时间 [M] 北京:生活.读书.新知三联书店. 2006.
海然热. 1999. 语言人[M] 北京:三联书店.
何兆熊. 1989. 语用学概要[M]上海:上海外语教育出版社.
何兆熊. 1995. 语用学概论 [M] 上海:上海外语教育出版社.
洪堡特, W. 1997. 语言与人类精神[M] 北京:北京师范大学出版社.
胡壮麟. 2000. 功能主义纵横谈 [M]北京:外语教学与研究出版社.
竟成. 关于动态助词"了"的语法意义问题 [J] 语文研究. 1993(1)
竟成. 汉语的成句和时间概念的表述[J] 语文研究. 1996(1)
夸夫卡, K. 黎炜译. 1997. 格式塔心理学原理[M] 杭州:浙江教育出版社.
莱布尼茨. 2002. 人类理智新论 [M] 北京:商务印书馆.
黎锦熙. 2000. 新著国语文法[M]北京:商务印书馆.
李国南. 2001. 辞格与词汇[M] 上海:上海外语教育出版社.
李临定. 1990. 现代汉语动词[M]北京:中国社会科学出版社.
李铁根. 1999. 现代汉语时制研究[M] 沈阳:辽宁大学出版社.
李志岭. 修辞对语法的超越及其对外语教学的启示[J]外语教学理论与实践. 2008(2).
李志岭. 以概念为基础的转喻 vs.以语言形式为基础的转喻[J]山东外语教学. 2006(4).

利奇，J. 1987. 语义学[M]上海：上海外语教育出版社.

廖秋忠. 1992. 廖秋忠文集[C]北京：北京语言学院出版社.

林承璋. 1991. 英语词汇学引论[M]武汉：武汉大学出版社.

刘坚. 1998. 二十世纪的中国语言学.[M]北京：北京大学出版社.

庐隐. 1997. 人生小说[Z]上海：上海文艺出版社.

陆俭明. 1997.八十年代中国语法研究[M]北京：商务印书馆.

吕叔湘. 1942.中国文法要略[M]北京：商务印书馆.

罗杰瑞. 汉语概说 [M]北京：语文出版社.1995.

罗正坚. 1996. 汉语词义引申导论[M]南京：南京大学出版社.

洛克. 人类理解论[M]北京：商务印书馆,1987.

马庆株. 时量宾语和动词的类 [J]《中国语文》. 1981(2).

潘文国. 汉英对比研究一百年 [J]世界汉语教学. 2002(1).

潘文国. 换一种眼光何如？——关于汉英对比研究的宏观思考[J]外语研究. 1997(1).

平洪，张国扬. 2000. 英语习语与英美文化[M]北京：外语教学与研究出版社.

邵志洪. 1997,英汉语研究与对比 [M]上海：华东理工大学出版社.

沈家煊.1994,"语法化"研究综观[J]外语教学与研究.1994(4).

沈家煊.1999.不对称和标记论[M]南昌：江西教育出版社.

沈永宝. 1997. 钱玄同印象[Z]上海：上海师大出版社.

石毓智. 2000. 语法的认知语义基础[M]南昌：江西教育出版社.

石毓智. 2001. 语法的形式和理据[M]南昌：江西教育出版社.

石毓智. 2003. 现代汉语语法系统的建立——动补结构的产生及其影响[M]北京：北京语言大学.

石毓智，李讷. 2001. 汉语语法化的历程——形态句法发展的动因和机制.[M]北京：北京大学出版社.

王恒. 时间性：自身与他者 [M]南京：江苏人民出版社，2006.

王力. 2000. 汉语语法史[M]北京：商务印书馆.

王力. 2001. 汉语史稿[M]北京：中华书局.

王力.1943. 中国现代语法 [M]北京：商务印书馆.

王力.1944. 中国语法理论 [M]北京：商务印书馆.

王力等. 1997. 古汉语常用字字典 [Z]北京：商务印书馆.

王希杰. 1996. 修辞学通论 [M]南京：南京大学出版社.

文旭.《语法化》简介. 当代语言学 [J] 1998（3）：47－48.

吴福祥. 近年来语法化研究的进展 [J] 外语教学与研究 [J] 2004 Vol.36No.1：18－24.

邢公畹. 1979. 现代汉语和台语里的助词"了"和"着"[J] 民族语文. 1979.（2），（3）.

徐烈炯. 刘丹青. 1998. 话题的结构与功能 [M]上海：上海教育出版社.

许威汉. 2002.古汉语语法精讲[M] 上海：上海大学出版社.

叶斯柏森，O. 1987.语法哲学 [M]北京：语文出版社.

殷钟崃，周光亚.1992.英语语法理论及流派 [M]重庆：四川大学出版社.

喻云根. 1994. 英汉对比语言学 [M] 北京：北京工业大学出版社.
张志军. 俄汉语体貌、时貌及时序的范畴结构对比 [J] 外语学刊. 2000(1).
章振邦. 1997. 新编英语语法 [M] 上海：上海外语教育出版社.
赵世开. 1999. 汉英对比语法论集 [M] 上海：上海外语教育出版社.
赵艳芳. 2001. 认知语言学概论 [M] 上海：上海外语教育出版社.
赵元任. 2001. 汉语口语语法 [M] 北京：商务印书馆.
中国大百科全书·哲学 [Z] 北京：中国大百科全书出版社，2004.
朱德熙. 2000. 语法讲义 [M] 北京：商务印书馆.
朱永生等. 2002. 世纪之交论功能 [C] 上海：上海外语教育出版社.
邹崇理. 2000. 自然语言逻辑研究 [M] 北京：北京大学出版社.

后 记

此书的写作大体经过了以下几个阶段。

第一阶段是2000—2003年我在上海外国语大学读博士期间。2000年我有幸考入上海外国语大学许余龙教授门下,成为许先生的弟子。许先生开创了英汉语对比的理论体系,创建了国内对比语言学最重要的学科基地,且先生之语言对比研究方面的著述在国际相关领域拥有重大影响。先生之学问、人品、学风也深为学界敬重。我与先生门下诸弟子敬其师而信其学,不敢不常自鞭策,而先生待人接物,有古君子与大儒之风,常使弟子们有不待师言而不自勉焉之感。三年学,游于先生门下,学问人生,获益良多,且将终生受益于许师之教育者吾不知其几何也。在许师指导下,我完成博士论文,并获得学位。

第二阶段是2005年我到华东师范大学终身教授潘文国先生门下做博士后研究这段时间。潘先生之研究贯穿古今,融汇中西,硕学博洽,出入众科,在汉英语对比研究、语言哲学、翻译研究、音韵学、文字学诸领域多有创立与开拓。承潘先生不弃,我得游于先生门下,并继续深入研究读博士期间所选的课题及相关问题,并进一步完善此书。

许余龙先生、潘文国先生是国内公认的英汉对比研究领域双峰并立的泰斗。作为英汉语对比领域的一个后生小子,能先后如愿亲沐两先生之教诲,幸运之大,孰过于此?师从两位先生之后,更知天地之大,山海之高深矣。愈进而愈有惕然若惊、临深履薄之感,而亦愈不敢不勉焉。渐悟一条道理:欲求在语言研究方面有所获得,必须义无反顾,上下求索,用心于语言及与语言有关的一切,包括语言自身及语言的运作(即语言如何说自己和语言自己如何说)。以这个思考方向为总目标,我的为学之道就成了学海的漂泊,书林之浪游:走过一片片话语的莽原,包括关于语言的话语和作为语言的应用的不同的话语。而关于本书的话题的研究在此期间也一直在继续着。

2004年本书所研究的课题被立项为国家社科基金项目,这为该研究提供了很好的支持,为该研究最后走向专著阶段铺垫了很好的发展之路。

今年春天,北京大学出版社接受此书,从而使作者七、八年的研究结果得到了出版的机会。在此书即将出版之际,我首先要感谢我的两位恩师:上海外国语大学的许余龙教授和华东师范大学终身教授潘文国先生。同时还要感谢国家社科规划办公室和山东省社科规划办公室;感谢《汉英语时间标记系统语法化对比研究》的立项评审专家和成果鉴定专家;感谢北京大学出版社,特别是责任编辑刘强先生对此书提供了很多宝贵的指导性建议。此书既是作者的劳动成果,同时也是刘先生的劳动成果。

    所谓学术,总是继往圣,开来学两方面的事情,所以,在此也感谢书中所引用过的所有作者,他们的工作铺垫了该研究之先路。语法化关于语言的思想和文学理论中文化诗学关于文学的思想,皆立基于以下指导性假设:语言与话语或语篇相依相成;话语或语篇与文化相依相成。本书仅是循此思路,对语言系统一个很具体的方面做了一些思考。希望本书能对相关学术问题的研究有所裨益,疏误之处,文责自负,并欢迎批评指正。最后,我还要感谢我的妻子鹿钦兰女士和我的女儿李晓易。多年来,她们与我同甘共苦,并总是给我支持,给我鞭策,给我信心。她们也是我永远的骄傲。

李志岭
2010.10.16